NomosLehrbuch

# Taschen-Definitionen

Zivilrecht | Strafrecht | Öffentliches Recht

3. Auflage

Nomos

Die Deutsche Nationalbibliothek verzeichnet diese Publikation in der Deutschen Nationalbibliografie; detaillierte bibliografische Daten sind im Internet über http://dnb.d-nb.de abrufbar.

ISBN 978-3-8487-2601-1

3. Auflage 2017

# Vorwort

In einer idealen Welt wären Juristen wohl ausschließlich damit beschäftigt, das Recht zunächst so zu gestalten, dass es seiner Funktion gerecht werden kann, und die auf diese Weise begründeten Normen dann so auf den Einzelfall anzuwenden, dass das Ergebnis von allen Beteiligten angenommen werden kann. Zwar werden die abstrakten Normen erst durch die Konkretisierung der unbestimmten Rechtsbegriffe handhabbar. Diese Konkretisierung muss jedoch Raum für die Fortentwicklung des Rechts lassen.

Diese Idealvorstellung darf jedoch nicht so verstanden werden, dass es jedem einzelnen Rechtsanwender frei stünde, Rechtsbegriffe nach Belieben zu interpretieren. Vielmehr beruht die Funktionsfähigkeit des Rechtsstaates darauf, dass sich die Rechtsanwender auf hinreichend bestimmte Definitionen verständigen. Jedenfalls in der juristischen Ausbildung müssen sich Studierende damit abfinden, sich für die richtige Anwendung des Rechts zunächst eine Vielzahl dieser Definitionen anzueignen. Im Grunde ist das nichts anderes, als eine Fremdsprache zu erlernen und das einzige (aber praktisch höchst bedeutsame) Problem besteht darin, dass einem viele der Vokabeln bekannt vorkommen und man sich teilweise geradezu zwingen muss, die Begriffe bei der Rechtsanwendung nur in einem ganz bestimmten Sinne zu verstehen.

Der vorliegende Band versammelt eine Vielzahl von Definitionen unbestimmter Rechtsbegriffe aus den verschiedensten Rechtsgebieten. Das kompakte Format macht die Taschendefinitionen zum idealen Begleiter und ermöglicht es den Nutzern, sich fast überall und im Grunde jederzeit mit dem Inhalt der Rechtsbegriffe vertraut zu machen. Das kleine Werk hilft beim ersten Zugang zu einem neuen Rechtsgebiet, indem es die wichtigsten Begriffe vorstellt. Es ist aber auch ein idealer Begleiter in der Zeit der Prüfungsvorbereitung.

Die Definitionen sind sämtlich den Lehrbüchern aus unserem Haus entnommen – und natürlich freuen wir uns, wenn die Leser der Taschendefinitionen auch diese Werke zur Hand nehmen, um sich den Stoff gründlich zu erarbeiten.

Baden-Baden, Oktober 2016 Prof. Dr. Johannes Rux

# Inhalt

# Grundlagen

## Juristische Methodenlehre

| Begriff | Definition |
|---|---|
| Alternativität | gegenseitige Ausschließlichkeit |
| Alternative Anwendbarkeit | Anwendbarkeit entweder der einen oder der anderen Norm; Gegenbegriffe: kumulative Anwendbarkeit, parallele Anwendbarkeit |
| Analogie | Erstreckung von Rechtsfolgen einer Norm (Einzelanalogie) oder mehrerer Normen (Gesamtanalogie) auf einen ungeregelten Fall; Gleichstellung aufgrund von Ähnlichkeit |
| Anwendbarkeit einer Norm | Heranziehbarkeit einer Norm; durch die Erfüllung ihres Tatbestands indiziert; entfällt bspw. bei Derogation durch eine speziellere Norm (*lex specialis*) |
| Anwendungsvorrang einer Norm | Vorrang einer Norm vor einer anderen Norm, der sich nicht im Unwirksamwerden der verdrängten Norm, sondern in ihrer (punktuellen) Unanwendbarkeit niederschlägt |
| argumentum a maiore ad minus | Schluss vom Größeren auf das Kleinere |
| Auslegung | Interpretation; jeder (bewusste oder unbewusste) Nachvollzug der Bedeutung einer Erklärung; z.T. auch für die Korrektur verwendet („verfassungskonforme Auslegung“) |
| canon | 1. (wie „Kanon“:) Richtschnur, Auslegungselement<br>2. Gliederungsabschnitt im kanonischen Recht (z.B. des Codex Iuris Canonici) |
| cessante ratione legis cessat lex ipsa | Bei Wegfall des Gesetzeszwecks fällt das Gesetz selbst weg |
| circulus vitiosus | „fehlerhafter Kreis“, Zirkelschluss |
| conclusio | Schlussfolgerung |
| contra proferentem | gegen den Aufstellenden, zulasten des Verwenders |
| Deduktion | Ableitung |
| Deklaratorisch | klarstellend, Gegenbegriff: konstitutiv (bewirkend) |
| Derogieren | abdingen, verdrängen, unanwendbar machen (nicht: brechen, vernichten, aufheben) |

| Begriff | Definition |
|---|---|
| Einzelanalogie | Analogieschluss aus einer einzelnen Norm (Gesetzesanalogie), nicht aus mehreren Normen (→ Gesamtanalogie, Rechtsanalogie) |
| Epistemologisch | die Erkenntnis und ihre Möglichkeiten betreffend, erkenntniskritisch |
| erga omnes | gegenüber allen; Gegenbegriff: *inter partes* |
| Finalprogramm | Zweckprogramm, Zwecknorm; Gegenbegriff: Konditionalprogramm |
| Gebot der Proximität | Gebot, möglichst eng an den Normen des positiven Rechts zu argumentieren und Rechtsfolgen (etwa bei der Anwendung von Prinzipien) möglichst nah an den Einzelnormen auszurichten |
| Geltung (im normativen Sinne) | Normativer Wirkungsanspruch von Rechtsnormen, rechtliche (nicht faktische) Wirksamkeit; zu unterscheiden von<br>– Geltung im faktischen Sinne,<br>– Anwendbarkeit (im normativen Sinne) und<br>– inhaltlichem Regelungsanspruch |
| Geltungsvorrang | Vorrang einer Norm vor einer anderen, der sich in der Unwirksamkeit der nachrangigen Norm niederschlägt; Gegenbegriff: Anwendungsvorrang |
| Generalklausel | weit gefasste Rechtsnorm; im Zivilrecht überwiegend: zum Austrag rechtsimmanenter Wertungskonflikte; im öffentlichen Recht überwiegend: mit Auffangfunktion („polizeiliche Generalklausel“) |
| Gesamtanalogie | Rechtsanalogie, d.h. Analogieschluss aus mehreren (strukturgleichen) Normen |
| Gesetz im formellen Sinne | Parlamentsgesetz; Gegenbegriff: Gesetz im materiellen Sinne (Rechtsnorm, die ein Verbot oder Gebot enthält) |
| Gesetzesanalogie | Analogie aus einer einzelnen Norm (Einzelanalogie); Gegenbegriff: Rechtsanalogie (Gesamtanalogie) |
| Grundsatz | Prinzip, allgemein gefasste Norm ohne Rechtsfolgenvorherbestimmung; Gegenbegriff: Einzelnorm |

| Begriff | Definition |
|---|---|
| Hermeneutischer Zirkel | meist negativ als Zirkelschluss (*circulus vitiosus*) beim Auslegen verstanden: Auslegung durch stillschweigendes Voraussetzen dessen, was erst Ergebnis der Auslegung sein soll |
| Heuristisch | erkenntnisfördernd, indiziell, nur eine Arbeitshypothese begründend; Gegenbegriff: abschließend entscheidend oder klärend |
| horribile dictu | wörtlich: „schrecklich zu sagen", d.h. etwa: „man wagt es kaum auszusprechen" |
| in casu | im (konkreten) Fall |
| Induktion | Schluss vom Besonderen auf das Allgemeine |
| Inkorporation | Aufnahme einer Norm in eine (andere) Rechtsordnung, Rechtsschicht o.ä. |
| inter partes | (nur) zwischen den Parteien/Beteiligten; Gegenbegriff: *erga omnes* |
| Interpretation | Auslegung (i.d.R. synonym gebraucht), siehe dort |
| interpretatio contra proferentem | Auslegung zulasten des Verwenders (z.B. § 305c Abs. 2 BGB) |
| Kanon | 1. „Richtschnur", Maßstab<br>2. Auslegungselement, -gesichtspunkt<br>3. eingebürgerte (allmählich entstandene) Liste maßgeblicher Elemente |
| Konditionalprogramm | Wenn-dann-Programm, Norm, die an einen Tatbestand eine Rechtsfolge knüpft; Gegenbegriff: Finalprogramm |
| Konklusion | Schlussfolgerung |
| Konkretisierung | schrittweise Auslegung einer (besonders) weiten bzw. abstrakt formulierten Norm durch bewusste Wertungen; z.T. als Gegenbegriff von Interpretation verstanden |
| Konstitutiv | bewirkend, nicht nur klarstellend; Gegenbegriff: deklaratorisch |
| Kumulative Anwendbarkeit | gemeinsame (verbundene) Anwendung von zwei oder mehr Normen; Gegenbegriffe: alternative Anwendbarkeit und parallele Anwendbarkeit |

| Begriff | Definition |
|---|---|
| lex concreta | konkrete Norm |
| lex generalis | Generalnorm; Gegenbegriff: *lex specialis* |
| lex imperfecta | unvollständige Norm, d.h. Norm ohne Rechtsfolgeanordnung; Gegenbegriff: *lex perfecta* |
| lex inferior | niederrangige Norm; Gegenbegriff: *lex superior* |
| lex perfecta | vollständige Norm, d.h. Norm mit Rechtsfolgeanordnung; Gegenbegriff: *lex imperfecta* |
| lex posterior | nachfolgende, d.h. jüngere Norm; Gegenbegriff: *lex prior* |
| lex prior | vorhergehende, d.h. ältere Norm; Gegenbegriff: *lex posterior* |
| lex specialis | Spezialnorm |
| lex superior | höherrangige Norm |
| mutatis mutandis | unter Veränderung (d.h. sinngemäßer Anpassung) des zu Verändernden, in sinngemäßer Anwendung |
| non liquet | „es ist nicht klar": Situation der Nichtbeweisbarkeit des Tatsachenvorbringens der Parteien |
| Norm | unmittelbar anwendbarer Entscheidungsmaßstab, bei gesatztem Recht: Bedeutung des Normtextes |
| *numerus clausus* | lat. geschlossene Zahl; abschließender, nicht erweiterbarer Katalog |
| Obersatz | Eingangssatz des Syllogismus; insbes. Formulierung einer rechtlichen Voraussetzung |
| Parallele Anwendbarkeit | Anwendbarkeit mehrerer Normen, aber nicht gemeinsam („kumulative Anwendbarkeit"), sondern nebeneinander (etwa durch Idealkonkurrenz); Gegenbegriffe: alternative Anwendbarkeit und kumulative Anwendbarkeit |
| Perplexität | unrettbare Widersprüchlichkeit von Normen oder Willenserklärungen mit der Folge der Nichtigkeit |
| petitio principii | Anstreben des Ausgangspunkts; d.h. fälschliches Voraussetzen dessen, was erst zu beweisen ist |

| Begriff | Definition |
|---|---|
| Postkonstitutionell | nachkonstitutionell, nach Inkrafttreten der jeweiligen Verfassung (i.d.R. des Grundgesetzes); von Normen: solche, die erst nach Inkrafttreten des GG (mit Ablauf des 23.5.1949) in Kraft getreten sind |
| Präkonstitutionell | vorkonstitutionell, vor Inkrafttreten der jeweiligen Verfassung; Gegenbegriff: postkonstitutionell |
| Prinzip | 1. Grundsatz, Rechtsgrundsatz, grundsatzförmige Rechtsnorm, Norm ohne Rechtsfolgenvorherbestimmung; Gegenbegriff: Einzelnorm<br>2. terminologisch: Optimierungsgebot; Gegenbegriff: „Regel“ |
| Rechtsanalogie | Analogieschluss nicht aus einer Norm (→ Gesetzesanalogie, Einzelanalogie), sondern aus mehreren Normen; Gesamtanalogie |
| Regel | 1. Norm, Vorschrift, Standard<br>2. (terminologisch:) Gegenbegriff zu „Prinzip“; Norm, die nicht abwägungsfähig ist, sondern binären Wirkungsanspruch hat |
| Semantische Auslegung | Auslegung nach der Wortbedeutung (Semantik: Bedeutungslehre), meist synonym mit „Wortlautauslegung“ oder „grammatischer Auslegung“ gebraucht |
| Subsumtion | „Darunternehmen“: Schlussfolgerung aus Ober- und Untersatz im Syllogismus durch Bildung der Konklusion |
| Syllogismus | Schluss aus zwei aufeinander bezogenen Prämissen (Obersatz = *praemissa maior* und Untersatz = *praemissa minor*) auf eine Schlussfolgerung = *conclusio* |
| Telos, das | Zweck, Ziel; teleologisch: auf den Zweck (oder die Zwecke) bezogen |
| Untersatz | Zweiter Satz (zweite Prämisse) im Syllogismus; insbes. tatsächliche bzw. gemischt tatsächlich-rechtliche Feststellung |
| Weisungsgehalt | Inhalt der Norm, d.h. Gebot, Verbot, Erlaubnis oder Freistellung; Rechtsfolge (gerade auch bei Normen, die keine Konditionalprogramme sind) |

| Begriff | Definition |
| --- | --- |
| Zirkel(schluss) | Kreisschluss: Begründung einer Behauptung mithilfe des zu Begründenden, *circulus vitiosus* = fehlerhafter Schluss; s.a. hermeneutischer Zirkel |

# Zivilrecht

# BGB Allgemeiner Teil

| Begriff | Definition |
|---|---|
| Abgabe einer Willenserklärung | Eine → Willenserklärung ist abgegeben, wenn der Erklärende alles getan hat, was er selbst tun muss, damit die Erklärung wirksam wird. Bei nicht empfangsbedürftigen Erklärungen genügt es, dass er den Erklärungsvorgang abgeschlossen hat, empfangsbedürftige Erklärungen muss er auf den Weg zum Empfänger gebracht haben. |
| abstraktes Geschäft | Ein abstraktes Geschäft trägt seinen rechtlichen Grund i.S.v. § 812 Abs. 1 BGB nicht in sich. Abstrakt sind alle → Verfügungsgeschäfte (mit Ausnahme der Aufgabe des → Eigentums gemäß §§ 928 Abs. 1, 959 BGB) und einige → Verpflichtungsgeschäfte (z.B. das abstrakte Schuldversprechen gemäß § 780 BGB). Siehe auch → kausales Geschäft. |
| Abstraktionsprinzip | Das Abstraktionsprinzip besagt, dass nicht nur hinsichtlich des Zustandekommens (→ Trennungsprinzip), sondern auch hinsichtlich der Wirksamkeit zwischen → Verpflichtungsgeschäft und → Verfügungsgeschäft zu trennen ist: Mängel des einen Geschäfts beeinträchtigen die Wirksamkeit des anderen nicht. |
| accidentalia negotii | Accidentalia negotii sind alle Punkte, die nicht zu den Kernbestandteilen des Vertrags gehören. Siehe auch → essentialia negotii. |
| Allgemeine Geschäftsbedingungen (AGB) § 305 Abs. 1 BGB (Legaldefinition) | Allgemeine Geschäftsbedingungen sind alle für eine Vielzahl von Verträgen (d.h. mindestens drei Verträge) vorformulierten Vertragsbedingungen, die eine Vertragspartei (Verwender) der anderen Vertragspartei bei Abschluss eines Vertrags stellt. |
| Anscheinsvollmacht | Die Anscheinsvollmacht ist eine gesetzlich nicht geregelte Form der Rechtsscheinvollmacht. Eine Anscheinsvollmacht liegt vor, wenn der Vertretene das Handeln des Vertreters nicht kennt, es aber bei pflichtgemäßer Sorgfalt hätte erkennen und verhindern können und der andere Teil annehmen durfte, der Vertretene dulde und billige das Handeln des Vertreters. |
| Anspruch § 194 Abs. 1 BGB (Legaldefinition) | Anspruch ist das Recht, von einem anderen ein Tun oder Unterlassen zu verlangen. |
| Antrag ad incertas personas | Ein Antrag ad incertas personas ist nicht an eine bestimmte Person gerichtet, sondern an einen begrenzten Personenkreis oder die Allgemeinheit. |

| **Begriff** | **Definition** |
|---|---|
| Arglistige Täuschung<br>§ 123 Abs. 1 Alt. 1 BGB | Täuschung ist die Erregung eines Irrtums oder die Aufrechterhaltung eines schon vorhandenen Irrtums. Arglistig ist die Täuschung, wenn sie vorsätzlich erfolgt. |
| Auflassung<br>§ 925 Abs. 1 S. 1 BGB<br>(Legaldefinition) | Auflassung nennt man die → dingliche Einigung zur Übereignung eines Grundstücks. |
| Ausbeutung<br>§ 138 Abs. 2 BGB | Die Ausbeutung i.S.v. § 138 Abs. 2 BGB setzt voraus, dass der Wucherer sich die → Zwangslage etc. bewusst zunutze macht; eine besondere Ausbeutungsabsicht ist nicht erforderlich. |
| Auslegung von Willenserklärungen<br>§§ 133, 157 BGB | Durch die Auslegung einer → Willenserklärung wird ihr Inhalt ermittelt. Man unterscheidet zwischen der **normativen Auslegung**, die danach fragt, wie eine vernünftige Person an der Stelle des Empfängers die Willenserklärung verstanden hätte (Auslegung nach dem objektiven Empfängerhorizont), und der **natürlichen Auslegung**, die danach fragt, wie Erklärender und Empfänger die Erklärung *übereinstimmend* verstanden haben. |
| Besitz<br>§§ 854 ff. BGB | Als Besitz bezeichnet das Gesetz verschiedene Formen tatsächlicher Sachherrschaft. |
| Bestätigung<br>§§ 141, 144 BGB | Das Gesetz unterscheidet zwei verschiedene Arten der Bestätigung: Die Bestätigung eines **nichtigen → Rechtsgeschäfts** ist als erneute Vornahme zu beurteilen, für die allerdings gewisse inhaltliche Erleichterungen gelten (§ 141 BGB). Die Bestätigung eines **anfechtbaren Rechtsgeschäfts** führt dagegen dazu, dass das Anfechtungsrecht wegfällt (§ 144 BGB). |
| Bote | Ein Bote übermittelt eine fremde → Willenserklärung vom Erklärenden an den Empfänger. Der **Erklärungsbote** gehört dabei zum Machtbereich (→ Zugang einer Willenserklärung) des Erklärenden, der **Empfangsbote** zum Machtbereich des Empfängers. |
| Deliktsfähigkeit<br>§ 276 Abs. 1 S. 2 BGB<br>§§ 827 f. BGB | Deliktsfähigkeit (**Verschuldensfähigkeit**) ist die Fähigkeit, schuldhaft im zivilrechtlichen Sinn zu handeln. |
| Dingliche Einigung<br>§ 929 S. 1 BGB | Die dingliche Einigung ist ein Vertrag, der auf die Übereignung einer → Sache gerichtet ist. |
| Dissens<br>§§ 154, 155 BGB | Ein Dissens ist ein Einigungsmangel. Man unterscheidet zwischen dem **offenen Dissens** (§ 154 BGB), bei dem sich die Parteien der Tatsache bewusst sind, dass sie sich nicht oder nicht vollständig geeinigt haben, und dem |

| **Begriff** | **Definition** |
|---|---|
| | **versteckten Dissens** (§ 155 BGB), bei dem sie das nicht sind. |
| Dritter<br>§ 123 Abs. 2 S. 1 BGB | Dritte i.S.v. § 123 Abs. 2 S. 1 BGB sind alle Personen außer denjenigen, die „im Lager“ des Erklärungsempfängers stehen und maßgeblich am Zustandekommen des → Rechtsgeschäfts mitgewirkt haben. |
| Drohung<br>§ 123 Abs. 1 Alt. 2 BGB | Drohung ist die Inaussichtstellung eines Übels, dessen Verwirklichung aus der Sicht des Bedrohten vom Willen des Drohenden abhängig ist. |
| Duldungsvollmacht | Eine Duldungsvollmacht ist gegeben, wenn der Vertretene es wissentlich geschehen lässt, dass ein anderer für ihn wie ein Vertreter auftritt, und der Dritte dieses Dulden kennt und nach Treu und Glauben dahin verstehen darf, dass der als Vertreter Handelnde bevollmächtigt ist. Die Duldungsvollmacht kann entweder eine konkludent durch Dulden erteilte rechtsgeschäftliche → Vollmacht sein oder eine → Anscheinsvollmacht, bei der der Rechtsschein im Dulden des Vertreterhandelns liegt. |
| Ehemündigkeit<br>§ 1303 BGB | Ehemündigkeit ist die Fähigkeit, wirksam eine Ehe einzugehen. |
| Eigenschaftsirrtum<br>§ 119 Abs. 2 BGB | Beim Eigenschaftsirrtum irrt der Erklärende über solche Eigenschaften der Person oder der Sache, die im Verkehr als wesentlich angesehen werden. Nach h.M. ist der Eigenschaftsirrtum ein ausnahmsweise beachtlicher → Motivirrtum.<br>– Person oder Sache i.S.v. § 119 Abs. 2 BGB sind nur solche, auf die sich das → Rechtsgeschäft bezieht, also etwa die Kaufsache oder der Vertragspartner, eventuell aber auch Dritte wie Familienangehörige des Mieters, die in die gemietete Wohnung ziehen sollen.<br>– Sachen i.S.v. § 119 Abs. 2 BGB sind nicht nur körperliche Gegenstände (§ 90 BGB) und Tiere (§ 90a BGB), sondern auch nichtkörperliche Gegenstände wie etwa Forderungen.<br>– Eigenschaften sind neben den auf der natürlichen Beschaffenheit beruhenden Merkmalen auch tatsächliche oder rechtliche Verhältnisse und Beziehungen zur Umwelt, soweit sie nach der Verkehrsanschauung für die Wertschätzung oder Verwendbarkeit von Bedeutung sind. Sie müssen gegenwärtig sein und die Person oder die Sache unmittelbar kennzeichnen, d.h., sie dürfen sich nicht nur mittelbar auf die Bewertung auswirken. |

| Begriff | Definition |
|---|---|
| | – Ob eine Eigenschaft verkehrswesentlich ist, richtet sich primär nach dem Inhalt des konkreten → Rechtsgeschäfts, hilfsweise nach der Verkehrsanschauung. |
| Eigentum<br>§ 903 BGB | Eigentum ist die rechtliche Herrschaftsmacht über eine → Sache. |
| Einwendungen und Einreden | Für Einreden im prozessrechtlichen Sinne trägt im Prozess der Beklagte die Darlegungs- und Beweislast. In materiellrechtlicher Terminologie werden sie Einwendungen (im weiteren Sinn) genannt. Man unterscheidet zwischen<br>– Einwendungen im engeren Sinn, die im Prozess von Amts wegen berücksichtigt werden, sofern sich ihr Bestehen aus den vorgetragenen Tatsachen ergibt. Sie können rechtshindernd sein, also schon das Entstehen des Anspruchs ausschließen, oder rechtsvernichtend, also den schon entstandenen Anspruch vernichten. In beiden Fällen führen sie zur Klageabweisung.<br>– Einreden, die im Prozess nur berücksichtigt werden, wenn sich der Beklagte auf sie beruft; sie wirken rechtshemmend, geben also ein **Leistungsverweigerungsrecht**. Anspruchsausschließende (peremptorische) Einreden schließen den Anspruch auf Dauer aus und führen zur Klageabweisung. Aufschiebende (dilatorische) Einreden (z.B. § 771 BGB) führen zur Abweisung der Klage als zur Zeit unbegründet, stehen aber einer erneuten Klage nicht entgegen. Anspruchsbeschränkende Einreden führen zu einer eingeschränkten Verurteilung (z.B. gemäß §§ 273 f., 320 ff. BGB zur Verurteilung zur Leistung Zug um Zug). |
| Einwilligung<br>§ 183 S. 1 BGB<br>(Legaldefinition) | Einwilligung ist die vorherige → Zustimmung. |
| Erhebliche Willensschwäche<br>§ 138 Abs. 2 BGB | Bei einer erheblichen Willensschwäche durchschaut der Betreffende zwar Inhalt und Folgen des Geschäfts, kann sich aber wegen einer verminderten psychischen Widerstandsfähigkeit nicht entsprechend dieser Einsicht verhalten. |
| Erklärungsirrtum<br>§ 119 Abs. 1 Alt. 2 BGB | Beim Erklärungsirrtum setzt der Erklärende ein anderes Erklärungszeichen, als er will, weil er sich verspricht, verschreibt oder vergreift. |

| Begriff | Definition |
|---|---|
| essentialia negotii | Essentialia negotii sind alle Punkte, deren Festlegung für den konkreten Vertrag unabdingbar ist. Siehe auch → accidentalia negotii. |
| falsus procurator<br>§§ 177 ff. BGB | Falsus procurator ist ein anderer Ausdruck für Vertreter ohne → Vertretungsmacht. |
| Gegenstand | Gegenstand ist ein Oberbegriff, der → Sachen, d.h. körperliche Gegenstände mit Ausnahme von Tieren (§ 90 BGB), → Rechte, d.h. nicht körperliche Gegenstände, und Tiere (§ 90a BGB) umfasst. |
| Genehmigung<br>§ 184 Abs. 1 BGB<br>(Legaldefinition) | Genehmigung ist die nachträgliche → Zustimmung. |
| Gesamtvertretung | Bei der Gesamtvertretung haben mehrere Personen dergestalt → Vertretungsmacht, dass sie nur gemeinsam handeln können. |
| Geschäft für den, den es angeht<br>§ 164 BGB | Die Figur des Geschäfts für den, den es angeht, ist eine von Rechtsprechung und Literatur entwickelte Ausnahme vom → Offenheitsgrundsatz: Bei der unmittelbaren → Stellvertretung wirkt das vom Vertreter vorgenommene → Rechtsgeschäft für und gegen den Vertretenen, obwohl der Vertreter im eigenen Namen handelt. |
| Geschäftsähnliche Handlung | Eine geschäftsähnliche Handlung liegt vor, wenn eine Erklärung bestimmte rechtliche Folgen nicht deshalb auslöst, weil der Erklärende dies will, sondern deshalb, weil das Gesetz selbst die Folgen an die Erklärung knüpft. |
| Geschäftsfähigkeit<br>§§ 104 ff. BGB | Geschäftsfähigkeit ist die Fähigkeit, → Willenserklärungen wirksam → abzugeben und entgegenzunehmen. |
| Inhaltsirrtum<br>§ 119 Abs. 1 Alt. 1 BGB | Beim Inhaltsirrtum setzt der Erklärende dasjenige Erklärungszeichen, das er setzen will, aber er irrt über dessen Bedeutung. |
| Insichgeschäft<br>§ 181 BGB | Ein Insichgeschäft liegt vor, wenn ein Vertreter auf beiden Seiten eines → Rechtsgeschäfts tätig wird. Beim **Selbstkontrahieren** steht er auf der einen Seite des Rechtsgeschäfts selbst und wird auf der anderen Seite als Vertreter tätig, bei der **Mehrvertretung** wird er auf beiden Seiten des Rechtsgeschäfts als Vertreter für verschiedene Dritte tätig. |
| invitatio ad offerendum | Eine invitatio ad offerendum ist die Aufforderung, einen Antrag zum Vertragsschluss zu machen. |

| Begriff | Definition |
|---|---|
| Kausales Geschäft | Ein kausales Geschäft (oder **Kausalgeschäft**) trägt seinen rechtlichen Grund i.S.v. § 812 Abs. 1 BGB („causa") in sich; die meisten → Verpflichtungsgeschäfte sind kausal. Siehe auch → abstraktes Geschäft. |
| Kennenmüssen<br>§ 122 Abs. 2 BGB<br>(Legaldefinition) | Kennenmüssen bedeutet fahrlässige (§ 276 Abs. 2 BGB) Unkenntnis. |
| Klagebegründende Tatsachen | Klagebegründende Tatsachen sind Tatsachen, für die im Prozess der Kläger die Darlegungs- und Beweislast trägt. |
| Kollusion<br>§ 138 Abs. 1 BGB | Von Kollusion spricht man, wenn Vertreter und Dritter bei der Vornahme eines → Rechtsgeschäfts einverständlich in der Absicht zusammenwirken, den Vertretenen zu schädigen. |
| Leistung<br>§ 812 BGB | Eine Leistung ist eine bewusste, zweckgerichtete Mehrung fremden Vermögens. |
| Mangelndes Urteilsvermögen<br>§ 138 Abs. 2 BGB | Mangelndes Urteilsvermögen liegt vor, wenn der Betreffende – häufig als Folge von Verstandesschwäche – im konkreten Fall nicht in der Lage ist, Vor- und Nachteile des Geschäfts sachgerecht gegeneinander abzuwägen; nicht genügt es, dass er seine – an sich vorhandenen – Fähigkeiten im konkreten Fall nicht einsetzt und deshalb einer Fehleinschätzung unterliegt. |
| Motivirrtum<br>§ 119 BGB | Beim Motivirrtum entspricht der Inhalt der abgegebenen Erklärung den Vorstellungen des Erklärenden, aber er hat sich über die Umstände geirrt, die ihn dazu veranlasst haben, eine Erklärung dieses Inhalts abgeben zu wollen. |
| Negatives Interesse<br>§ 122 Abs. 1 BGB<br>§ 179 Abs. 2 BGB | Das negative Interesse (= **Vertrauensschaden**) umfasst alle Schäden, die der Ersatzberechtigte dadurch erleidet, dass er auf die Wirksamkeit eines → Rechtsgeschäfts vertraut; dazu zählen nicht nur die Aufwendungen, die er wegen der vermeintlichen Wirksamkeit des Rechtsgeschäfts macht, sondern auch entgangene Vorteile aus Geschäften, die er wegen der vermeintlichen Wirksamkeit nicht vornimmt. Siehe auch → positives Interesse. |
| Offenheitsgrundsatz<br>§ 164 BGB | Der Offenheitsgrundsatz besagt, dass sich bei der unmittelbaren → Stellvertretung aus der vom Vertreter abgegebenen oder in Empfang genommenen Erklärung ergeben muss, dass sie nicht für und gegen den Vertreter, sondern für und gegen den Vertretenen wirken soll. Bei der aktiven Stellvertretung muss der Vertreter deshalb im Namen des Vertretenen handeln. |

| Begriff | Definition |
|---|---|
| Parteifähigkeit<br>§ 50 ZPO | Parteifähigkeit ist die Fähigkeit, im Prozess Kläger oder Beklagter zu sein. |
| Partielle Geschäfts-unfähigkeit<br>§ 104 BGB | Partielle Geschäftsunfähigkeit liegt vor, wenn sich der die freie Willensbestimmung ausschließende Zustand krankhafter Störung der Geistestätigkeit (§ 104 Nr. 2 BGB) nur auf einen bestimmten, abstrakt zu umschreibenden Kreis von Angelegenheiten bezieht, so dass der Betreffende nur im Hinblick auf diese Angelegenheiten geschäftsunfähig ist. Siehe auch → Geschäftsfähigkeit. |
| Perplexität | Von Perplexität spricht man, wenn eine → Willenserklärung in sich widersprüchlich ist. Eine perplexe Willenserklärung ist nichtig. |
| Positives Interesse<br>§ 122 Abs. 1 BGB<br>§ 179 Abs. 1, 2 BGB | Das positive Interesse (= **Erfüllungsinteresse**) umfasst alle Schäden, die der Ersatzberechtigte dadurch erleidet, dass eine (eventuell nicht wirksam begründete) Verbindlichkeit ihm gegenüber nicht erfüllt wird. Siehe auch → negatives Interesse. |
| Postulationsfähigkeit<br>§ 78 ZPO | Postulationsfähigkeit ist die Fähigkeit, in eigener Person rechtswirksam prozessual zu handeln; sie fehlt den Prozessparteien, soweit Anwaltszwang besteht. |
| Privatautonomie | Der Grundsatz der Privatautonomie besagt, dass der Einzelne seine Lebensverhältnisse im Rahmen der Rechtsordnung eigenverantwortlich gestalten kann. Erscheinungsformen der Privatautonomie sind die → **Vertragsfreiheit** (Art. 2 Abs. 1 GG), die **Vereinigungsfreiheit** (Art. 9 GG), die **Testierfreiheit** (Art. 14 Abs. 1 GG) und die **Freiheit des → Eigentums** (Art. 14 Abs. 1 GG, § 903 BGB). |
| Prozessfähigkeit<br>§§ 52 f. ZPO | Prozessfähigkeit ist die Fähigkeit, selbst oder durch selbst bestellte Vertreter Prozesshandlungen wirksam vorzunehmen oder entgegenzunehmen. |
| Realakt | Ein Realakt (eine **Tathandlung**) ist eine auf einen tatsächlichen Erfolg gerichtete Willensbetätigung, an die das Gesetz Rechtsfolgen knüpft; von den → geschäftsähnlichen Handlungen unterscheiden Realakte sich dadurch, dass es sich nicht um Erklärungen handelt. |
| Rechte | Rechte sind nicht-körperliche Gegenstände (z.B. Forderungen, Patente, Urheberrechte, Pfandrechte). |

| Begriff | Definition |
|---|---|
| Rechtsfähigkeit<br>§ 1 BGB | Rechtsfähigkeit ist die Fähigkeit, Träger von Rechten und Pflichten zu sein. |
| Rechtsgeschäft | Ein Rechtsgeschäft ist eine Rechtshandlung, die auf die Herbeiführung einer bestimmten Rechtsfolge gerichtet ist und eine oder mehrere → Willenserklärungen sowie eventuell weitere Elemente (insbesondere → Realakte) erfordert. Man unterscheidet zwischen **einseitigen Rechtsgeschäften**, die ihrer Art nach nur einer Willenserklärung bedürfen (z.B. Kündigung, letztwillige Verfügung in einem Testament), und **zwei- und mehrseitigen Rechtsgeschäften**, die ihrer Art nach mehrerer Willenserklärungen bedürfen (**Verträge, Beschlüsse**). |
| Sachen<br>§ 90 BGB<br>(Legaldefinition) | Sachen sind alle körperlichen → Gegenstände mit Ausnahme von Tieren (§ 90a BGB). Siehe auch → Eigenschaftsirrtum. |
| sofort<br>§ 147 Abs. 1 S. 1 BGB | Sofort bedeutet: so schnell, wie objektiv möglich. Siehe auch → unverzüglich. |
| Stellvertretung<br>§ 164 BGB | Stellvertretung ist das Handeln für einen anderen im → rechtsgeschäftlichen Bereich. Bei der **unmittelbaren (direkten) Stellvertretung** ergibt sich aus dem Inhalt der betreffenden → Willenserklärung, dass sich das Geschäft auf den Vertretenen bezieht, und die Erklärung wirkt unmittelbar für und gegen den Vertretenen. Bei der **mittelbaren (indirekten) Stellvertretung** schließt der Vertreter ein Eigengeschäft, dessen Folgen im Innenverhältnis auf den Vertretenen übergeleitet werden. Im Rahmen der unmittelbaren Stellvertretung unterscheidet man zwischen **aktiver Stellvertretung**, bei der der Vertreter eine → Willenserklärung für den Vertretenen abgibt, und **passiver Stellvertretung**, bei der er eine Willenserklärung für den Vertretenen in Empfang nimmt. |
| Testierfähigkeit<br>§ 2229 BGB | Testierfähigkeit ist die Fähigkeit, wirksam ein Testament zu errichten. |
| Trennungsprinzip | Das Trennungsprinzip besagt, dass zwischen → Verpflichtungsgeschäft und → Verfügungsgeschäft zu unterscheiden ist. Siehe auch → Abstraktionsprinzip. |
| Unerfahrenheit<br>§ 138 Abs. 2 BGB | Unter Unerfahrenheit versteht man einen Mangel an Lebens- oder Geschäftserfahrung. |

| Begriff | Definition |
|---|---|
| Unternehmens-bezogenes Geschäft<br>§ 164 Abs. 1 S. 2 BGB | Ein unternehmensbezogenes Geschäft liegt vor, wenn die Auslegung ergibt, dass sich ein → Rechtsgeschäft auf ein bestimmtes Unternehmen beziehen soll. Bei der aktiven → Stellvertretung gilt eine Auslegungsregel, nach der die entsprechende → Willenserklärung im Zweifel im Namen des Unternehmensträgers abgegeben ist, unabhängig davon, ob der Handelnde dies selbst ist oder nicht und ob der Erklärungsempfänger erkennen kann, wer Unternehmensträger ist. Bei der passiven → Stellvertretung gilt eine Auslegungsregel, nach der die entsprechende → Willenserklärung im Zweifel gegenüber dem Unternehmensträger wirken soll, unabhängig davon, ob der Erklärungsempfänger dies selbst ist oder nicht und ob der Erklärende erkennen kann, wer Unternehmensträger ist. |
| Unternehmer<br>§ 14 Abs. 1 BGB<br>(Legaldefinition) | Unternehmer ist eine natürliche oder juristische Person oder eine rechtsfähige Personengesellschaft, die bei Abschluss eines → Rechtsgeschäfts in Ausübung ihrer gewerblichen oder selbständigen beruflichen Tätigkeit handelt. Siehe auch → Verbraucher. |
| Untervertretung | Untervertretung liegt vor, wenn ein Vertreter selbst einen Vertreter bestellt. Bei der **unmittelbaren Untervertretung** bestellt der Hauptvertreter den zweiten Vertreter direkt für den und im Namen des Geschäftsherrn, bei der **mittelbaren Untervertretung** bestellt der Hauptvertreter den Untervertreter im eigenen Namen, also für sich selbst. |
| Unverzüglich<br>§ 121 Abs. 1 S. 1 BGB<br>(Legaldefinition) | Unverzüglich bedeutet: ohne schuldhaftes Zögern. Siehe auch → sofort. |
| Urkunde<br>§ 126 Abs. 1 BGB | Eine Urkunde ist die schriftliche Verkörperung einer Erklärung in einem Brief, Fax, Telegramm etc. |
| venire contra factum proprium<br>§ 242 BGB | Ein venire contra factum proprium ist ein widersprüchliches und deshalb rechtsmissbräuchliches Verhalten. |
| Verbraucher<br>§ 13 BGB<br>(Legaldefinition) | Verbraucher ist eine natürliche Person, die ein → Rechtsgeschäft zu Zwecken abschließt, die überwiegend weder einer gewerblichen noch einer selbständigen beruflichen Tätigkeit zugerechnet werden können. Siehe auch → Unternehmer. |
| Verbrauchervertrag<br>§ 310 Abs. 3 BGB<br>(Legaldefinition) | Ein Verbrauchervertrag ist ein Vertrag zwischen einem → Unternehmer (§ 14 Abs. 1 BGB) und einem → Verbraucher (§ 13 BGB). |

| Begriff | Definition |
| --- | --- |
| Verfügungsgeschäft | Verfügungsgeschäfte (oder dingliche Geschäfte) nennt man → Rechtsgeschäfte, die die dingliche Güterzuordnung ändern (z.B. Übereignung, Forderungsabtretung, Erlass, Inhaltsänderung eines Rechts). Siehe auch → Verpflichtungsgeschäft. |
| Verfügungsmacht<br>§ 185 BGB | Verfügungsmacht ist die Fähigkeit, im eigenen Namen wirksam über einen → Gegenstand zu → verfügen. |
| Verfügungsverbot<br>§§ 135, 136 BGB | **Absolute Verfügungsverbote** dienen dem öffentlichen Interesse oder dem Interesse größerer Gruppen; ein → Rechtsgeschäft, das gegen eine absolutes Verfügungsverbot verstößt, ist gemäß § 134 BGB nichtig. **Relative Verfügungsverbote** dienen nur dem Schutz einzelner Personen; Verfügungen, die ihnen zuwiderlaufen, sind nur gegenüber den geschützten Personen unwirksam (§ 135 Abs. 1 BGB). |
| Verjährung<br>§ 214 Abs. 1 BGB | Unter Verjährung versteht man den Ausschluss der Durchsetzbarkeit eines → Anspruchs infolge Zeitablaufs. |
| Verpflichtungsgeschäft | Ein Verpflichtungsgeschäft (oder schuldrechtliches Geschäft oder obligatorisches Geschäft) führt dazu, dass zwischen den Parteien ein → Anspruch oder mehrere Ansprüche entstehen. Siehe auch → Verfügungsgeschäft. |
| Vertragsfreiheit<br>Art. 2 Abs. 1 GG | Vertragsfreiheit ist die Freiheit, darüber entscheiden zu können, ob, mit wem und mit welchem Inhalt man einen Vertrag schließt. Man unterscheidet zwischen der **Abschlussfreiheit**, die sich auf das „Ob“ des Vertragsschlusses bezieht, und der **Inhaltsfreiheit**, die die inhaltliche Ausgestaltung des Vertrags zum Gegenstand hat. |
| Vertretungsmacht<br>§ 164 Abs. 1 S. 1 BGB | Vertretungsmacht ist die Fähigkeit, eine → Willenserklärung mit Wirkung für den Vertretenen abzugeben (aktive → Stellvertretung) oder in Empfang zu nehmen (passive → Stellvertretung). |
| Vindikation<br>§ 985 BGB | Vindikation ist eine andere Bezeichnung für den Herausgabeanspruch des → Eigentümers gegen den → Besitzer aus § 985 BGB. |
| Vollmacht<br>§ 166 Abs. 2 S. 1 BGB (Legaldefinition),<br>§ 167 BGB | Vollmacht ist eine rechtsgeschäftlich erteilte → Vertretungsmacht. Man unterscheidet die **Innenvollmacht**, die gegenüber dem Vertreter erteilt wird, und die **Außenvollmacht**, die gegenüber dem Dritten erteilt wird, dem gegenüber die Vertretung stattfinden soll. Die **Spezialvollmacht** bezieht sich auf ein bestimmtes Geschäft, |

| Begriff | Definition |
|---|---|
| | während die **Generalvollmacht** einen weiten Kreis von Geschäften abdeckt. |
| Vorlegen einer Urkunde § 172 Abs. 1 BGB | Eine → Urkunde wird einem Dritten vorgelegt i.S.v. § 172 BGB, wenn die Originalurkunde dessen sinnlicher Wahrnehmung unmittelbar zugänglich gemacht wird. |
| Widerruf | Das Gesetz unterscheidet zwei verschiedene Arten des Widerrufs, zwischen denen strikt zu trennen ist:<br>– Der Widerruf einer → **Willenserklärung** gemäß § 130 Abs. 1 S. 2 BGB verhindert, dass die Willenserklärung bei ihrem → Zugang wirksam wird.<br>– Der Widerruf eines → **Verbrauchervertrags** führt nach § 355 Abs. 1 S. 1 BGB dazu, dass der → Verbraucher und der → Unternehmer nicht mehr an ihre auf den Abschluss des Vertrags gerichteten Willenserklärungen gebunden sind. |
| Willenserklärung | Eine Willenserklärung ist eine private Willensäußerung, die unmittelbar auf das Herbeiführen einer Rechtsfolge gerichtet ist.<br>Im Rahmen des subjektiven Tatbestands einer Willenserklärung unterscheidet man drei Komponenten:<br>– Der **Handlungswille** ist der Wille, sich überhaupt in bestimmter, nach außen hervortretender Weise zu verhalten.<br>– Das **Erklärungsbewusstsein** ist der Wille, irgendeine rechtserhebliche Erklärung abzugeben.<br>– Der **Geschäftswille** ist der Wille, eine ganz bestimmte rechtserhebliche Erklärung abzugeben.<br>Der objektive Tatbestand einer Willenserklärung liegt in einem äußeren Verhalten, das auf das Vorliegen eines Geschäftswillens (und damit auch von Handlungswillen und Erklärungsbewusstsein) schließen lässt. Das Erklärungsbewusstsein wird im Rahmen des objektiven Tatbestands meist **Rechtsbindungswille** genannt. |
| Zugang einer Willenserklärung § 130 Abs. 1 S. 1 BGB | Eine → Willenserklärung geht zu, wenn sie den Machtbereich des Empfängers erreicht hat und unter gewöhnlichen Verhältnissen mit ihrer Kenntnisnahme durch den Empfänger zu rechnen ist (h.M.; str.). |
| Zustimmung §§ 182 ff. BGB | Es gibt zwei Formen der Zustimmung: Die → **Einwilligung** wird im Voraus erteilt (§ 183 S. 1 BGB), die → **Genehmigung** nachträglich (§ 184 Abs. 1 BGB). |

| Begriff | Definition |
|---|---|
| Zwangslage<br>§ 138 Abs. 2 BGB | Eine Zwangslage liegt vor, wenn der Bewucherte wegen einer drohenden Verschlechterung seiner Situation ein zwingendes Bedürfnis nach einer Geld- oder Sachleistung hat; ob die Zwangslage verschuldet ist, spielt keine Rolle. |

# BGB Schuldrecht Allgemeiner Teil

| Begriff | Definition |
|---|---|
| Abschlussfreiheit | Freiheit (d.h. Möglichkeit) des Einzelnen, darüber zu entscheiden, ob und mit wem er einen Vertrag abschließen will. |
| Angebot, tatsächliches § 294 | Anbieten der geschuldeten Leistung dergestalt, dass der Gläubiger nur noch zugreifen und die Leistung annehmen muss. |
| Angebot, wörtliches § 295 | Ausdrückliche oder schlüssige empfangsbedürftige Erklärung des Schuldners, er wolle die geschuldete Leistung so, wie sie geschuldet ist, bewirken. |
| Äquivalenzinteresse | Interesse einer Partei eines Schuldverhältnisses, für die von ihr zu erbringende Gegenleistung die als gleichwertig (äquivalent) bewertete Leistung der anderen Partei zu erhalten. |
| Aufwendungen | Freiwillige Einbußen an rechtlich geschützten materiellen oder immateriellen Gütern. Im Leistungsstörungsrecht (§ 284): Im Hinblick auf den Erhalt der Leistung vom Gläubiger erbrachte freiwillige Vermögensopfer. |
| Auswahlverschulden | Verschulden des Schuldners in Bezug auf die Auswahl, Anleitung oder Beaufsichtigung einer bei der Erfüllung einer Leistungspflicht eingesetzten Hilfsperson. |
| Dasselbe rechtliche Verhältnis § 273 Abs. 1 | Innerlich zusammengehöriges einheitliches Lebensverhältnis, aus dem die beiden Ansprüche stammen und aufgrund dessen es Treu und Glauben widersprechen würde, wenn der eine Anspruch ohne Rücksicht auf den anderen geltend gemacht oder verwirklicht werden würde. |
| Dauerschuldverhältnis § 314 Abs. 1 | Schuldverhältnis, das mindestens eine Partei zu einer dauernden oder wiederkehrenden Leistung verpflichtet und bei dem der Gesamtumfang der Leistung von der Dauer des Schuldverhältnisses abhängig ist. |
| Deckungsverhältnis | Beim Vertrag zugunsten Dritter das Rechtsverhältnis zwischen dem Schuldner (Versprechender) und dem Gläubiger (Versprechensempfänger). Aus ihm erlangt der Schuldner die Deckung (d.h. Gegenleistung) für die Leistung, die er an den Dritten zu erbringen hat. |
| Dritter, der eine Leistung bewirkt § 267 | Vom Schuldner nicht eingeschaltete Person, welche die geschuldete Leistung effektiv bewirkt und hierbei mit dem Willen handelt, die Pflicht eines anderen zu erfüllen (Fremdtilgungswille). |

| Begriff | Definition |
| --- | --- |
| Drittschadensliquidation | Möglichkeit des Inhabers eines Schadensersatzanspruchs, den Schaden eines anderen, der gegen den Schädiger keinen Anspruch hat, geltend zu machen. Dazu wird der Schaden des Dritten zum Anspruch des Gläubigers gezogen. |
| Empfangszuständiger Gläubiger | Für den Empfang der geschuldeten Leistung ist der Gläubiger zuständig, wenn er befugt ist, über die Forderung zu verfügen. |
| Entgangener Gewinn § 252 | Alle Vermögensvorteile, die dem Geschädigten im Zeitpunkt des schädigenden Ereignisses zwar noch nicht zugeflossen sind, ohne dieses Ereignis aber bei ihm eingetreten wären. |
| Entgeltforderung § 286 Abs. 3 | Nicht notwendigerweise im Gegenseitigkeitsverhältnis stehende Forderung auf Zahlung eines Entgelts als Gegenleistung für eine vom Gläubiger erbrachte oder zu erbringende Leistung, die in der Lieferung von Gütern oder der Erbringung von Dienstleistungen besteht. |
| Erfolgsort | Ort, an dem ein geschuldeter Leistungserfolg einzutreten hat. |
| Erfüllbarkeit | Zeitpunkt, zu dem der Schuldner die Leistung an den Gläubiger erbringen darf. |
| Erfüllung § 362 | Bewirken der geschuldeten Leistung an den Gläubiger, d.h. Herbeiführung des Leistungserfolgs beim Gläubiger. |
| Erfüllungsgehilfe § 278 | Person, die mit Wissen und Wollen des Schuldners in dessen Pflichtenkreis tätig wird. |
| Erfüllungsinteresse | Interesse des Gläubigers am Erhalt der geschuldeten Leistung. Soweit es auszugleichen ist, ist der Gläubiger so zu stellen, wie er bei ordnungsgemäßer Erfüllung stehen würde. |
| Ersatz für den geschuldeten Gegenstand § 285 | Vermögensvorteil, der dem Schuldner durch den Umstand, der zur Befreiung von der Leistung nach § 275 Abs. 1 bis 3 BGB geführt hat, unmittelbar zugeflossen ist. Erfasst sind auch Vermögensvorteile, die aus einem anderen Umstand zugeflossen sind, sofern zwischen diesem Umstand und dem Umstand, der zur Leistungsbefreiung geführt hat, ein wirtschaftlicher Zusammenhang besteht. |
| Ersetzungsbefugnis | Recht einer Partei des Schuldverhältnisses, eine andere als die geschuldete Leistung zu erbringen oder zu verlangen. |

| Begriff | Definition |
|---|---|
| Fahrlässigkeit<br>§ 276 Abs. 1, 2 | Außerachtlassen der im Verkehr erforderlichen Sorgfalt. |
| Fälligkeit | Zeitpunkt, zu dem der Gläubiger vom Schuldner die Leistung verlangen kann. |
| Fixgeschäft, absolutes | Schuldverhältnis, bei dem der Leistungszeitpunkt aufgrund der Art der geschuldeten Leistung für diese so prägend ist, dass eine Nachholung der versäumten Leistung zu einem späteren Zeitpunkt nicht mehr als Erbringung der geschuldeten Leistung verstanden werden kann. |
| Fixgeschäft, relatives<br>§ 323 Abs. 2 Nr. 2 | Schuldverhältnis, bei dem eine Nachholung der Leistung nach Verstreichen des Leistungszeitpunkts zwar möglich ist (anders als beim absoluten Fixgeschäft), aber die Einhaltung der Leistungszeit ist für die Parteien des Schuldverhältnisses so wesentlich, dass das Geschäft hiermit „stehen und fallen" soll. |
| Forderung<br>§ 387 | Aus einem Schuldverhältnis i.w.S. stammendes Recht eines Gläubigers, vom Schuldner eine Leistung verlangen zu können. |
| Formfreiheit | Freiheit (d.h. Möglichkeit) des Einzelnen, Verträge in jeder beliebigen Form abzuschließen. |
| Formzwang | Rechtlicher Zwang, den Vertrag in einer bestimmten Form abzuschließen; wird die gesetzlich verlangte Form nicht eingehalten, ist das Rechtsgeschäft nichtig (§ 125 S. 1). |
| Fristsetzung<br>§ 281 Abs. 1, 2<br>§ 323 Abs. 1, 2 | Empfangsbedürftige, eindeutige und bestimmte Aufforderung des Gläubigers an den Schuldner, die Leistung bis zu einem bestimmten oder zumindest bestimmbaren Zeitpunkt zu erbringen. |
| Garantie<br>§ 276 Abs. 1 | Versprechen des Schuldners, für einen bestimmten Umstand unbedingt einstehen und für den Fall des Fehlens haften zu wollen. |
| Gattung<br>§ 243 Abs. 1 | Eine Gattung bilden alle Gegenstände (im weitesten Sinne), die durch gemeinschaftliche Merkmale (z.B. Typ, Sorte, Modell, Marke, Serie, Qualität, Preis) gekennzeichnet sind und sich dadurch von anderen Gegenständen unterscheiden. |
| Gattungsschuld | Leistungspflicht, die sich auf einen Gegenstand bezieht, der nur nach Gattungsmerkmalen bestimmt ist. Die Gattungsschuld ist marktbezogen, wenn den Schuldner die Pflicht trifft, einen zur Gattung gehörigen Gegenstand zu beschaffen. Eine Gattungsschuld i.S.e. Vorratsschuld |

| Begriff | Definition |
| --- | --- |
| | liegt hingegen vor, wenn sich die Schuld auf einen Gegenstand beschränkt, der zum Vorrat des Schuldners gehört; dann besteht keine Beschaffungspflicht. |
| Gefälligkeit | Ohne Rechtsbindungswillen getroffene Vereinbarung zwischen mindestens zwei Personen, derzufolge eine Person eine bestimmte Handlung vornehmen oder unterlassen soll. Es entsteht kein Schuldverhältnis und es bestehen keine Leistungs- oder Schutzpflichten. |
| Gefälligkeitsverhältnis | Schuldverhältnis, bei dem der Schuldner zwar nicht verpflichtet ist, die versprochene Handlung vorzunehmen oder zu unterlassen (keine Leistungspflicht), bei dem er aber bei Vornahme der Handlung auf die Rechte, Rechtsgüter und Interessen des anderen Teils Rücksicht zu nehmen hat (d.h. es bestehen Schutzpflichten). |
| Gefälligkeitsvertrag | Vertragliches Schuldverhältnis, bei dem eine Partei eine Leistungspflicht hat, die andere Partei hierfür jedoch keine Gegenleistungspflicht hat (unentgeltliches Schuldverhältnis). |
| Gegenseitiger Vertrag<br>§ 320 Abs. 1 | Vertrag, bei dem jede Vertragspartei sich nur deshalb zur Leistung verpflichtet hat, weil sich die jeweils andere Vertragspartei ebenfalls zur Leistung verpflichtet hat; die Leistung des einen ist Entgelt für die Leistung des anderen. Siehe auch Synallagma. |
| Geldschuld | Pflicht zur Leistung eines bestimmten Geldbetrages. Geldsummenschuld, wenn die Höhe in Währungseinheiten ausgedrückt ist. Geldwertschuld, wenn sich die Höhe aus dem Inhalt der Schuld ergibt. |
| Geschäftsgrundlage, objektive<br>§ 313 | Umstände, die objektiv erforderlich sind, damit der Vertrag nach den Intentionen der Parteien noch als sinnvolle Regelung aufrechterhalten werden kann. |
| Geschäftsgrundlage, subjektive<br>§ 313 | Umstände, die beide Parteien sich vorgestellt haben und auf denen ihr Geschäftswille aufbaut; einseitige Vorstellungen genügen nur, wenn sie bei Abschluss des Vertrages zutage getreten sind, dem anderen Teil erkennbar gemacht wurden und von ihm nicht beanstandet worden sind. |
| Grobe Fahrlässigkeit<br>§ 277 | Verletzung der im Verkehr erforderlichen Sorgfalt in ungewöhnlich hohem Maße, indem der Schuldner außer Acht lässt, was jedem hätte einleuchten müssen. |

| Begriff | Definition |
|---|---|
| Im Verkehr erforderliche Sorgfalt § 276 Abs. 2 | Sorgfalt, die von einem durchschnittlichen Angehörigen des betreffenden Verkehrskreises erwartet werden kann. |
| Hauptleistungspflicht | Pflicht zur Erbringung einer Leistung, die für das Schuldverhältnis typisch, d.h. prägend ist. |
| Inhaltsfreiheit | Freiheit (d.h. Möglichkeit) des Einzelnen, selbst über den Inhalt des Vertrages zu entscheiden und Verträge mit beliebigem Inhalt abzuschließen. |
| Integritätsinteresse | Interesse einer Partei am ungestörten Fortbestand ihrer rechtlich geschützten Güter. |
| Konfusion | Vereinigung von Gläubiger- und Schuldnerstellung in einer Person. |
| Konkretisierung § 243 Abs. 2 | Beschränkung der ursprünglichen Gattungsschuld auf die vom Schuldner ausgewählte und ausgesonderte Sache. Tritt ein, wenn der Schuldner das seinerseits Erforderliche getan hat. |
| Kontrahierungszwang | Rechtlicher Zwang zum Abschluss eines Vertrages. |
| Leistung § 241 Abs. 1 | Bestimmtes Verhalten des Schuldners, das auch in einem Unterlassen bestehen kann. Je nach Schuldverhältnis kann die Leistung auch die Herbeiführung eines bestimmten Erfolges sein. |
| Leistung an Erfüllungs statt § 364 Abs. 1 | Annahme einer anderen als der geschuldeten Leistung durch den Gläubiger verbunden mit der Vereinbarung zwischen Gläubiger und Schuldner, dass die hingegebene Leistung zur Erfüllung der Schuld führen soll. |
| Leistung erfüllungshalber | Annahme einer anderen als der geschuldeten Leistung durch den Gläubiger verbunden mit der Vereinbarung zwischen Gläubiger und Schuldner, dass der Gläubiger zunächst Befriedigung (durch Verwertung) aus dem hingegebenen Gegenstand suchen soll. |
| Leistung sicherungshalber | Annahme einer anderen als der geschuldeten Leistung durch den Gläubiger verbunden mit der Vereinbarung zwischen Gläubiger und Schuldner, dass der Gläubiger auf den sicherungshalber hingegebenen Gegenstand erst zurückgreifen darf, wenn dem Schuldner die Erfüllung endgültig nicht gelingt. |
| Leistungsort § 269 Abs. 1 | Ort, an dem der Schuldner die Leistungshandlung vorzunehmen hat. |

| Begriff | Definition |
|---|---|
| Leistungspflicht | Pflicht zur Erbringung einer Leistung (siehe auch Hauptleistungspflicht; Nebenleistungspflicht). |
| Leistungszeit<br>§ 271 | Zeitpunkt, zu dem der Gläubiger die Leistung verlangen kann (Fälligkeit) bzw. Zeitpunkt, zu dem der Schuldner die Leistung erbringen darf (Erfüllbarkeit). |
| Mahnung<br>§ 286 Abs. 1, 2 | Empfangsbedürftige, eindeutige und bestimmte Aufforderung des Gläubigers an den Schuldner, die geschuldete Leistung zu erbringen. |
| Mangelfolgeschaden | Schaden, der durch den Mangel des Leistungsgegenstands an anderen Rechten, Rechtsgütern oder Interessen des Gläubigers entstanden ist. |
| Mangelschaden | Schaden, der durch den Mangel des Leistungsgegenstands an diesem selbst entstanden ist. |
| Naturalobligation | Verbindlichkeit des Schuldners, bei der keine rechtliche, sondern nur eine „natürliche" Pflicht (Obligation) des Schuldners zur Erbringung der Leistung besteht. |
| Naturalrestitution<br>§ 249 Abs. 1 | Herstellung des Zustands, der bestehen würde, wenn der zum Ersatz verpflichtende Umstand nicht eingetreten wäre. |
| Nebenleistungspflicht | Pflicht zur Erbringung einer Leistung, mit der die Durchführung einer Hauptleistungspflicht gesichert oder gefördert werden soll. |
| Nebenpflicht | Neben der Hauptleistungspflicht bestehende Nebenleistungspflicht oder Schutzpflicht. |
| Nichtvermögensschaden<br>§ 253 Abs. 1 | Unfreiwillige Beeinträchtigung von Gütern und Interessen ohne Vermögenswert. |
| Novation | Vereinbarung der Parteien eines Schuldverhältnisses, dass an die Stelle des bisherigen Schuldverhältnisses ein neues Schuldverhältnis treten soll (Schuldumwandlung). |
| Obliegenheit | Verbindlichkeit einer Partei des Schuldverhältnisses, deren Erfüllung von der anderen Partei nicht verlangt werden kann; die mit der Obliegenheit belastete Partei erleidet jedoch Rechtsnachteile, wenn sie der Obliegenheit nicht nachkommt. |
| Pflichtverletzung<br>§ 280 Abs. 1 | Jede objektive und unberechtigte Abweichung einer Partei vom geschuldeten Pflichtenprogramm. |
| Primärpflicht | Unmittelbar aus dem Schuldverhältnis kraft Vertrag oder Gesetz folgende Leistungspflicht oder Schutzpflicht. |

| Begriff | Definition |
|---|---|
| Positives Interesse | Siehe Erfüllungsinteresse. |
| Rentabilitätsvermutung | Widerlegbare Vermutung, dass der Gläubiger bei ordnungsgemäßer Leistung mit dieser so große Vermögensvorteile hätte erwirtschaften können, dass seine Aufwendungen, die er in Erwartung der Leistung getätigt hat, gedeckt gewesen wären. Sie greift nur, wenn der Gläubiger mit der Leistung einen wirtschaftlichen Zweck verfolgt. |
| Rücktritt § 346 Abs. 1 | Umwandlung des Schuldverhältnisses in ein Rückgewährschuldverhältnis durch einseitige Gestaltungserklärung. |
| Schaden | Unfreiwillige Einbuße an rechtlich geschützten materiellen oder immateriellen Gütern. |
| Schadensersatz neben der Leistung | Ersatz aller Schäden, die durch die ausbleibende, verspätete oder nicht ordnungsgemäße Leistung entstanden sind und die durch eine zumindest gedachte Nachholung der Leistung auch nicht wieder entfallen würden. |
| Schadensersatz statt der Leistung § 280 Abs. 3 | Ersatz aller Schäden, die durch das endgültige Ausbleiben der Leistung entstanden sind und die durch eine zumindest gedachte Nachholung der Leistung wieder entfallen würden. |
| Schadensersatz wegen Verzögerung der Leistung § 280 Abs. 2 | Ersatz aller Schäden, die allein wegen der Verzögerung der Leistung entstanden sind und die auch bei einer zumindest gedachten Nachholung der Leistung nicht wieder entfallen würden. |
| Schuldnerverzug | Siehe Verzug. |
| Schuldverhältnis § 241 Abs. 1 | Rechtsverhältnis zwischen mindestens zwei Personen, das mindestens eine Person (Schuldner) einer anderen Person (Gläubiger) gegenüber zur Erbringung einer Leistung (§ 241 Abs. 1 BGB) und/oder zur Rücksichtnahme (§ 241 Abs. 2 BGB) verpflichtet. Im weiteren Sinne ist das Schuldverhältnis die Gesamtheit der zwischen diesen Personen bestehenden rechtlichen Beziehungen. Im engeren Sinne ist das Schuldverhältnis das einzelne Recht des Gläubigers, vom Schuldner eine Leistung verlangen zu können. |
| Schutzpflicht § 241 Abs. 2 | Pflicht zur Rücksichtnahme auf die Rechte, Rechtsgüter und Interessen des anderen Teils. |
| Sekundärpflicht | Bei der Verletzung einer Primärpflicht entstehende Leistungspflicht des Schuldners. |

| Begriff | Definition |
| --- | --- |
| Selbstmahnung | Nach Fälligkeit der Leistung erfolgte Ankündigung oder Zusicherung des Schuldners, die Leistung zu erbringen. |
| Stückschuld | Leistungspflicht, die sich auf einen konkreten, individuellen Gegenstand bezieht. |
| Synallagma | Rechtliche Abhängigkeit zwischen den Hauptleistungspflichten eines Schuldverhältnisses. Es entsteht, wenn die eine Partei ihre Leistungspflicht nur deshalb übernimmt, weil die andere Partei ebenfalls eine Leistungspflicht übernimmt – und umgekehrt. Siehe auch gegenseitiger Vertrag. |
| Teilbarkeit der Leistung | Zerlegung der Leistung in mehrere Teile kann erfolgen, ohne dass es zu einer Minderung ihres Wertes oder einer Beeinträchtigung des Leistungszwecks kommt. |
| Teilleistung | Unvollständige Erbringung der geschuldeten Leistung (Nichterbringung der vollständigen Leistung oder Erbringung der Leistung in Teilen). |
| Typenfreiheit | Freiheit (d.h. Möglichkeit), die im BGB geregelten Vertragstypen miteinander zu kombinieren (gemischte Verträge) oder neue Vertragstypen zu kreieren (atypische Verträge). |
| Übernahmeverschulden | Verschulden des Schuldners in Bezug auf die Übernahme der Leistungspflicht. Es liegt vor, wenn der Gläubiger eine Leistungspflicht übernommen hat, obwohl er wusste oder infolge Fahrlässigkeit nicht wusste, dass er zu ihrer (ordnungsgemäßen) Erfüllung nicht in der Lage ist. |
| Unmöglichkeit § 275 Abs. 1 | Dauerhaftes und für jedermann (objektive Unmöglichkeit) oder den Schuldner (subjektive Unmöglichkeit, Unvermögen) bestehendes unüberwindbares naturgesetzliches, rechtliches oder zeitliches (absolutes Fixgeschäft) Hindernis für die Erbringung der geschuldeten Leistung. |
| Untergang § 346 Abs. 2 S. 1 Nr. 3 | Vollständige Vernichtung der Sachsubstanz. |
| Unvollkommene Verbindlichkeit | Verbindlichkeit des Schuldners, deren Erfüllung der Gläubiger zwar verlangen, aber nicht durchsetzen kann. |
| Valutaverhältnis | Beim Vertrag zugunsten Dritter das Rechtsverhältnis zwischen dem Gläubiger (Versprechensempfänger) und dem Dritten. Aus ihm ergibt sich der Rechtsgrund für den Erwerb des Forderungsrechts durch den Dritten. |

| Begriff | Definition |
| --- | --- |
| Verantwortungsfähigkeit § 276 Abs. 1 S. 2 | Rechtliche Fähigkeit einer Person, für Pflichtverletzungen einzustehen, d.h. diese vertreten zu müssen. |
| Verkehrssitte § 242 | Im Verkehr herrschende tatsächliche Übung der beteiligten Verkehrskreise. |
| Vermögensschaden | Unfreiwillige Beeinträchtigung von Gütern und Interessen mit Vermögenswert. |
| Verschlechterung § 346 Abs. 2 S. 1 Nr. 3 | Nachteilige Veränderung der Sachsubstanz oder Beeinträchtigung der Funktionstauglichkeit. |
| Vertrag zugunsten Dritter | Vertrag zwischen zwei Personen, aufgrund dessen ein Dritter gegen eine der Vertragsparteien ein eigenes Recht auf Erbringung einer Leistung an ihn erlangt. |
| Vertragsanbahnung § 311 Abs. 2 Nr. 2 | Rechtgeschäftsähnlicher Kontakt, bei dem der eine Teil im Hinblick auf eine etwaige rechtsgeschäftliche Beziehung dem anderen Teil die Möglichkeit zur Einwirkung auf seine Rechte, Rechtsgüter oder Interessen gewährt oder sie ihm anvertraut. |
| Vertragsfreiheit | Freiheit (d.h. Möglichkeit) des Einzelnen, die Rechtsbeziehungen zu anderen mittels Vertrag beliebig zu gestalten. |
| Vertragsverhandlungen § 311 Abs. 2 Nr. 1 | Kommunikativer Austausch über den Abschluss eines Vertrages. |
| Vertretenmüssen § 280 Abs. 1 S. 2 | Verantwortlichkeit des Schuldners für die Pflichtverletzung. Bestimmt sich nach § 276 Abs. 1 BGB. |
| Verzug § 286 Abs. 1 | Vom Schuldner zu vertretende Nichtleistung trotz Fälligkeit, Durchsetzbarkeit und Mahnung. |
| Vorformulierte Vertragsbedingungen für eine Vielzahl von Verträgen § 305 Abs. 1 | Vor der Verwendung festgelegte Bestimmungen, durch die der Vertragsinhalt gestaltet werden soll und die mindestens dreimal verwendet werden sollen. |
| Vorsatz § 276 Abs. 1 | Wissen und Wollen des Erfolgs im Bewusstsein der Rechts- oder Pflichtwidrigkeit. |
| Wahlschuld § 262 | Schuldverhältnis, bei dem der Schuldner mehrere verschiedene Leistungen dergestalt schuldet, dass er nur die eine oder die andere Leistung zu bewirken hat. |
| Widerruf § 355 Abs. 1 | Umwandlung des Vertrages in ein Rückgewährschuldverhältnis durch einseitige Gestaltungserklärung des Verbrauchers bei bestimmten Verbraucherverträgen. |

| Begriff | Definition |
|---|---|
| Zedent | Vertragspartei des Abtretungsvertrages, die ihre Forderung an den Zessionar überträgt. |
| Zessionar | Vertragspartei des Abtretungsvertrages, die vom Zedenten die Forderung erwirbt. |
| Zeit für die Leistung § 271 Abs. 1 | Zeit für die Leistung ist entweder der Zeitpunkt, zu dem der Gläubiger die Leistung verlangen kann (Fälligkeit) oder der Zeitpunkt, zu dem der Schuldner die Leistung erbringen darf (Erfüllbarkeit). |
| Zinsen | Laufzeitabhängige Vergütung für die Überlassung von Kapital. |

# BGB Schuldrecht
# Vertragliche Schuldverhältnisse

| Begriff | Definition |
| --- | --- |
| „Kauf bricht nicht Miete" (§ 566 BGB) | Verkauft der Vermieter den Wohnraum, so tritt gemäß § 566 BGB der Erwerber in den Mietvertrag ein; Kauf bricht nicht Miete. |
| „Sale-and-lease-back"-Verfahren | Beim „sale-and-lease-back"-Verfahren veräußert der Leasingnehmer eine ihm bereits gehörende Sache an den Leasinggeber, der sie ihm anschließend zur Nutzung gegen Entgelt wieder überlässt. Es handelt sich um Finanzierungsleasing. |
| Abnahme im Werkvertragsrecht (§ 640 BGB) | Der Besteller ist dazu verpflichtet, den vereinbarten Werklohn zu entrichten und das Werk abzunehmen. Im Werkvertragsrecht ist unter „Abnahme" die körperliche Entgegennahme des Werkes und seine Billigung durch den Besteller als im Wesentlichen vertragsgemäß zu verstehen (§ 640 BGB). Ist eine Abnahme etwa wegen der Beschaffenheit des Werkes nicht möglich (bspw. bei einer Theateraufführung), so wird sie durch die Vollendung des Werkes ersetzt (§ 646 BGB). Erst durch die Abnahme wird die Vergütung fällig (§ 641 BGB). |
| Abnahme (§ 433 Abs. 2 BGB) | Der Käufer ist verpflichtet, den Kaufgegenstand abzunehmen. Dies bedeutet bei beweglichen Sachen die tatsächliche Hinwegnahme der Sache, bei Grundstücken die Mitwirkung an der Herbeiführung der Auflassung. |
| Alleinauftrag/Qualifizierter Alleinauftrag/ Festauftrag (§ 652 BGB) | Wird im Maklervertrag zwischen den Vertragsparteien ein Alleinauftrag vereinbart, so verzichtet der Auftraggeber darauf, die Dienste mehrerer Makler zugleich in Anspruch zu nehmen. Der Makler ist im Gegenzug dazu verpflichtet, im Interesse des Auftraggebers tätig zu werden. Das Recht des Auftraggebers, sich selbst um den Vertragsabschluss zu bemühen, bleibt ebenfalls unberührt. Doch auch dieses Recht kann individualvertraglich ausgeschlossen werden. Man spricht dann von einem qualifizierten Alleinauftrag. Verzichtet der Auftraggeber für eine bestimmte Zeit auf das Recht, den Vertrag jederzeit zu beenden, spricht man von einem Festauftrag. |
| Anzeigepflicht des Mieters (§ 536 c Abs. 1 BGB) | Der Mieter ist gemäß § 536c Abs. 1 BGB verpflichtet, Mängel anzuzeigen. Verletzt er die Anzeigepflicht, verliert er seine Minderungs- und Schadensersatzansprüche. |

| Begriff | Definition |
|---|---|
| Auftrag (§ 662 BGB) | Nach § 662 BGB verpflichtet sich der Beauftragte zur unentgeltlichen Besorgung eines Geschäftes. Eine Gegenleistung des Auftraggebers sieht die Vorschrift nicht vor; der Auftrag ist daher wie die Leihe und die Schenkung ein einseitig verpflichtender bzw. ein unvollkommener zweiseitiger Vertrag. |
| Außerordentliche Kündigung (§§ 543, 569 BGB) | Sowohl der Vermieter wie der Mieter können den Mietvertrag außerordentlich kündigen. Der Vermieter hat dieses Recht, wenn der Mieter mit der Entrichtung des Mietzinses für zwei aufeinander folgende Termine in Verzug ist (§ 543 Abs. 2 BGB) und wenn der Mieter den Hausfrieden nachhaltig stört (§ 569 Abs. 2 BGB). Der Mieter kann außerordentlich kündigen, wenn ihm der vertragsgemäße Gebrauch der Mietsache nicht gewährt wird (§ 543 Abs. 2 Nr. 1 BGB) und wenn die Benutzung des Wohnraums mit einer erheblichen Gesundheitsgefährdung verbunden ist (§ 569 Abs. 1 BGB). |
| Avalkredit (§ 765 BGB) | Avalkredit ist die bankkaufmännische Bezeichnung dafür, dass eine Bank gewerblich eine Bürgschaft übernimmt, für die sie dann von dem Hauptschuldner eine Vergütung verlangen wird. |
| Beförderungsrecht | Jeder Beförderungsvertrag ist ein Werkvertrag nach § 631 BGB. Jedoch sind die Einzelheiten der Haftung in Spezialgesetzen geregelt, die nach der Beförderung auf der Straße, der Schiene, zur See oder in der Luft unterscheiden. Außerdem gelten unterschiedliche Regelungen für inländische und grenzüberschreitende Beförderungen und für die Beförderung von Personen oder Gütern. |
| Behandlungsvertrag (§§ 630a ff. BGB) | Bei einem Behandlungsvertrag nach § 630a BGB schuldet der Behandelnde die medizinische Behandlung, der Patient die Vergütung. Der Patient muss in die Behandlung nach Aufklärung einwilligen. Der Behandelnde muss eine Patientenakte führen (§ 630f BGB). § 630h BGB regelt Beweiserleichterungen für den Nachweis der Kausalität zwischen einem Behandlungsfehler und dem Schaden. |
| Betriebskosten (§ 556 BGB) | Betriebskosten sind in der aufgrund von § 556 Abs. 1 Satz 4 BGB erlassenen BetrKV abschließend definiert. Sie sind u.a. die Kosten, die dem Eigentümer durch das Eigentum am Grundstück oder durch den bestimmungsmäßigen Gebrauch des Gebäudes, der Nebengebäude, Anlagen, Einrichtungen und des Grundstücks laufend entstehen. Insbesondere fallen darunter die Kosten für eine zentrale Heizungsanlage und die Wasserversorgung. |

| Begriff | Definition |
|---|---|
| Betriebsrisikolehre (§ 615 Satz 3 BGB) | Nach der in § 615 Satz 3 BGB gesetzlich verankerten Betriebsrisikolehre trifft den Arbeitgeber das Risiko, dass er die erforderlichen Arbeitsgerätschaften aus unverschuldeten Umständen (etwa wegen eines Stromausfalls) nicht zur Verfügung stellen kann. Dies gilt aber nicht bei einem Streik, auch nicht bei einem Streik in einem Drittunternehmen. Außerdem trifft den Arbeitnehmer das Wegerisiko (arg. § 616 BGB). |
| Blanko-Bürgschaft (§ 765 BGB) | Bei einer Blanko-Bürgschaft überlasst es der Bürge dem Schuldner, die essentialia des Bürgschaftsvertrages später einzutragen und unterschreibt schon im Voraus. |
| Bürgschaft (§ 765 ff. BGB) | Eine Bürgschaft ist ein im Schuldrecht gesondert geregeltes akzessorisches Sicherungsmittel und einseitig verpflichtender Vertrag. Durch den Bürgschaftsvertrag verpflichtet sich der Bürge gegenüber dem Gläubiger eines Dritten, für die Erfüllung der Verbindlichkeit des Dritten einzustehen. |
| CISG | Convention on Contracts for the International Sale of Goods. CISG ist die englische Abkürzung für das UN-Kaufrecht, ein dem internationalen Einheitsrecht zuzurechnendes Übereinkommen für das Internationale Kaufrecht. |
| Contracting (§ 556 c BGB) | Unter contracting versteht man einen Vertrag des Gebäudeeigentümers mit einem Wärmelieferanten, der sowohl die Beschaffung des Brennstoffs als auch die Wartung der Anlage umfasst. |
| Darlehen (§§ 488 ff. BGB) | Bei einem Darlehensvertrag stehen die Überlassung eines Geldbetrags und die Zahlung etwa vereinbarter Zinsen im Gegenseitigkeitsverhältnis. Der Darlehensnehmer muss das Darlehen außerdem bei Fälligkeit ganz oder teilweise (etwa in Raten) zurückzahlen. |
| Dienstvertrag (§ 611 BGB) | Der Dienstvertrag hat ein Tätigwerden gegen Entgelt zum Gegenstand. Geschuldet wird der Dienst an sich. Für alle Dienstverträge umschreibt § 611 BGB die vertraglichen Hauptpflichten. Der Dienstverpflichtete schuldet danach die Erbringung der vereinbarten Dienste. Den Dienstberechtigten trifft im Gegenzug eine Vergütungspflicht. Beide Vertragspflichten stehen in einem synallagmatischen Verbund. |
| Direktionsrecht des Arbeitgebers | Dem Arbeitgeber steht ein Direktionsrecht zu, das in § 106 GewO enthalten ist. Danach bestimmt der Arbeitgeber Inhalt, Ort und Zeit der Arbeitsleistung nach billigem Ermessen. Grenzen setzen der Arbeitsvertrag, zwin- |

| Begriff | Definition |
| --- | --- |
| | gende gesetzliche Schutznormen, eine Betriebsvereinbarung und der Tarifvertrag. |
| Dispositives Vertragsrecht | Grundsätzlich sind die Bestimmungen über vertragliche Schuldverhältnisse im BGB dispositiv, so dass die Vertragsparteien etwas anderes vereinbaren können. |
| Due diligence | Die due diligence ist ein Prüfverfahren im Vorfeld des Abschlusses eines Unternehmenskaufvertrags, das den Sinn hat, Mängelansprüche des Käufers durch Beschaffenheitsvereinbarungen und Garantien zu sichern, die mit dem Kauf verbundenen Risiken zu ermitteln, den Wert des Unternehmens festzustellen und den Zustand des Unternehmens durch Sicherung der erforderlichen Beweise zu dokumentieren. |
| Einzelarbeitsvertrag (§ 611 BGB) | Arbeitgeber und Arbeitnehmer können einen Einzelarbeitsvertrag abschließen, in dem sowohl das Entgelt als auch sämtliche sonstigen Arbeitsbedingungen im Einzelnen geregelt sind. |
| Fabrikneues Fahrzeug (§ 434 BGB) | Der BGH hat vier Kriterien aufgestellt, die bei einem als fabrikneu verkauften Fahrzeug erfüllt sein müssen: Das Fahrzeug muss unbenutzt sein, das Modell des verkauften Fahrzeugs muss unverändert weitergebaut werden, das Fahrzeug darf keine durch längere Standzeit bedingten Mängel aufweisen und zwischen der Herstellung des Fahrzeugs und dem Abschluss des Kaufvertrages dürfen nicht mehr als zwölf Monate liegen. |
| Finanzierungsleasing | Beim Finanzierungsleasing sucht sich ein Kunde bei einem Händler einen Gegenstand aus, den er nutzen möchte. Der Händler schließt daraufhin mit dem Leasinggeber, regelmäßig einer Bank, einen Kaufvertrag, so dass der Leasinggeber den Gegenstand erwirbt. Sodann vereinbaren der Leasinggeber und der Leasingnehmer, also der Kunde, einen Leasingvertrag. Bei diesem steht die entgeltliche Gebrauchsüberlassung im Vordergrund, weswegen das Finanzierungsleasing als Mietvertrag qualifiziert wird. |
| Franchisevertrag | Von einem Franchisevertrag ist die Rede, wenn ein Pachtvertrag die Überlassung der Gesamtheit von Rechten, wie gewerblichen Schutzrechten oder geistigem Eigentum, auf Zeit erfasst. Dabei kann es sich um gesetzlich geregelte Rechte wie die Marke, das Patent oder Nutzungsrechte an urheberrechtlichen Verwertungsrechten, seien es immaterielle Geschäftswerte wie Kundenstamm, Know-how oder Geschäftsbeziehungen, handeln. |

| Begriff | Definition |
|---|---|
| Garantie (§ 443 BGB) | Die Garantie wird meistens vom Hersteller gewährt, so dass der Käufer die Wahl hat, entweder Rechte aus der Garantie gegen den Hersteller oder Mängelrechte gegen den Verkäufer geltend zu machen. Die Garantie kann aber auch vom Verkäufer stammen. Dabei werden die kaufrechtlichen Ansprüche des Käufers gegen den Verkäufer aus dem Kaufvertrag erweitert. Man spricht von einer unselbstständigen Garantie. Der Verkäufer kann aber auch eine selbstständige Garantie abgeben. Dann tritt ein selbstständiger Vertrag neben den Kaufvertrag. Dagegen wird bei der Herstellergarantie stets ein selbstständiger Garantievertrag abgeschlossen. § 443 BGB unterscheidet zwischen Beschaffenheits- und Haltbarkeitsgarantie. Bei der Beschaffenheitsgarantie sagt der Garantiegeber zu, dass die Sache zum Zeitpunkt des Gefahrübergangs eine bestimmte Beschaffenheit aufweist. Die Haltbarkeitsgarantie ist gesetzlich definiert: Jede während einer bestimmten Frist auftauchende Abweichung von der betroffenen Beschaffenheit führt zum Garantiefall. |
| Gefahrübergang (§ 446 Satz 1 BGB) | § 434 Abs. 1 Satz 1 BGB nennt als Zeitpunkt, zu dem die Mangelfreiheit vorliegen muss, den Gefahrübergang. Der Gefahrübergang bezüglich der Sach- und Preisgefahr tritt regelmäßig gemäß § 446 Satz 1 BGB mit der Übergabe der Sache ein. |
| Gefälligkeitszuwendung | Kein (Schenkungs-)Vertrag liegt bei einer Gefälligkeitszuwendung vor, z.B. bei einer Einladung auf eine Tasse Kaffee. |
| Gemischte Schenkung | Wenn der Wille des Verkäufers darauf gerichtet ist, die Sache teilweise zu verschenken, spricht man von einer gemischten Schenkung. |
| Gemischt-typischer Vertrag | Der gemischt-typische Vertrag ist ein Vertragstyp, der im Gesetz nicht ausdrücklich geregelt ist sondern sich aus unterschiedlichen Vertragstypen des BGB zusammensetzt. |
| Geschäftsbesorgung (§ 675 BGB) | Die Geschäftsbesorgung ist die selbstständige oder unselbstständige, wirtschaftliche oder nicht wirtschaftliche, rechtsgeschäftliche oder tatsächliche Tätigkeit im fremden Interesse. Ein Dienstvertrag oder ein Werkvertrag kann eine Geschäftsbesorgung zum Gegenstand haben (§ 675 Abs. 1 BGB). |
| Grober Undank (§ 530 Abs. 1 BGB) | Der Schenker kann die Schenkung wegen groben Undanks widerrufen (§ 530 Abs. 1 BGB). Nach der Rechtsprechung muss die schwere Verfehlung, von der § 530 |

| Begriff | Definition |
|---|---|
| | Abs. 1 BGB spricht, objektiv eine gewisse Schwere und subjektiv eine tadelnswerte Gesinnung aufweisen. |
| Handschenkung (§ 518 BGB) | Von einer Handschenkung spricht man, wenn eine nach § 518 Abs. 1 BGB erforderliche notarielle Beurkundung des Schenkungsvertrags nicht vorliegt und die Schenkung jedoch sogleich erbracht wird, so dass der Formmangel nach § 518 Abs. 2 BGB geheilt ist. |
| Hauptleistungspflichten (§ 433 Abs. 1 BGB) | Hauptleistungspflichten ergeben sich unmittelbar aus dem zwischen den Vertragsparteien geschlossenen Vertrag. Es sind diejenigen Leistungs- und Gegenleistungspflichten, ohne deren Vereinbarung der Vertragsschluss nicht möglich ist. Sie stehen im Gegenseitigkeitsverhältnis (Synallagma). Im Kaufrecht ist der Verkäufer verpflichtet dem Käufer die Kaufsache zu übergeben und ihm das Eigentum an dieser zu verschaffen. Der Käufer ist dem Verkäufer wiederum verpflichtet, den vereinbarten Kaufpreis zu zahlen und die Kaufsache abzunehmen. |
| Immobiliarkredit | Der Darlehensnehmer muss regelmäßig eine Sicherheit stellen. Meist kommt es neben dem Abschluss des Darlehensvertrages zu einem zweiten Vertragsabschluss über eine Kreditsicherheit. Für den Darlehensgeber am günstigsten ist der sogenannte Immobiliarkredit. Hierbei bestellt der Schuldner des Darlehensvertrages eine Hypothek (§§ 1113 ff. BGB) oder eine Grundschuld (§§ 1191 ff. BGB) an einem Grundstück zugunsten des Gläubigers. Kommt der Schuldner seinen Verpflichtungen aus dem Darlehensvertrag nicht nach, kann der Gläubiger, regelmäßig also eine Bank, aus dem Grundstück Befriedigung erlangen, notfalls durch dessen Zwangsversteigerung. |
| Individualreiserecht | Stellt sich der Reisende die einzelnen Elemente für seine Reise durch separate Verträge zusammen, d.h. er schließt etwa einen Beförderungsvertrag mit einem Beförderungsunternehmen und einen Beherbergungsvertrag mit einem Hotel ab, so spricht man von einer Individualreise und Individualreiserecht. Darauf sind die §§ 651a ff. BGB nicht anwendbar. |
| Innerbetrieblicher Schadensausgleich | Nach den von der Rechtsprechung entwickelten Prinzipien des innerbetrieblichen Schadensausgleichs haftet der Arbeitnehmer für einen Schaden, der auf eine betrieblich veranlasste Tätigkeit zurückgeht, nur bei Vorsatz und grober Fahrlässigkeit voll. Bei mittlerer Fahrlässigkeit tragen Arbeitgeber und Arbeitnehmer jeweils eine Quo- |

| Begriff | Definition |
|---|---|
| | te, und bei leichter Fahrlässigkeit wird der Arbeitnehmer von der Haftung freigestellt. |
| Internationales Privatrecht | Bei Fällen mit Auslandsberührung muss man grundsätzlich erst fragen, welche Rechtsordnung zur Anwendung berufen ist. Für das Privatrecht wird diese Frage durch das sogenannte Internationale Privatrecht beantwortet, das in Deutschland im EGBGB geregelt ist. Dies wiederum ist für grenzüberschreitende Verträge seit dem 17. 12. 2009 durch die dem Unionsrecht zugehörige Rom I-Verordnung überlagert. |
| Inzahlungnahme (§ 433 Abs. 2 BGB) | Beim Kauf einer neuen Sache gibt der Käufer seine alte gebrauchte Sache beim Verkäufer in Anrechnung auf den Kaufpreis in Zahlung. Die Rechtsprechung sieht hierin einen Kauf mit Ersetzungsbefugnis. |
| Kappungsgrenze (§ 558 Abs. 3 BGB) | Der Mieter wird zusätzlich dadurch geschützt, dass die Kappungsgrenze gemäß § 558 Abs. 3 BGB eingehalten werden muss. Danach darf sich die Miete innerhalb von drei Jahren um nicht mehr als 20 % erhöhen. Die Kappungsgrenze beträgt nur 15 %, wenn sich die Wohnung in einem Gebiet befindet, in dem die ausreichende Versorgung mit Mietwohnungen zu angemessenen Bedingungen „besonders gefährdet" ist (§ 558 Abs. 3 Satz 2 BGB). |
| Kauf auf Probe (§§ 454, 455 BGB) | Der Kauf auf Probe ist in Kaufvertrag der unter der aufschiebenden oder auflösenden Bedingung (§ 158 BGB) abgeschlossen wird, dass sich der Käufer zum Kauf entschließt. |
| Kauf mit Ersetzungsbefugnis (§ 433 Abs. 2 BGB) | Beim Kauf mit Ersetzungsbefugnis gibt der Käufer seine alte gebrauchte Sache beim Verkäufer in Anrechnung auf den Kaufpreis in Zahlung. Dieser spielt vor allem beim Autokauf eine Rolle. Diese Konstellation sieht die Rechtsprechung nicht als Tausch an, vielmehr wird dem Käufer lediglich die Befugnis eingeräumt, an Stelle eines Teils des Kaufpreises sein gebrauchtes Fahrzeug hinzugeben. |
| Kontrahierungszwang | Kontrahierungszwang ist die gesetzliche Verpflichtung für zumindest eine Vertragspartei, einen Vertrag zu schließen. Gesetzliche Kontrahierungszwänge sind im Bereich der Daseinsvorsorge zu finden, wo Diskriminierungen verhindert werden sollen. |
| Kostenmiete (§ 535 BGB) | Im Gegenzug zur Förderung des sozialen Wohnungsbaus in der Zeit nach dem Zweiten Weltkrieg durften Eigentümer nur die sogenannte Kostenmiete verlangen, die sich |

| Begriff | Definition |
|---|---|
| | aus einer im Einzelnen vorgeschriebenen Wirtschaftlichkeitsberechnung ergab. |
| Kündigung des Darlehensvertrags (§§ 489, 490 BGB) | Bei einer gebundenen Sollzinsvereinbarung ist ein Darlehensvertrag spätestens nach zehn Jahren ordentlich kündbar, bei einem veränderlichen Sollzinssatz stets mit einer Kündigungsfrist von drei Monaten (§ 489 BGB). Der Darlehensgeber kann bei einer Vermögensverschlechterung des Darlehensnehmers außerordentlich kündigen, der Darlehensnehmer bei einem Immobiliarkredit mit gebundener Sollzinsvereinbarung, sofern er ein berechtigtes Interesse daran hat (§ 490 BGB). |
| Kündigung des Reisevertrags (§ 651i BGB) | Der Reisende kann zwar jederzeit vom Reisevertrag zurücktreten, muss aber einen etwa vereinbarten pauschalen Schadensersatz, die sog. Stornogebühren, an den Reiseveranstalter zahlen. |
| Kündigung des Werkvertrags (§ 649 BGB) | Der Besteller kann zwar den Werkvertrag jederzeit kündigen, muss aber die vereinbarte Vergütung zahlen. Davon ist lediglich das abzuziehen, was der Unternehmer durch die Kündigung erspart hat. Für den noch nicht erbrachten Teil der Werkleistung stehen ihm nach der Vermutung des § 649 Abs. 3 BGB mindestens 5 % der auf den nicht erbachten Teil der Werkleistung entfallenden Vergütung zu. |
| Leihe (§ 598 BGB) | Durch einen Leihvertrag wird eine Partei (Verleiher) verpflichtet, der anderen Partei (Entleiher) eine Sache unentgeltlich zum Gebrauch zu überlassen. |
| Maklerklausel (§ 652 BGB) | In Immobilienkaufverträgen werden häufig sog. Maklerklauseln aufgenommen, in denen der Käufer verspricht, den vom Verkäufer beauftragten Makler zu bezahlen. Je nach Ausgestaltung übernimmt der Käufer damit die Provisionszahlungspflicht des Käufers (Übernahmeklausel), oder es wird ein selbstständiges Provisionsversprechen des Käufers begründet. |
| Maklervertrag (§§ 652 ff. BGB) | Durch den Maklervertrag verpflichtet sich der Auftraggeber dem Makler die vereinbarte Vergütung zu bezahlen, wenn der vom Auftraggeber erstrebte Vertragsschluss durch Nachweis (sogenannter Nachweismakler) oder Vermittlung des Maklers (sogenannter Vermittlungsmakler) zustande gekommen ist. Der Makler ist zu einer Tätigkeit nicht verpflichtet. |
| Mängeleinrede (§ 438 Abs. 4, 5 BGB) | Unabhängig vom allgemeinen Zurückbehaltungsrecht nach § 320 BGB steht dem Käufer gegenüber einem Kaufpreiszahlungsanspruch eine speziell kaufrechtliche |

| Begriff | Definition |
|---|---|
| | Rücktritts- bzw. Minderungseinrede zu, sogenannte allgemeine Mängeleinrede. Diese ist aus der Verjährungsvorschrift des § 438 Abs. 4 Satz 2 BGB für den Rücktritt bzw. aus § 438 Abs. 5 BGB für die Minderung abzuleiten, wird nach h. M. aber nicht nur bei verjährten Ansprüchen angewendet. Nach § 438 Abs. 4, 5 BGB braucht der Käufer den Kaufpreis nicht bzw. anteilig nicht zu zahlen, wenn er eigentlich zurücktreten bzw. mindern könnte, ihm dies aber wegen § 218 BGB verwehrt ist. |
| Mangelfolgeschaden (§§ 437 Nr. 3, 280 Abs. 1 BGB) | Der Mangelfolgeschaden ist ein Schaden, der an anderen Rechtsgütern des Käufers als der Kaufsache eintritt. Er resultiert jedoch aus der Mangelhaftigkeit der Kaufsache selbst. |
| Mängelrechte im Reiserecht (§§ 651c ff. BGB) | Bei einem Mangel (§ 651c Abs. 1 BGB) muss der Reisende zunächst Abhilfe verlangen (§ 651c Abs. 2 BGB). Erfolgt keine Abhilfe, kann der Reisende zur Selbstabhilfe schreiten und die dabei anfallenden Kosten geltend machen (§ 651c Abs. 3 BGB). Wegen nicht behobener Mängel kann er mindern (§ 651d BGB) und bei erheblichen Mängeln kündigen (§ 651e BGB). Außerdem steht ihm ggf. Schadensersatz zu (§ 651f BGB). |
| Mängelrechte (§ 437 BGB) | Im Falle der nicht vertragsgemäß erbrachten Leistung seitens des Verkäufers kommen für den Käufer die in § 437 BGB genannten Ansprüche in Betracht. Aufgrund der Stufenfolge des § 437 BGB ist der Käufer zunächst auf einen Nacherfüllungsanspruch verwiesen, § 439 BGB, dem Recht der zweiten Andienung. Der Käufer kann bei der Nacherfüllung zwischen der Beseitigung des Mangels oder der Lieferung einer mangelfreien Sache wählen. Die Geltendmachung der Rechte der zweiten Stufe, nämlich der Rücktritt vom Vertrag nach den §§ 440, 323 und 326 Abs. 5 BGB oder die Minderung des Kaufpreises nach § 441 BGB, ist erst möglich, wenn der Nacherfüllungsanspruch gescheitert ist. |
| Mietvertrag (§ 535 ff. BGB) | Das Mietrecht regelt jede entgeltliche Gebrauchsüberlassung von beweglichen wie unbeweglichen Sachen seitens des Vermieters an den Mieter. |
| Minderung (§ 441 BGB) | Ist die Nacherfüllung gescheitert, kann der Käufer den Kaufpreis mindern. Dabei ist der Kaufpreis in dem Verhältnis herabzusetzen, in welchem der Wert der Sache in mangelfreiem Zustand zu dem wirklichen Wert gestanden haben würde. Im Zweifel ist der Minderwert zu schätzen. |

| Begriff | Definition |
|---|---|
| Mindeststandardprinzip (Art. 288 Abs. 3 AEUV) | Nach dem Mindeststandardprinzip haben die Mitgliedstaaten bei der Umsetzung von Richtlinien der Europäischen Union noch einen Spielraum um ergänzende eigene Regelungen zu erlassen. Sie können über den Mindeststandard der Richtlinien hinausgehen. |
| Mitbürgschaft (§ 769 BGB) | Sollen mehrere Bürgen für eine Hauptforderung verpflichtet werden, können diese als Gesamtschuldner haften, unabhängig davon, ob sie die Bürgschaft gemeinsam oder ohne eine Absprache übernommen haben. In diesem Fall handelt es sich um eine Mitbürgschaft. |
| Mittelbare Schenkung (§ 516 Abs. 1 BGB) | Um eine **mittelbare Schenkung** handelt es sich, wenn der Schenker den zu schenkenden Gegenstand bei einem Dritten kauft und das Geschenk an den Beschenkten ausgeliefert wird, ohne sich jemals im Vermögen des Schenkers befunden zu haben, oder der Beschenkte den Schenkungsgegenstand mit Mitteln des Schenkers erwirbt. |
| Montageanleitung (§ 434 Abs. 2 Satz 2 BGB) | Nach § 434 Abs. 2 Satz 2 BGB liegt ein Sachmangel bei einer zur Montage bestimmten Sache vor, wenn aufgrund unsachgemäßer Montageanleitung die Montage selbst fehlerhaft durchgeführt wurde. Man spricht auch von der „IKEA-Klausel“. |
| Nacherfüllung (§ 439 BGB) | Bei einem Mangel hat der Käufer zunächst das Recht auf Nacherfüllung. Ihm steht dabei ein Wahlrecht zwischen einer Nachlieferung und einer Nachbesserung zu. Ist die Erfüllung eines dieser beiden Ansprüche unmöglich, so ist der Käufer auf das andere Recht beschränkt. Das Wahlrecht ist auch eingeschränkt, wenn die Erfüllung der vom Käufer gewählten Variante für den Verkäufer mit unverhältnismäßigen Kosten verbunden ist. |
| Nebenpflichten (§§ 433 Abs. 1, 241 Abs. 2 BGB) | Nebenpflichten können im Vertrag ausdrücklich geregelt sein, sich aus § 242 BGB oder gesetzlichen Spezialvorschriften ergeben. Sie stehen nicht im Synallagma und können u.a. der Sicherung der Hauptleistungspflichten dienen und diese ergänzen. Es kann sich dabei um Obhuts- und Schutzpflichten handeln, wenn der Verkäufer in den Kontakt mit Rechtsgütern des Käufers kommt. Weiterhin treffen den Verkäufer Aufklärungspflichten. |
| Ordentliche Kündigung (§ 573 BGB) | Sowohl der Vermieter wie der Mieter können ordentlich kündigen. Der Mieter kann dies ohne Angabe eines Grundes unter Einhaltung der Kündigungsfristen nach § 573c BGB. Der Vermieter muss sich auf einen Kündigungsgrund nach § 573 BGB berufen können. Dies sind eine nicht unerhebliche schuldhafte Vertragspflichtverlet- |

| Begriff | Definition |
| --- | --- |
| | zung des Mieters, Eigenbedarf und die angemessene wirtschaftliche Verwertung des Grundstücks. |
| Ortsübliche Vergleichsmiete (§ 558 BGB) | Der Vermieter kann die Miete bis zur ortsüblichen Vergleichsmiete erhöhen (§ 558 BGB). Die ortsübliche Vergleichsmiete kann sich aus einem Mietspiegel ergeben. Dies ist eine Übersicht, die von der Gemeinde oder von den Interessenverbänden von Mietern und Vermietern gemeinsam erstellt oder anerkannt worden ist (§ 558c BGB). Ist ein Mietspiegel nicht vorhanden, kann die Höhe der ortsüblichen Vergleichsmiete auch durch ein Sachverständigengutachten oder durch Mieten aus dem Bestand des Vermieters nachgewiesen werden (§ 558a Abs. 2 BGB). |
| Pachtvertrag (§ 581 Abs. 1 BGB) | Der Pachtvertrag ist ein gegenseitiger Vertrag, in dem sich der Verpächter verpflichtet, dem Pächter den Gebrauch und den Genuss der Früchte des verpachteten Gegenstandes für die Dauer des Vertrages zu gewähren und der Pächter dafür den vereinbarten Pachtzins zu zahlen hat. |
| Pauschalreiserecht (§§ 651a ff. BGB) | Wird durch einen Reiseveranstalter ein bereits fertig gebündeltes Paket von einzelnen Reiseleistungen, z.B. die Beförderung zum Urlaubsort, die Unterkunft oder etwa Ausflüge vor Ort, angeboten, spricht man von einer **Pauschalreise und Pauschalreiserecht.** |
| Privatautonomie (Art. 2 Abs. 1 GG) | Die Privatautonomie wird als Grundrecht durch Art. 2 Abs. 1 GG gewährleistet und soll nach dem Verständnis des BVerfG gebieten, dass die Beteiligten des Privatrechtsverkehrs in die Lage versetzt werden, von der Vertragsfreiheit selbstbestimmt Gebrauch zu machen. Das BVerfG nennt dies materiale Vertragsfreiheit. Die Vertragsfreiheit besteht aus der Abschlussfreiheit, d.h. der Freiheit, einen Vertrag abzuschließen, und der Inhaltsfreiheit, d.h. der Freiheit, den Inhalt des Vertrags grundsätzlich selbst zu bestimmen. |
| Ratenlieferungsvertrag (§ 510 BGB) | Der Ratenlieferungsvertrag ist ein Vertrag zwischen einem Unternehmer und einem Verbraucher, der die Lieferung mehrerer als zusammengehörend verkaufter Sachen in Teilleistungen zum Gegenstand hat und bei dem das Entgelt für die Gesamtheit der Sachen in Teilzahlungen zu entrichten ist, oder die regelmäßige Lieferung von Sachen gleicher Art zum Gegenstand hat, oder die Verpflichtung zum wiederkehrenden Erwerb oder Bezug von Sachen zum Gegenstand hat. |

| Begriff | Definition |
|---|---|
| Rechte bei einem Mangel der Mietsache (§§ 536, 536a BGB) | Der Mieter kann wegen eines Mangels die Miete mindern (§ 536 BGB). Außerdem hat er einen Schadensersatzanspruch, der bei nach Vertragsschluss entstandenen Mängeln Verschulden des Vermieters voraussetzt (§ 536a BGB). |
| Rechte bei werkvertraglichen Mängeln (§ 634 BGB) | Der Besteller kann bei einem Mangel zunächst Nacherfüllung verlangen, wobei der Unternehmer nach seiner Wahl den Mangel zu beseitigen oder ein neues Werk herzustellen hat (§§ 634 Nr. 1, 635 BGB). Scheitert die Nacherfüllung, kann der Besteller Kosten einer Selbstvornahme verlangen (§§ 634 Nr. 2, 637 BGB), zurücktreten, mindern oder Schadensersatz verlangen (§ 634 Nr. 3 und 4 BGB). |
| Rechtsmangel (§ 435 BGB) | Ist die Sache mit dem Recht eines Dritten belastet, das der Verkäufer nicht beseitigen kann, so weist die Sache einen Rechtsmangel auf. |
| Richtlinie (Art. 288 Abs. 3 AEUV) | Die Richtlinie ist ein Rechtsetzungsinstrument der Europäischen Union, welches nicht unmittelbar in den Mitgliedstaaten wirkt, sondern von diesen erst in mitgliedstaatliches Recht umgesetzt werden muss. |
| Richtlinienkonforme Auslegung (Art. 288 Ab. 3 AEUV) | Bei der Auslegung von Unionsrecht umsetzenden Vorschriften müssen die Zielsetzung und der Wortlaut der jeweils transformierten Richtlinie beachtet werden. Man spricht von richtlinienkonformer Auslegung. |
| Rücktritt (§ 323 BGB) | Ist die Nacherfüllung gescheitert, kann der Käufer zurücktreten, jedoch nur bei einem wesentlichen Mangel. Dazu muss eine angemessene Nachfrist zur Nacherfüllung erfolglos abgelaufen sein, die in den in § 323 Abs. 2 aufgezählten Fällen und bei Unzumutbarkeit (§ 440 BGB) jedoch entbehrlich ist. |
| Sachmangel (§ 434 BGB) | Gemäß § 434 Abs. 1 Satz 1 BGB ist ein Sachmangel gegeben, wenn die Sache bei Gefahrübergang nicht die vereinbarte Beschaffenheit aufweist. Gemäß § 434 Abs. 1 Satz 2 Nr. 1 BGB liegt ein Sachmangel vor, wenn sich die Sache nicht für die nach dem Vertrag vorausgesetzte Verwendung eignet. Schließlich stellt § 434 Abs. 1 Satz 2 Nr. 2 BGB auf die Geeignetheit der Sache zur gewöhnlichen Verwendung sowie die Beschaffenheit der Sache, die bei Sachen der gleichen Art üblich ist, ab. Faustformel: Ein Sachmangel liegt bei einer negativen Abweichung der Istbeschaffenheit von der vereinbarten Sollbeschaffenheit der Kaufsache vor. |

| Begriff | Definition |
|---|---|
| Schenkung (§ 516 Abs. 1 BGB) | Die Schenkung ist ein Vertrag, der von zwei Parteien, dem Schenker und dem Beschenkten, grundsätzlich nach den Regeln der §§ 145 ff. BGB abgeschlossen werden muss. Sie ist die unentgeltliche Zuwendung des Schenkers an den Beschenkten. Wird die Schenkung nicht sofort vollzogen (siehe Handschenkung), muss das Schenkungsversprechen notariell beurkundet werden (§ 518 BGB). |
| Schuldbeitritt | Beim Schuldbeitritt übernimmt der Beitretende die Schuld neben dem bisherigen Schuldner als eigene auf gleicher Stufe neben dem anderen Schuldner und nicht nachrangig wie bei der Bürgschaft. Der Beitretende muss einen eigenen Verpflichtungswillen und ein eigenes wirtschaftliches Interesse haben. |
| Schuldverhältnis, vertragliches/gesetzliches | Ein Schuldverhältnis ist ein zwischen zwei oder mehreren Personen bestehendes Rechtsverhältnis, welches zumindest einseitig geschuldete Pflichten begründet. Zu unterscheiden sind vertragliche, vertragsähnliche und gesetzliche Schuldverhältnisse. |
| Schuldversprechen und Schuldanerkenntnis (§ 780 f. BGB) | Schuldversprechen und Schuldanerkenntnis sind einseitig verpflichtende Verträge, in denen der Schuldner unabhängig von dem Bestehen eines Schuldgrundes eine Leistung verspricht (§ 780 BGB – Schuldversprechen) bzw. eine bereits bestehende Schuld anerkennt (§ 781 BGB – Schuldanerkenntnis). Beim abstrakten Rechtsgeschäft entsteht die Forderung unabhängig davon, ob eine wirksame Zweckabrede zu Grunde liegt und der vereinbarte Zweck erreicht wird oder nicht. Bei Fehlen oder Unwirksamkeit der Zweckabrede kann das abstrakte Schuldversprechen jedoch kondiziert werden. Im Gegensatz zum abstrakten Schuldanerkenntnis ist das kausale (sinngleich: deklaratorische bzw. bestätigende) Anerkenntnis nicht auf die Begründung einer eigenständigen Verpflichtung, sondern auf die Bestätigung einer bereits bestehenden Schuld gerichtet. |
| Selbstschuldnerische Bürgschaft (§ 773 BGB) | Dem Bürgen steht grundsätzlich die Einrede der Vorausklage zu, d.h. der Gläubiger muss nachweisen, dass er die Zwangsvollstreckung gegen den Hauptschuldner ergebnislos betrieben hat. Auf die Einrede der Vorausklage kann aber nach § 773 BGB verzichtet werden, so dass der Gläubiger direkt vom Bürgen Befriedigung verlangen kann (selbstschuldnerische Bürgschaft). |
| Selbstvornahme im Kaufrecht | Kommt der Verkäufer seiner Pflicht zur Nacherfüllung trotz Fristsetzung oder in den Fällen der Entbehrlichkeit der Fristsetzung nicht nach, kann der Käufer den Man- |

| Begriff | Definition |
|---|---|
| | gel selbst oder durch einen Dritten beseitigen lassen und die notwendigen Kosten dafür vom Verkäufer im Rahmen der § 280 Abs. 1, 3 i.V.m. § 281 oder § 283 BGB fordern, was allerdings Verschulden am Eintritt des Mangels voraussetzt. Anders als im Werkvertrag (§ 637 BGB) und bei der Miete (§ 536 a BGB) ist beim Kaufvertrag kein verschuldensunabhängiges Recht des Käufers zur Selbstvornahme der Mängelbeseitigung normiert. |
| Sicherungseigentum | Der Darlehensnehmer muss regelmäßig eine Sicherheit stellen. Beim Sicherungseigentum überträgt der Sicherungsgeber das Eigentum an einer Sache dem Sicherungsnehmer (meist eine Bank). Der Sicherungsgeber bleibt jedoch im Besitz der Sache und kann diese weiterhin nutzen. Wer z.B. ein Auto kauft und es durch einen Bankkredit finanziert, wird i.d.R. das Eigentum an dem Fahrzeug der Bank bis zur vollständigen Tilgung des Darlehens sicherungshalber übereignen müssen. |
| Sittenwidrigkeit einer Bürgschaftsvereinbarung (§ 138 Abs. 1 BGB) | Eine Bürgschaft ist sittenwidrig, wenn zwischen dem Bürgen und dem Hauptschuldner ein Näheverhältnis besteht und die Rückzahlungsverpflichtung den Bürgen krass überfordert. Dies ist der Fall, wenn ein grobes Missverhältnis zwischen dem Umfang der Bürgschaftsverpflichtung und der Leistungsfähigkeit des Bürgen besteht. Als Indiz für die fehlende Leistungsfähigkeit wird angesehen, dass der Bürge nicht einmal in der Lage ist, die laufenden Zinsen aus eigenen Mitteln aufzubringen. |
| Sittenwidrigkeit im Darlehensrecht (§ 138 Abs. 1 BGB) | Ein Darlehensvertrag ist sittenwidrig und nach § 138 Abs. 2 BGB nichtig, wenn (objektiv) ein auffälliges Missverhältnis zwischen den Leistungen des Darlehensgebers und den Gegenleistungen des Darlehensnehmers besteht und (subjektiv) der Darlehensgeber die wirtschaftlich schwache Lage des Darlehensnehmer bewusst bei der Gestaltung der Vertragsbedingungen ausnutzt oder er sich zumindest leichtfertig der Erkenntnis verschließt, dass der Darlehensnehmer sich nur aufgrund seiner schwächeren Lage auf die Vertragsbedingungen einlässt. Objektiv ist die Sittenwidrigkeit anzunehmen, wenn das zu zahlende Entgelt mehr als das Doppelte des durchschnittlichen Marktzinses beträgt. |
| Subunternehmen im Bauvertrag | Ein Bauunternehmer kann sich der Gewährleistung bei einem Bauvertrag nicht dadurch entziehen, dass er dem Kunden lediglich seine Ansprüche gegen Handwerker und andere Subunternehmer abtritt. Zwar kann vereinbart werden, dass der Kunde sich zunächst an die Subunternehmen halten muss, doch haftet der Bauunterneh- |

| Begriff | Definition |
|---|---|
| | mer, wenn sich diese Ansprüche nicht durchsetzen lassen. |
| Tarifvertrag | Tarifverträge werden zwischen Gewerkschaften und Unternehmensverbänden oder auch mit einem einzelnen Unternehmen (Haustarifvertrag) abgeschlossen. Sie regeln nicht nur das Entgelt (Lohntarifvertrag), sondern auch die sonstigen Arbeitsbedingungen (Manteltarifvertrag). Der Tarifvertrag gilt für die tarifgebundenen Arbeitnehmer (Gewerkschaftsmitglieder) und Arbeitgeber, ansonsten durch Bezugnahme im Einzelarbeitsvertag. |
| Tausch (§ 480 BGB) | Der Tausch ist ein einheitlicher Vertrag, bei dem beide Vertragsparteien sowohl Verkäufer wie Käufer sind. Abzugrenzen ist dies vom Doppelkauf, bei dem zwei Kaufverträge abgeschlossen werden, wobei die Parteien zwischen ihrer Rolle als Verkäufer und Käufer wechseln. Die Parteien müssen beide Transaktionen als unabhängig voneinander gewollt haben. |
| Teilzahlungsgeschäft (§ 506 Abs. 3 BGB) | Teilzahlungsgeschäfte sind Verträge über die Lieferung von Sachen oder die Erbringung von Dienstleistungen, bei denen die Gegenleistung nicht auf einmal erbracht wird, sondern in Raten. |
| Teilzeitwohnungsrecht/ Timesharing (§§ 481 ff. BGB) | Unter einem Teilzeitwohnungsrecht versteht man ein wiederkehrendes Nutzungsrecht an einer Ferienimmobilie für einige Wochen im Jahr, das durch eine Einmalzahlung erworben wird. Je nach Ausgestaltung handelt es sich dabei um einen Rechtskauf oder um einen Mietvertrag. Man spricht auch von Timesharing. |
| Tilgungsreihenfolge im Darlehensrecht (§ 497 Abs. 3 BGB) | Nach der Grundregel des § 367 Abs. 1 BGB werden bei Teilleistungen, die nicht die ganze fällige Schuld erreichen, zunächst die Kosten, dann die Zinsen und erst zuletzt die Hauptleistung getilgt. Ein Darlehensnehmer, der nur Teilleistungen erbringt, würde nach dieser Vorschrift Gefahr laufen, stets Zinsen zu bezahlen, ohne jemals zur Tilgung der Hauptverbindlichkeit zu gelangen. Man spricht deswegen von der sogenannten Schuldturmproblematik. Der Gesetzgeber hat deswegen in § 497 Abs. 3 BGB die Reihenfolge umgedreht, so dass zunächst die Hauptverbindlichkeiten und erst dann die Zinsen beglichen werden. |
| Unbenannte Zuwendung; Ehebedingte Zuwendung | Auch Schenkungen unter Ehegatten sind regelmäßig keine Schenkungen i.S. der §§ 516 ff. BGB. Man spricht von einer kausalen Verknüpfung, weil der Beschenkte sich in bestimmter Weise verhalten hat oder soll, etwa die Ehe eingegangen ist oder sich nicht scheiden lassen soll. Der- |

| Begriff | Definition |
|---|---|
| | artige Zuwendungen werden unbenannte Zuwendungen, auch ehebedingte Zuwendungen, genannt. |
| UN-Kaufrecht | → CISG |
| Unternehmenskauf (§ 453 BGB) | Der Unternehmenskauf findet entweder als asset deal oder als share deal statt. Der asset deal ist eine Unternehmensübertragungsform bei der sich der Verkäufer zur Übertragung aller zum Unternehmen gehörenden Sachen und Rechte und sonstiger Gegenstände, d.h. auch zur Übertragung der Firmengrundstücke, der beweglichen Sachen, der Firma (als Name des Kaufmanns), der Marken, Lizenzen, Kundschaft, Geschäftsgeheimnisse im Wege der Einzelübertragung verpflichtet. Der share deal ist eine Unternehmensübertragungsform bei der eine Übertragung sämtlicher Geschäftsanteile des Unternehmens an einen oder mehrere Erwerber stattfindet. Kaufgegenstand ist hier der Gesellschaftsanteil an sich. Im Mittelpunkt steht also die Übertragung von Aktien einer AG, von GmbH-Geschäftsanteilen, von Anteilen einer OHG oder einer KG, einer Partnerschaftsgesellschaft oder einer GbR. |
| Unternehmer (§ 14 Abs. 1 BGB) | Unternehmer ist eine natürliche oder juristische Person oder eine rechtsfähige Personengesellschaft, die bei Abschluss eines Rechtsgeschäfts in Ausübung ihrer gewerblichen oder selbstständigen beruflichen Tätigkeit handelt. |
| Unternehmerpfandrecht (§ 647 BGB) | Als Ausgleich für das vom Unternehmer zu tragende Vorleistungsrisiko steht ihm gemäß § 647 BGB ein gesetzliches Besitzpfandrecht an den vom Besteller eingebrachten beweglichen Sachen zu. Nach der Konzeption des Gesetzes gebührt dem Unternehmer dieses sog. Unternehmerpfandrecht allerdings nur, wenn sich die vom Besteller eingebrachten Gegenstände in seinem Eigentum befunden haben. |
| Untervermietung (§ 553 BGB) | Der Mieter hat einen Anspruch auf Erlaubnis zur Untervermietung, wenn er ein berechtigtes Interesse hat (§ 553 Abs. 1 BGB). Er verletzt aber seine vertraglichen Pflichten, wenn er ohne Erlaubnis untervermietet, was den Vermieter zur Kündigung berechtigen kann. |
| Verbraucher (§ 13 BGB) | Verbraucher ist jede natürliche Person, die ein Rechtsgeschäft zu einem Zwecke abschließt, der weder ihrer gewerblichen noch ihrer selbstständigen beruflichen Tätigkeit zugerechnet werden kann. |

| Begriff | Definition |
|---|---|
| Verbraucherdarlehen (§§ 491 ff. BGB) | Ein Darlehensvertrag zwischen einem Verbraucher und einem Unternehmer unterliegt zahlreichen zwingenden vertragsrechtlichen Vorschiften, u.a. umfangreichen Informationspflichten (§ 491a BGB) und einem Widerrufsrecht (§ 495 BGB). Diese Regelungen sind weitgehend auf die EU-Verbraucherkredit-Richtlinie von 2008 zurückzuführen. |
| Verbrauchsgüterkauf (§ 474 ff. BGB) | Ein Verbrauchsgüterkaufvertrag ist ein zwischen einem Verbraucher als Käufer und einem Unternehmer als Verkäufer geschlossener Kaufvertrag über eine bewegliche Sache. |
| Verjährung (§ 438 BGB) | Nach Eintritt der Verjährung können entstandene Ansprüche nicht mehr geltend gemacht werden. Mängelgewährleistungsrechte verjähren im Kaufrecht bei beweglichen Sachen nach dem Ablauf von zwei Jahren. Bei gebrauchten Gütern kann die Verjährungsfrist auf ein Jahr herabgesetzt werden. Die Verjährung beginnt mit der Ablieferung. Bei Bauwerken beträgt die Verjährung fünf Jahre. |
| Vermieterpfandrecht (§ 562 BGB) | Dem Vermieter steht an den vom Mieter eingebrachten Sachen ein Pfandrecht zu, d.h. er kann die Sachen des Mieters im Wege der öffentlichen Versteigerung verwerten, falls der Mieter seine Miete nicht zahlt. |
| Vermittlungsvertrag im Reiserecht (§ 651a BGB) | Der Pauschalreisevertrag ist von dem bloßen **Vermittlungsvertrag** abzugrenzen, der regelmäßig zwischen einem Reisebüro und dem Reiseinteressenten geschlossen wird. Dabei kommt es maßgeblich darauf an, ob das Reisebüro dem Reisenden einzelne Leistungen bloß vermittelt und der Reisende mithin mit den sogenannten Leistungsträgern (also dem Luftfahrtunternehmen oder dem Hotelier) kontrahiert oder ob das Reisebüro die Reise in eigener Verantwortung erbringen will. |
| Vertragsfreiheit | → Privatautonomie |
| Vertragsrecht | Das Vertragsrecht ist im BGB nicht einheitlich geregelt. Es verteilt sich auf den Allgemeinen Teil (Bsp.: Vertragsschluss), den Allgemeinen Teil des Schuldrechts (Bsp.: Leistungsstörungen) und den besonderen Teil des Schuldrechts, der besondere Vorschriften für die jeweiligen Vertragstypen (Bsp.: Kaufrecht, Mietrecht) enthält. |
| Verwahrungsvertrag (§§ 688 ff. BGB) | Der Verwahrer ist aufgrund des Verwahrungsvertrags dazu verpflichtet, eine ihm vom Hinterleger übergebene Sache aufzubewahren, § 688 BGB. Ihn treffen Obhuts- |

| Begriff | Definition |
|---|---|
| | pflichten, und er muss Raum zur Aufbewahrung zur Verfügung stellen. |
| Verwendungsrisiko des Mieters (§ 537 Abs. 1 BGB) | Es ist Sache des Mieters, ob er die gemietete Sache so benutzen kann, wie er dies vorgesehen hat. § 537 Abs. 1 BGB weist dem Mieter das Verwendungsrisiko zu. |
| VOB/B | In Bauverträgen werden häufig die sogenannten „Allgemeinen Vertragsbedingungen für die Ausführung von Bauleistungen Teil B" (VOB/B) vereinbart. Diese sind Allgemeine Geschäftsbedingungen besonderer Art. Sie sind innerhalb des deutschen Vergabe- und Vertragsausschusses (DVA) von den öffentlichen Dienststellen, die Bauaufträge vergeben, einerseits und den Spitzenorganisationen der im Bereich des öffentlichen Bauauftragswesens tätigen Unternehmen andererseits vereinbart. |
| Vollamortisation beim Finanzierungsleasing | Die Vertragslaufzeit beim Finanzierungsleasing wird meistens so berechnet, dass sie die Lebensdauer des Gegenstandes nahezu ausschöpft, so dass mit den Leasingraten der Gegenwert des Gegenstandes nebst Verzinsung erbracht wird. Man spricht dann von Vollamortisation. Werden die für die Anschaffung des Gegenstandes getätigten Aufwendungen und Kosten hingegen nicht vollständig gedeckt, liegt lediglich eine Teilamortisation vor. |
| Vollharmonisierung und Richtlinien (Art. 288 Abs. 3 AEUV) | Vollharmonisierung bedeutet, im Gegensatz zum Mindeststandardprinzip, dass die Mitgliedstaaten bei der Umsetzung von Richtlinien der Europäischen Union keinen Spielraum mehr zu ergänzenden eigenen Regelungen haben und die Richtlinien 1 : 1 umsetzen müssen. |
| Vorfälligkeitsentschädigung (§ 502 BGB) | Nach § 501 BGB vermindern sich bei einer vorzeitigen Kündigung des Darlehensvertrags die Gesamtkosten um die Zinsen und sonstigen laufzeitabhängigen Kosten, die auf die Zeit nach der Fälligkeit oder Erfüllung entfallen. Der Darlehensgeber darf jedoch eine sog. Vorfälligkeitsentschädigung verlangen, § 502 BGB. Für deren Berechnung gibt die Rechtsprechung Kriterien vor, die darauf hinauslaufen, dass der Bank der Gewinnanteil in den Zinsen, die sie nicht mehr erhält, zusteht (sog. Zinsmargenschaden). Die Vorfälligkeitsentschädigung darf 1 % des vorzeitig zurückgezahlten Betrags nicht übersteigen. |
| Vorkauf (§§ 463 ff. BGB) | Beim Vorkauf vereinbart ein Dritter, der Vorkaufsberechtigte, mit dem Verkäufer, dass er die Sache zu denselben Bedingungen wie der Käufer erwerben darf, wenn der Verkäufer die Kaufsache zu veräußern beabsichtigt. Es muss zu einem Vertragsschluss zwischen Verkäufer und Käufer kommen (Vorkaufsfall). |

| Begriff | Definition |
| --- | --- |
| Werklieferungsvertrag (§ 651 BGB) | Haben sich die Parteien über die Lieferung einer noch herzustellenden oder zu erzeugenden beweglichen Sache geeinigt, so handelt es sich um einen sog. Werklieferungsvertrag. |
| Werkvertrag (§ 631 BGB) | Der Werkvertrag hat ein Tätigwerden gegen Entgelt zum Gegenstand. Nach dem Inhalt des Werkvertrages hat der Unternehmer das versprochene „Werk" herzustellen (§ 631 Abs. 1 BGB). Geschuldet wird der tatsächliche Erfolg. Deshalb schuldet der Besteller den Werklohn erst dann, wenn der Unternehmer das vereinbarte Arbeitsergebnis erzielt hat. |
| Wiederkauf (§§ 456 ff. BGB) | Beim Wiederkauf wird dem Verkäufer die Möglichkeit eines Rückkaufs der Kaufsache eingeräumt. Die Rechtsprechung geht davon aus, dass hier bereits durch den ursprünglichen Kaufvertrag ein aufschiebend bedingter Rückkaufvertrag abgeschlossen wird. |
| Wucherähnliches Rechtsgeschäft (§ 138 Abs. 1 BGB) | Bei der Nichtigkeit von Darlehensverträgen spielt § 138 Abs. 2 BGB eine wesentlich geringere Rolle als § 138 Abs. 1 BGB, obwohl § 138 Abs. 2 BGB der eigentliche Wuchertatbestand ist. Er setzt jedoch voraus, dass der Wucherer die Schwächesituation des anderen ausbeutet. Diese hohen Voraussetzungen liegen selten vor. Die Rechtsprechung nimmt jedoch einige der Tatbestandsmerkmale des § 138 Abs. 2 BGB in den Begriff der Sittenwidrigkeit des Abs. 1 hinein und setzt dabei die subjektive Schwelle herab. Man spricht deswegen auch von einem wucherähnlichen Rechtsgeschäft, das auf § 138 Abs. 1 BGB gestützt wird. |
| Zahlungsdiensterahmenvertrag (§ 675 f BGB) | Durch einen Zahlungsdiensterahmenvertrag wird der Zahlungsdienstleister verpflichtet, für den Zahlungsdienstnutzer einzelne und aufeinander folgende Zahlungsvorgänge auszuführen sowie gegebenenfalls für den Zahlungsdienstnutzer ein auf dessen Namen oder die Namen mehrerer Zahlungsdienstnutzer lautendes Zahlungskonto zu führen. |
| Zahlungsdienstevertrag (§ 675 f BGB) | Der Zahlungsdienstevertrag verpflichtet den Zahlungsdienstleister (also die Bank) für den Zahler (den Bankkunden) bzw. dem Zahlungsempfänger einen Zahlungsvorgang (nach § 675 f Abs. 3 BGB eine jede Bereitstellung, Übermittlung oder Abhebung eines Geldbetrags) auszuführen. |
| Zahlungskartenverlust (§§ 675l, 675v BGB) | Der Zahler, also der Bankkunde, ist verpflichtet, die in dem Zahlungsauthentifizierungsinstrument enthaltenen personalisierten Sicherheitsmerkmale vor unbefugtem |

| Begriff | Definition |
|---|---|
| | Zugriff zu schützen und Verlust, Diebstahl oder unbefugte Verwendung unverzüglich anzuzeigen (§ 675 l BGB). Die Haftung des Zahlungsdienstnutzers ist in diesem Fall auf 150 Euro begrenzt (§ 675v Abs. 1 BGB). |
| Zurückbehaltungsrecht (§ 320 BGB) | Der Verkäufer kann ebenso wie der Käufer seine Leistung verweigern, bis die Gegenleistung bewirkt ist. Der Käufer braucht also den Kaufpreis nicht zu entrichten, wenn ihm – vertragswidrig – die Kaufsache nicht oder nicht mangelfrei übergeben wird – und umgekehrt. Abstrakter formuliert: Der Käufer braucht nicht zu leisten, solange sein Erfüllungsanspruch noch nicht befriedigt ist. |
| Zweckschenkung | Eine sogenannte Zweckschenkung lässt die Unentgeltlichkeit nicht entfallen. Der Beschenkte erbringt zwar eine Leistung, die aber weder eine Gegenleistung noch eine Auflage gemäß § 525 BGB ist. Vielmehr ist die Zweckerreichung Geschäftsgrundlage der Schenkungsabrede. Der Beschenkte übernimmt bspw. Dienstleistungen in dem Haus, das ihm geschenkt wird. Verpflichtet er sich dazu, handelt es sich um eine Schenkung unter Auflagen. Hat die Übernahme der vom Schenker erwarteten Leistung keinen verpflichtenden Charakter, liegt eine Zweckschenkung vor. |
| Zwingendes Vertragsrecht | Zwingendes Vertragsrecht steht nicht zur Disposition der Vertragsparteien. Es soll verhindern, dass eine Vertragspartei von der anderen benachteiligt wird. |

# BGB Schuldrecht
## Gesetzliche Schuldverhältnisse

| Begriff | Definition |
|---|---|
| Abstraktions- und Trennungsprinzip | Schuldrechtliche Verpflichtung und dingliche Verfügung sind auseinanderzuhalten. Eine Verfügung kann auch wirksam sein, wenn es an einer wirksamen Verpflichtung hierfür fehlt. |
| Adäquanztheorie (§ 823 Abs. 1) | Adäquat kausal ist nur, was nach dem regelmäßigen Verlauf der Dinge, also nach der gewöhnlichen Lebenserfahrung, geeignet ist, einen Erfolg der fraglichen Art herbeizuführen. |
| Alternativtäterschaft (§ 830 Abs. 1 S. 2) | Liegt vor, wenn zwei oder mehrere Handlungen begangen wurden, die alternativ den konkreten Schaden verursacht haben oder ihn kumulativ verursacht haben könnten. Im Außenverhältnis haften die Beteiligten als Gesamtschuldner (§ 840), ohne dass festgestellt werden muss, in welchem Maße jeder von ihnen den Schaden verursacht hat (Innenverhältnis: §§ 421, 426 ff.). Siehe auch → *Anteilszweifel.* |
| Anteilszweifel (§ 830 Abs. 1 S. 2) | Es lässt sich nicht mehr aufklären, welchen genauen Anteil welcher Schädiger an der konkreten Einbuße hat. Solange feststeht, dass alle Ursachenbeiträge kumulativ zu dem Gesamtschaden geführt haben, kann der Geschädigte jeden der Schädiger in voller Höhe in Anspruch nehmen. Für jede der Handlungen muss feststehen, dass sie den Schaden hätte verursachen können. Der wirkliche Urheber der schadensstiftenden Handlung darf nicht feststehen. |
| „Anweisung" (i.e.S.) (§ 823 Abs. 1 S. 1, 1. Alt.) | Schriftliche Leistungsermächtigung, die demjenigen ausgehändigt wird, der einen Leistungsgegenstand erhalten soll (Legaldefinition in § 783). |
| „Anweisung" (im bereicherungsrechtlichen Sinne) (§ 812 Abs. 1 S. 1, 1. Alt.) | Erklärung, durch die ein Schuldner (Anweisender) einem Auftragnehmer (Angewiesener, meist eine Bank) die Weisung erteilt, dem Gläubiger des Anweisenden (Anweisungsempfänger) einen Gegenstand (meist eine Geldzahlung) zuzuwenden. |
| Äquivalenzinteresse (§§ 823 ff.) | Interesse des Gläubigers einer Sachschuld an der Mangelfreiheit einer vertraglich geschuldeten Leistung. Die Haftung im Rahmen der vertraglichen Gewährleistung ist auf dieses Interesse beschränkt. |

| Begriff | Definition |
|---|---|
| Äquivalenztheorie (§ 823 Abs. 1) | Äquivalent kausal ist jede Bedingung, die nicht hinweggedacht werden kann, ohne dass der Erfolg in Form der Rechtsgutsverletzung entfiele. („conditio-sine-qua-non-Formel“) |
| „Auf Kosten“ | |
| – (§ 812 Abs. 1 S. 1, 1. Alt.) | Bei der Leistungskondiktion hat das Merkmal nach h.M. (→ *Trennungslehre*) keine Bedeutung, da die Parteien des Bereicherungsverhältnisses bereits durch die Leistungsbeziehung bestimmt werden. |
| – (§ 812 Abs. 1 S. 1, 2. Alt.) | Bei der Nichtleistungskondiktion bestimmt das Kriterium den Gläubiger der Kondiktion; eine Bereicherung erfolgt auf Kosten dessen, dem nach der Rechtsordnung der Gegenstand oder sein Wert gebührt → Lehre vom *Zuweisungsgehalt.* |
| Aufwendungskondiktionen (§ 812 Abs. 1 S. 1, 2. Alt.) | Form der Nichtleistungskondiktion, bei der die Vermögensverschiebung durch eine Handlung des Entreicherten erfolgt, die sich nicht als Leistung darstellt. Man unterscheidet die Verwendungs- und die Rückgriffskondiktion. Die A. hat enge Berührungspunkte zum Recht der GoA. |
| Benutzer (eines Kfz) (§ 7 Abs. 3 StVG) | Derjenige, der sich das Kfz als Fortbewegungsmittel dienstbar macht und sich dadurch hierüber Verfügungsmacht verschafft. |
| Bereicherung, aufgedrängte (§ 812 Abs. 1 S. 1, 2. Alt.) | Dem Bereicherten kommt ein Gegenstand ohne eigene Mitwirkung zu, der für seine persönlichen Planungen ohne oder nur von geringem Wert ist (siehe auch *Verwendungskondiktion*). |
| Bereicherungsgegenstand („etwas erlangt“) (§ 812 Abs. 1 S. 1) | Auf Tatbestandsebene: Mehrung des Vermögens aufseiten des Bereicherungsschuldners. Darunter fällt jeder Vermögensvorteil im weitesten Sinne, d.h. jede Besserstellung der Vermögenssituation des Empfängers, auch in Form einer Dienstleistung (letzteres str.). |
| (§§ 812 bzw. 818) | Bei der Rechtsfolge: Was ist noch herauszugeben? Ist das erlangte „Etwas“ noch gegenständlich oder wertmäßig im Vermögen des Empfängers vorhanden oder ist zwischenzeitlich Entreicherung eingetreten? |
| Bereicherungsverbot, schadensrechtliches (§§ 249 ff., §§ 823 ff.) | Geschädigter darf durch die Reparation nicht bessergestellt werden, als er ohne Schädigung stünde. |
| Betrieb eines Kfz (§ 7 Abs. 1 StVG) | Bewegung des Kfz im Straßenverkehr, das Be- und Entladen sowie das Parken auf einer Verkehrsstraße (der sog. |

| Begriff | Definition |
|---|---|
| | „ruhende Verkehr"). Entscheidend ist, ob sich „eine von dem Kraftfahrzeug ausgehende Gefahr ausgewirkt hat und das Schadensgeschehen in dieser Weise durch das Kraftfahrzeug mitgeprägt worden ist". (BGH NJW 2005, 2081) |
| Bösgläubigkeit (des Bereicherungsschuldners) (§ 818 Abs. 3, 4; § 819 Abs. 1) | Bereicherungsschuldner wurde auf Herausgabe verklagt und hat die Klageschrift bereits erhalten (Rechtshängigkeit, §§ 261, 253, 269 Abs. 3 ZPO), vgl. § 818 Abs. 4. Dem Fall der Rechtshängigkeit einer Klage ist der Fall gleichgestellt, dass der Bereicherte → *Kenntnis* vom Mangel des Rechtsgrundes hat. → *verschärfte Haftung* |
| Dezentralisierter Entlastungsbeweis (§ 831 Abs. 1 S. 2) | Bei Großbetrieben reicht es für die Exkulpation aus, dass diejenigen Angestellten, denen der Inhaber die Personalauswahl und -überwachung übertragen hat (typischerweise die Personalleitung), sorgfältig ausgewählt, instruiert und überwacht wurden. |
| | Dezentralisiert ist der Entlastungsbeweis, weil damit nunmehr die Zwischenperson die Auswahl, Kontrolle und Überwachung vornimmt. Die Verschuldensvermutung richtet sich somit faktisch gegen die nächst tiefere Entscheidungsebene. |
| Differenztheorie (§§ 249 ff., §§ 823 ff.) | Ermittlung des Schadens durch Gegenüberstellung von dem am Markt erzielbaren Vermögenswert der Rechtsgüter des Geschädigten ohne Verletzungshandlung (hypothetische Vermögenslage) und mit Verletzungshandlung (reale Vermögenslage). |
| Durchlieferung (§ 812 Abs. 1 S. 1, 1. Alt.) | Schuldner liefert den geschuldeten Gegenstand nicht über eine Leistungskette an seinen eigenen Gläubiger, sondern die Lieferung erfolgt auf Geheiß dieses Gläubigers direkt an einen Dritten. Folge ist, dass die Durchlieferung gegenüber mehreren Beteiligten Leistung im bereicherungsrechtlichen Sinne sein kann. |
| Eigengeschäftsführung | |
| – angemaßte (auch Geschäftsanmaßung) (§ 687 Abs. 2) | Der Geschäftsführer weiß, dass es sich bei dem von ihm ausgeführten Geschäft um eine fremde Angelegenheit handelt, führt sie aber dennoch als seine eigene aus. |
| – irrtümliche (§ 687 Abs. 1) | Irrtümliche Führung eines nur objektiv fremden Geschäfts in der Meinung, man führe sein eigenes Geschäft. |
| Eigentumsverletzung (§ 823 Abs. 1) | Jede Beeinträchtigung der gesetzlich umschriebenen Befugnisse des Eigentümers. Dazu gehören Entziehung, Substanzeingriff und Nutzungsbeeinträchtigung. |

| Begriff | Definition |
|---|---|
| Eingriff (§ 812 Abs. 1 S. 1, 2. Alt.) | Ge- und Verbrauch von Gegenständen zum eigenen Nutzen, Verfügung über fremde Sachen, Nutzung fremden geistigen Eigentums (Urheber-, Patent-, Marken- und Musterrecht) ohne Lizenz sowie Verbindung, Vermischung und Verarbeitung fremder Sachen (§§ 946–950), Verfügung über ein fremdes Recht (§ 816 Abs. 1). Siehe auch → Lehre vom *Zuweisungsgehalt* |
| Eingriff, betriebsbezogener (in das Recht am eingerichteten und ausgeübten Gewerbebetrieb) (§ 823 Abs. 1) | Richtet sich unmittelbar und zielgerichtet gegen unternehmerische Einrichtungen oder Betätigungen eines individuellen Unternehmens als solches und nicht nur gegen vom Gewerbebetrieb ohne Weiteres ablösbare Rechte oder Rechtsgüter. |
| Eingriffskondiktion (§ 812 Abs. 1 S. 1, 2. Alt.) | Die Bereicherung des Bereicherungsschuldners erfolgt nicht durch Leistung, sondern („in sonstiger Weise“) durch → *Eingriff*. |
| (§ 816 Abs. 1) | Spezialfall der Eingriffskondiktion. |
| Einheitstäter, Begriff des (§ 830) | Deliktstäter nach § 830 Abs. 1 S. 1, Abs. 2 ist jeder, der einen Ursachenbeitrag liefert, sofern dieser Beitrag auf einem gemeinsamen Tatplan beruht. Eine Differenzierung nach dem Gewicht des Tatbeitrags erfolgt nicht. |
| Einheitstheorie (§ 812 Abs. 1 S. 1) | § 812 Abs. 1 S. 1 wird ein einheitlicher Bereicherungstatbestand entnommen, der Konstellationen zusammenfasst, die einem einheitlichen Prinzip der Rechtmäßigkeit des Habendürfens widersprechen.<br>(Gegenansicht und h.M.: → *Trennungslehre*) |
| Entreicherung (§ 818 Abs. 3) | Beim Bereicherten ist keine Vermögensmehrung mehr vorhanden; weder der Gegenstand selbst noch etwaig gezogene Nutzungen oder erhaltene Surrogate sind wertmäßig im Vermögen des Empfängers verblieben. Entscheidend hierfür ist eine wirtschaftliche Betrachtungsweise.<br>Entreichernd wirken auch Minderungen im sonstigen Vermögen, die in unmittelbarem Zusammenhang mit der Bereicherung stehen und im Vertrauen auf das Behaltendürfen des Gegenstandes gemacht wurden. |
| Erfolgsunrecht, Lehre vom (§ 823 Abs. 1) | Der Verletzungserfolg indiziert die Rechtswidrigkeit. |

| Begriff | Definition |
|---|---|
| Erstattung (Reparation) (§§ 249 ff., §§ 823 ff.) | Herstellung eines wirtschaftlich gleichwertigen Zustandes in der Güter- und Vermögenslage des Geschädigten, der Geschädigte ist nicht tatsächlich, wohl aber wirtschaftlich so zu stellen, wie er ohne das Schadensereignis stünde. |
| Fahrlässigkeit | |
| – einfache (§§ 823 ff.) | Außerachtlassung der im Verkehr erforderlichen Sorgfalt (§ 276 Abs. 2). |
| – grobe (§§ 823 ff.) | Verletzung der im Verkehr erforderlichen Sorgfalt in einem besonders schweren Maße. Grob fahrlässig handelt, wer selbst einfachste Kontrollüberlegungen nicht anstellt. |
| Freiheit (i.S.d. § 823 Abs. 1) | Natürliches Gut, welches die Rechtsordnung als jedem Menschen zustehend anerkennt, nicht aber definiert. Darunter fällt nur die körperliche Fortbewegungsfreiheit, nicht die Entscheidungsfreiheit. |
| Fremdgeschäftsführungswille (§ 677; § 687 Abs. 1) | Bewusstsein (kognitives Element) und Wille (voluntatives Element) des Geschäftsführers, die Angelegenheiten eines anderen zu besorgen oder – im Falle des „auch fremden" Geschäfts – jedenfalls mit zu besorgen. |
| Gefährdungshaftung (§ 833 S. 1; § 7 Abs. 1 StVG) | Haftung für Schäden, die daraus resultieren, dass eine gesetzlich nicht verbotene, aber risikobehaftete Tätigkeit oder Anlage betrieben wird. Die Haftung setzt kein Verschulden voraus, muss aber (spezial-)gesetzlich angeordnet sein. |
| Gesamtschuldnerausgleich, gestörter (§ 840 Abs. 1) | Mehrere Deliktstäter sind für einen Schaden verantwortlich, der Geschädigte hat aber mit einem dieser Schädiger einen Haftungsverzicht vereinbart oder es liegen gesetzliche Vorschriften vor, aufgrund derer der betreffende Schädiger nur teilweise oder nur für bestimmte Verschuldensformen haftet. |
| Geschäft (im Sinne des Rechts der GoA) (§ 677) | Jedes rechtsgeschäftliche oder tatsächliche Handeln mit wirtschaftlichen Folgen. Kein Geschäft führt, wer etwas unterlässt oder bloß duldet. |
| – objektiv fremd (§ 677) | Ein Handeln, das schon nach seinem äußeren Erscheinungsbild nicht zum Rechts- und Interessenkreis des Geschäftsführers gehört. |
| – auch fremd (§ 677) | Die Geschäftsführung betrifft zwei Geschäftskreise und liegt sowohl im Interesse des Geschäftsführers als auch im Interesse des Geschäftsherrn. |

| Begriff | Definition |
|---|---|
| – objektiv neutral (§ 677) | Der Geschäftsführer könnte mit der Geschäftsführung sowohl ein eigenes, aber auch ein fremdes Geschäft führen. Entscheidend für die Einordnung als Fremd- oder Eigengeschäft ist dann die Willensrichtung des Geschäftsführers. |
| Geschäftsanmaßung | Siehe *Eigengeschäftsführung, angemaßte.* |
| Geschäftsführer (§ 677) | Wer selbst oder durch von ihm beauftragte Dritte als Verantwortlicher im fremden Rechtskreis und im objektiven Fremdinteresse tätig wird („Gestor"). |
| Geschäftsführung ohne Auftrag | |
| – berechtigte (§ 677) | Die Einmischung in den fremden Rechtskreis ist aus Sicht des eigentlich Betroffenen erwünscht, weil eine aus Sicht der Rechtsordnung willkommene fremdnützige Tätigkeit betrieben wird. |
| – echte (§ 677) | Führung eines Geschäfts mit Fremdgeschäftsführungswillen. |
| – unberechtigte (§ 677; § 683 S. 1) | Handeln mit Fremdgeschäftsführungswillen, allerdings entgegen dem (beachtlichen) Willen oder Interesse des Geschäftsführers; die Durchführung der Tätigkeit ist eine rechtswidrige Einwirkung auf die Rechtsgüter des Geschäftsherrn. |
| – unechte (§ 687 Abs. 1, Abs. 2) | Jemand führt ein fremdes Geschäft als sein eigenes, obwohl er weiß, dass er dazu nicht berechtigt ist (§ 687 Abs. 2 → *Eigengeschäftsführung, angemaßte*), oder, wenn er der Meinung ist, sein eigenes Geschäft zu führen (§ 687 Abs. 1 → *Eigengeschäftsführung, irrtümliche*). |
| Geschäftsherr (§ 677) | Derjenige, in dessen Rechtskreis unmittelbar gehandelt wird. |
| Gesundheitsverletzung (§ 823 Abs. 1) | Jedes Hervorrufen oder Steigern eines von den normalen körperlichen Funktionen nachteilig abweichenden Zustandes. |
| Handlung (§ 823 Abs. 1) | Jede vom Willen gesteuerte Muskelkontraktion, mithin jedes wenigstens potenziell beherrschbare, d.h. der Bewusstseinskontrolle und Willenslenkung unterliegende menschliche Verhalten, das durch Verstandeskräfte steuerbar ist. Keine solchen Handlungen sind Reflexe oder Verhaltensweisen während des Schlafes oder der Bewusstlosigkeit. |

| Begriff | Definition |
| --- | --- |
| Handlungsunrecht, Lehre vom (auch Verhaltensunrecht) (§ 823 Abs. 1) | Widerrechtlich ist nur, was auch objektiv pflichtwidrig (und nicht nur subjektiv vorwerfbar) ist. |
| Herausforderungsfälle (§ 823 Abs. 1) | Fälle, in denen der Verletzer eine erste Ursache für eine Schädigung setzt, die den später Geschädigten zu einem gefährlichen Verhalten herausfordert, das wiederum eine neue, letztlich zur Schädigung führende Kausalkette in Gang setzt. Die Verletzung wird dem Schädiger gleichwohl zugerechnet, wenn sich der Geschädigte zu dem Verhalten aufgrund einer vernünftigen Abwägung von Zweck und Risiko seines Verhaltens veranlasst („herausgefordert") fühlen durfte. |
| Höhere Gewalt (§ 7 Abs. 2 StVG) | Ein „außergewöhnliches, betriebsfremdes, von außen durch elementare Naturkräfte oder durch Handlungen dritter Personen herbeigeführtes Ereignis, das nach menschlicher Einsicht und Erfahrung nicht vorhersehbar ist und mit wirtschaftlich erträglichen Mitteln auch durch die äußerste, vernünftigerweise zu erwartende Sorgfalt nicht verhütet oder unschädlich gemacht werden kann". (BGHZ 7, 338) |
| Integritätsinteresse (§§ 823 ff.; § 1 Abs. 1 ProdHaftG) | Interesse daran, dass die sich im Eigentum oder Vermögen des Vertragspartners befindlichen Güter, die nicht Vertragsgegenstand sind, durch eine Vertragsleistung nicht verletzt werden. Die Haftung im Rahmen der vertraglichen Gewährleistung erstreckt sich i.d.R. nicht auf das Integritätsinteresse, sondern nur auf das → *Äquivalenzinteresse*. |
| „In sonstiger Weise" (etwas erlangt) (§ 812 Abs. 1 S. 1, 2. Alt.) | Fälle, in denen ein Vermögensgegenstand nicht durch Leistung erlangt wurde. Dazu gehören<br>– Bereicherung durch Eingriff (→ *Eingriffskondiktion*)<br>– Bereicherung durch Zufall<br>– Bereicherung durch nicht geschuldete und nicht abgestimmte Verwendungen auf einen Gegenstand (→ *Verwendungskondiktion*)<br>– Bereicherung durch nicht geschuldete und nicht abgestimmte Zahlungen im Fremdinteresse (→ *Rückgriffskondiktion*). |
| Kausalität | |
| – haftungsbegründende (§ 823 Abs. 1) | Kausalität und Zurechnungszusammenhang zwischen Verletzungshandlung und Verletzungserfolg. |

| Begriff | Definition |
|---|---|
| – haftungsausfüllende (§ 823 Abs. 1) | Kausalität und Zurechnungszusammenhang zwischen Verletzungserfolg und eingetretenem Schaden. |
| – hypothetische (§ 823 Abs. 1) | Für den Schaden wäre hypothetisch auch eine andere Person oder ein anderer Umstand verantwortlich gewesen. |
| – Reserveursache (§ 823 Abs. 1) | Schaden wäre auch ohne das Verletzerverhalten eingetreten. Reserveursachen sind grundsätzlich unbeachtlich. Ausnahmen gelten in folgenden Fällen:<br>→ *Schadensanlage*<br>→ *Kausalität, hypothetische*<br>→ *rechtmäßiges Alternativverhalten.* |
| – Rechtmäßiges Alternativverhalten (§ 823 Abs. 1) | Einwand des Verletzers, er habe sich zwar pflichtwidrig verhalten, der entstandene Schaden wäre aber auch eingetreten, wenn er sich pflichtgemäß verhalten hätte. Nach h.M. ist ein solcher Einwand beachtlich. |
| – Schadensanlage (§ 823 Abs. 1) | Umstände, die bereits bei dem Eintritt des Schadens vorlagen und notwendig binnen Kurzem denselben Schaden verursacht hätten, sind bei der Schadensermittlung zu berücksichtigen, weil derartige Umstände den Wert der Sache bereits im Augenblick des Eingriffs gemindert haben. |
| – überholende (§ 823 Abs. 1) | Bereits wirkende Schadensursache wird durch die Verletzerhandlung überholt. Eine überholende Kausalität entlastet den Schädiger grundsätzlich nicht. |
| Kenntnis vom Mangel des Rechtsgrundes (§ 819 Abs. 1) | Positive Kenntnis, nicht bloßes Kennenmüssen; es genügt, wenn der Schuldner diejenigen Umstände positiv kennt, die nach juristischer Wertung dazu führen, dass er den Gegenstand gegenüber dem Kondiktionsgläubiger nicht behalten darf. Worauf genau sich die Kenntnis beziehen muss, hängt vom jeweiligen Kondiktionstyp (Leistung oder Nichtleistung) ab. → *verschärfte Haftung* |
| Körperverletzung (§ 823 Abs. 1) | Verletzung der körperlichen Unversehrtheit durch Substanzeingriffe. |
| Kondiktion (§§ 812 ff.) | Schuldrechtlicher Herausgabeanspruch; an dem bereicherungsrechtlichen „Etwas", auf das sich die Kondiktion bezieht, besteht noch nicht (oder nicht mehr) eine dingliche Position des Bereicherungsgläubigers (im Gegensatz zur sachenrechtlichen Vindikation, die sich als Herausgabeanspruch konkret auf einen Gegenstand bezieht, an dem bereits ein dingliches Recht besteht). |

| Begriff | Definition |
|---|---|
| Kraftfahrzeugführer (§ 18 StVG) | Lenken des Fahrzeugs und tatsächliche Gewalt über das Steuer. |
| Kraftfahrzeughalter (§ 7 Abs. 1 StVG) | Halter ist, wer die Verfügungsgewalt über das Fahrzeug hat. Dazu genügt nicht die rein tatsächliche Verfügungsgewalt, erforderlich ist zudem ein rechtliches Herrschaftsverhältnis, welches auch die Verfügungsmacht über die Substanz des Fahrzeugs einschließt. Diese Verfügungsmacht hat, wer die Kosten des Fahrzeugs bestreitet und den vollen Sachnutzen aus dem Kfz zieht. |
| Kredit (§ 824 Abs. 1) | Angenommene Fähigkeit eines Unternehmens, erhaltene Darlehen zurückzuzahlen. Der Kredit kann beeinträchtigt werden durch jede nachteilige Beeinflussung des wirtschaftlichen Rufs, die die aktuelle oder die künftige Fähigkeit zur Kreditrückzahlung beeinträchtigen kann. Durch den Kredit als Rechtsgut werden die gegenwärtige Vermögenssituation (Erworbenes) und die künftige Vermögenslage (Fortkommen) geschützt. |
| Lebensgüter (§ 823 Abs. 1) | Schutzgüter, über die jeder Mensch natürlicherweise verfügt, die von jedermann zu achten sind und von niemandem verletzt werden dürfen (Leben, Körper, Gesundheit, Freiheit). |
| Leistung (§§ 812, 813, 817) | Zweck- und zielgerichtete Mehrung fremden Vermögens; es muss zum einen eine → *Zuwendung* eines Vermögensvorteils an einen anderen erfolgen, zum anderen diese Zuwendung erkennbar auf irgendein Schuldverhältnis bezogen sein (→ *Leistungszweck*).<br>Auslegung der Leistungshandlung in Zweifelsfällen nach objektivem Horizont des Empfängers einer Leistung (§§ 133, 157 analog, h.M.). |
| Leistungskondiktion | Allgemein: siehe → *Trennungslehre* |
| – condictio indebiti (§ 812 Abs. 1 S. 1, 1. Alt.) | Fehlen eines rechtlichen Grundes von Anfang an; Leistungserfolg ist auf die Erfüllung einer nicht bestehenden Schuld gerichtet. Die Rückforderung ist ausgeschlossen bei Kenntnis des Leistenden vom fehlenden Rechtsgrund, vgl. § 814. |
| – condictio ob causam finitam (§ 812 Abs. 1 S. 2, 1. Alt.) | Kondiktion wegen späteren Wegfalls des rechtlichen Grundes; für eine Leistung war ein Rechtsgrund zunächst vorhanden, er ist später aber weggefallen. Der Rechtsgrund fehlte dagegen von Anfang an in Fällen, in denen ein Rechtsgeschäft angefochten wurde (condictio indebiti). |

| Begriff | Definition |
|---|---|
| – condictio causa data causa non secuta (§ 812 Abs. 1 S. 2, 2. Alt.) | Nichterreichen eines mit der Leistung zusätzlich beabsichtigten Zwecks (Zweckverfehlung); Leistung mit dem erkennbaren Willen, einen bestimmten zusätzlichen, über die Vertragserfüllung hinausgehenden Erfolg eintreten zu lassen. Die Kondiktion ist ausgeschlossen, wenn der Erfolgseintritt von Anfang an unmöglich war und der Leistende dies wusste oder der Leistende seinen Eintritt vereitelt hat (§ 815). |
| – condictio ob turpem vel iniustam causam (§ 817) | Leistung zur Verfolgung eines sitten- oder gesetzeswidrigen Zwecks:<br>§ 817 S. 1: Nehmer einer Leistung verstößt durch die Annahme gegen Gesetz/gute Sitten.<br>§ 817 S. 2: auch dem Geber fällt ein solcher Verstoß zur Last.<br>Die Rückforderung ist ausgeschlossen. |
| – Leistung auf eine einredebehaftete Forderung (§ 813 Abs. 1) | Ergänzung des § 812 Abs. 1 S. 1, 1. Alt. in Fällen, in denen auf eine Forderung geleistet wurde, obgleich aufgrund einer dauernden Einrede (ausgenommen: Verjährung, vgl. § 813 Abs. 1 S. 2) nicht hätte geleistet werden müssen. Die Rückforderung ist ausgeschlossen bei Kenntnis des Leistenden von der Einrede, vgl. § 814. |
| Leistungszweck (§§ 812, 813, 817) | Muss über die eigentliche Vermögensmehrung hinausgehen und auf ein weiteres Ereignis bezogen sein. Welcher Zweck im Einzelnen verfolgt und ob dieser erreicht wurde, entscheidet darüber, ob mit oder → *ohne Rechtsgrund* geleistet wurde.<br>Typischerweise liegt der Zweck einer Leistung darin, eine (schuldrechtliche) Verpflichtung zu erfüllen. Die Zweckbestimmung ist nach h.M. wie eine einseitige, empfangsbedürftige Willenserklärung zu behandeln. Minderjährige können daher ohne Mitwirkung ihrer Sorgeberechtigten keine eigenen Leistungszwecke setzen. Ob, an wen und auf welche Schuld geleistet wurde, bestimmt sich in Zweifelsfällen aus der objektivierten Sicht des Empfängers der Leistung (§§ 133, 157 analog, h.M.). |
| Luxusaufwendung (§ 818 Abs. 3) | Aufwendungen, welche der Bereicherungsschuldner sich aus eigenen Mitteln niemals geleistet hätte. Der Bereicherungsgegenstand wird verschwenderisch eingesetzt, es bleibt kein Äquivalent für den Gegenstand im Vermögen. → *Entreicherung* |

| Begriff | Definition |
|---|---|
| Mittäterschaft (§ 830 Abs. 1 S. 1, Abs. 2) | Bewusstes und gewolltes gemeinschaftliches Handeln mehrerer (§ 830 Abs. 1 S. 1); Anstifter und Gehilfen stehen Mittätern gleich (§ 830 Abs. 2).<br>Alle Beteiligten haften im Außenverhältnis als Gesamtschuldner (§ 840), ohne dass festgestellt werden muss, in welchem Maße jeder von ihnen den Schaden verursacht hat (Innenverhältnis: §§ 421, 426 ff.). |
| Namensleugnung (§ 12) | Bestreitung des rechtmäßigen Namensgebrauchs. |
| Namensanmaßung (§ 12) | Verwechslungsgefahren erzeugender Namensgebrauch. |
| Nebentäter (§§ 823 ff.) | Setzen ohne gemeinsame Verabredung und Planung oder bewusst und gewollt zusammenwirkendes Handeln einen Beitrag für eine deliktische Schädigung. Haftung: jeder Nebentäter für sich, also nur sofern und soweit er einen nachweisbaren Ursachenbeitrag für die Verletzung gesetzt hat. Sonderfall: → *Alternativtäterschaft* |
| Nichtberechtigter | |
| – i.S.d. § 816 Abs. 1 | ist, wer weder Inhaber des Rechts ist, noch nach § 185 Abs. 1 Verfügungsmacht über den Gegenstand erlangt hat. Nichtberechtigter bleibt, wer über einen Gegenstand verfügt hat, aber erst im Nachhinein hierfür die Genehmigung seitens des Eigentümers erhält (§ 185 Abs. 2). |
| – i.S.d. § 816 Abs. 2 | ist, wer weder Gläubiger der Forderung ist, noch zu ihrer Einziehung vom wahren Gläubiger ermächtigt wurde (vgl. § 185 Abs. 1 analog, § 362 Abs. 2; sog. Einziehungsermächtigung), und zwar auch nicht nachträglich (§§ 185 Abs. 2, 184 Abs. 1 analog). |
| Nutzungen (§ 812 Abs. 1 S. 1; § 818 Abs. 1) | Unmittelbare und mittelbare, d.h. auf einem Rechtsverhältnis beruhende Früchte (§ 99) und Gebrauchsvorteile (§ 100), die eine Sache (oder ein Recht) gewährt oder die aus einer Sache oder einem Recht gezogen werden können. |
| Objektive Zurechnung | Siehe → *Herausforderungsfälle* |
| „Ohne Rechtsgrund" (§ 812 Abs. 1 S. 1, 1. Alt.) | Bei der Leistungskondiktion: Unwirksamkeit der (vermeintlichen) schuldrechtlichen Leistungsbeziehung (z.B. Vertrag/Gesetz), so dass der mit der Leistung verfolgte bewusst gesetzte Zweck nicht erreicht wurde. |
| (§ 812 Abs. 1 S. 1, 2. Alt.) | Bei der Nichtleistungskondiktion: Vermögensverschiebung ist ohne Rechtsgrund, wenn sie das Ergebnis eines rechtswidrigen Eingriffs in den vermögensrechtlichen |

| Begriff | Definition |
|---|---|
| | → Lehre vom *Zuweisungsgehalt* einer Befugnis darstellt, welche die Rechtsordnung einem anderen (dem Entreicherten) überantwortet hat, und dieser andere in die Handlung nicht einwilligt. |
| „Ohne Auftrag" (§ 677) | Ohne vertragliche Berechtigung zum Tätigwerden. |
| „Ohne sonstige Berechtigung" (§ 677) | Ohne gesetzliche Berechtigung zum Tätigwerden. |
| Organisationsverschulden (§ 823 Abs. 1) | Fehlerhafte Organisation der betrieblichen Abläufe oder des Betriebes insgesamt durch den Betriebsinhaber. |
| Persönlichkeitsrecht | |
| – allgemeines (§ 823 Abs. 1) | Recht des Einzelnen auf Achtung und Entfaltung seiner Besonderheit als individuelle Persönlichkeit; Schutz der Selbstbestimmung des Einzelnen in Angelegenheiten, die seine persönliche Entfaltung wesentlich betreffen. |
| – Recht auf Ehre (§ 823 Abs. 1) | Schutz sowohl des eigenen Ehrgefühls als auch der Wertschätzung durch andere (innere/äußere Ehre). Ehrschutz im weiteren Sinne ist auch der Schutz gegen entwürdigende Behandlungen, so etwa der Schutz gegen „Mobbing" oder sexuelle Belästigungen am Arbeitsplatz. |
| – Recht auf Identität (§ 823 Abs. 1) | Recht auf Kenntnis derjenigen Informationen, die erforderlich sind, um die eigene biologische Abstammung herleiten zu können, insbesondere Anspruch eines jeden Menschen darauf, seine biologischen Eltern zu kennen. |
| – Recht auf Wahrung der Individualität (oder Besonderheit eines Menschen) (§ 823 Abs. 1) | Interesse verletzt, wenn über einen Menschen unwahre Tatsachen von einigem Gewicht berichtet werden, selbst wenn diese Tatsachen als solche nicht ehrenrührig sind. |
| – Recht auf Wahrung der Privatsphäre (§ 823 Abs. 1) | Interesse betroffen, wenn über eine Person ohne deren Zustimmung bisher nicht öffentliche Lebensdetails verbreitet werden. |
| – Schutz persönlicher Daten (§ 823 Abs. 1) | Jedermann darf grundsätzlich selbst darüber entscheiden, wann und welche seiner persönlichen Lebenssachverhalte offenbart werden. Der Schutz personenbezogener Daten gegen ungenehmigte Erhebung, Speicherung, Verarbeitung und Bevorratung wird vornehmlich gewahrt durch das Bundesdatenschutzgesetz als besondere |

| Begriff | Definition |
|---|---|
| | Ausprägung des Schutzes des allgemeinen Persönlichkeitsrechts. |
| Produkthaftung (§§ 1 ff. ProdHaftG) | Haftung nicht nur des Herstellers, sondern auch des Importeurs oder desjenigen, der seine Marke oder Firmenbezeichnung auf einem Produkt anbringt, nach dem ProdHaftG; Gefährdungshaftung. |
| | Verletzungshandlung: Inverkehrbringen eines fehlerhaften Produkts. |
| Produzentenhaftung (§ 823 Abs. 1) | Haftung nach § 823 Abs. 1 gestützt auf die Verletzung einer → *Verkehrssicherungspflicht*, welche den Hersteller von potenziell gefährlichen Waren im Hinblick auf die Abwendung von Gefahren für den Nutzer solcher Waren trifft. |
| | Verletzungshandlung: Inverkehrbringen eines fehlerhaften Produkts, welches kausal für die Rechtsgutsverletzung ist, wenn die Verletzung einer aus dem Organisationsbereich des Produzenten stammenden Verkehrspflicht damit einhergeht. |
| a) Konstruktionsfehler | Fehlerhafte Konzeption und Planung eines Produkts. |
| b) Fabrikationsfehler | Unzureichende Organisation und Kontrolle bei der Herstellung des Produkts. |
| c) Instruktionsfehler (Anleitungsfehler) | Unterlassener Warnhinweis in der Gebrauchsanleitung oder auf dem Produkt selbst. |
| d) Produktbeobachtungsfehler | Unterlassene Warnung nach dem Bekanntwerden von Fehlern oder Risiken. |
| e) Entwicklungsfehler | Nichtbeachtung der technisch möglichen und erkennbaren Vorkehrungen gegen Entwicklungsfehler. |
| Recht am eingerichteten und ausgeübten Gewerbebetrieb (§ 823 Abs. 1) | Schützt den Bestand des Unternehmens, also die Summe seiner Einrichtungen sowie die gewerbliche Betätigung, d.h. den Ablauf der Produktion (Entfaltungsfreiheit im wirtschaftlichen Bereich). |
| – Recht | |
| – sonstiges (§ 823 Abs. 1) | Absolutes, gegen jedermann geschütztes Recht. |
| – subjektives (§ 823 Abs. 1) | Recht, das einer Person von der Rechtsordnung zur ausschließlichen Nutzung und Beherrschung zugewiesen wird. |

| Begriff | Definition |
|---|---|
| Rechtsfolgen-verweisung | Eine Rechtsnorm verweist auf die Rechtsfolgen einer anderen Norm, nicht auf deren Tatbestandsvoraussetzungen.<br>(Bsp. nach h.M.: § 684 S. 1 verweist nicht auf § 812 Abs. 1 S. 1, 2. Alt., sondern nur auf §§ 818 ff.) |
| Rechtsgrund-verweisung (Tatbestands-verweisung) | Eine Rechtsnorm verweist auf den Grundtatbestand einer anderen Rechtsnorm, dessen vollständiger Tatbestand dann zu prüfen ist<br>(Bsp. nach h.M.: § 951 Abs. 1 S. 1 verweist auf den Grundtatbestand des § 812 Abs. 1, nicht nur auf dessen Rechtsfolgen, also §§ 818 ff.). |
| Rechtswidrigkeits-theorie (§ 812 Abs. 1 S. 1, 2. Alt; § 816) | Bestimmung von Eingriffsobjekt und Eingriff bei der Kondiktion „in sonstiger Weise": Maßgeblich ist, ob die zur Bereicherung führende Handlung widerrechtlich war. Dann stellt sie einen Eingriff in ein Rechtsgut dar und ist „auf Kosten" des Gläubigers des Bereicherungsanspruches geschehen (andere Ansicht und h.M.: → Lehre vom *Zuweisungsgehalt*). |
| Reflexschaden (§ 823 Abs. 1) | Vermögensschaden, der als mittelbare Folge einer deliktischen Handlung im Vermögen Dritter entsteht und nur ersatzfähig ist, wenn auch ein deliktisch geschütztes Rechtsgut verletzt wurde. |
| Rückgriffskondiktion (§ 812 Abs. 1 S. 1, 2. Alt.) | Bereicherung des Bereicherungsschuldners erfolgt nicht durch Leistung, sondern („in sonstiger Weise") durch nicht geschuldete und nicht abgestimmte Zahlungen im Fremdinteresse, aber mit entlastender Wirkung für den Schuldner.<br>Vorrang der §§ 677 ff. und zahlreicher Regressregelungen sowie vorrangige Vertragsregelungen zu beachten;<br>Vorrang der Leistungskondiktion besonders zu beachten. |
| Sachwerttheorie (§ 816 Abs. 1 S. 1) | Der Anspruch aus § 816 Abs. 1 S. 1 ist begrenzt durch den objektiven Wert der Sache; der Verfügende muss deshalb einen etwaig erzielten Gewinn nicht herausgeben (andere Ansicht und h.M.: → *Vorteilsherausgabetheorie*). |
| Saldotheorie (§ 812 Abs. 1 S. 1, 1. Alt.) | Rückabwicklung (unwirksamer) gegenseitiger Verträge: Beide Kondiktionen bleiben synallagmatisch miteinander verknüpft durch Saldierung beider Leistungen, weil auch die „Hinleistungen" nach §§ 320 ff. synallagmatisch miteinander verknüpft gewesen wären. |

| Begriff | Definition |
|---|---|
| | Bei durch den Austauschzweck verbundenen gegenseitigen Leistungen ist „per Saldo" nur bereichert, wer mehr empfangen als gegeben hat. |
| | Bei gleichartigen Leistungen kann die jeweilige Kondiktion der anderen Seite von der eigenen Leistung von vornherein abgezogen werden, so dass nur eine Kondiktion übrig bleibt. Die Saldotheorie führt abkürzend dazu, dass ein automatischer Abzug ohne Aufrechnungserklärung erfolgt. |
| | Bei ungleichartigen Leistungen wäre keine Aufrechnung möglich. Die beiden Kondiktionen bleiben aber auch hier nach § 320 synallagmatisch miteinander verknüpft, daher findet eine gesetzliche Saldierung statt, die zur Rückgabe des erhaltenen Gegenstandes Zug um Zug gegen Rückzahlung des gezahlten Preises führt. |
| | (a.A.: → *Zweikondiktionentheorie*) |
| Schaden (allgemein) (§§ 249 ff.; §§ 823 ff.) | Jede nach einer Gesamtbetrachtung verbleibende, unfreiwillige Werteinbuße an den Vermögensgütern des Verletzten. |
| Schädigungsverbot, bereicherungsrechtliches (§ 818 Abs. 3) | Abgeschöpft wird im Bereicherungsrecht nur, was unrechtmäßig erlangt und behalten wurde, auf das sonstige Vermögen des Bereicherten wird nicht zugegriffen. Nur diejenige Vermögensmehrung, die beim Bereicherungsschuldner tatsächlich (noch) vorhanden ist, wird abgeschöpft (§ 818 Abs. 3). |
| | Ausnahme: §§ 818 Abs. 4 bis 820 (→ *verschärfte Haftung*). |
| Schockschaden (§ 823 Abs. 1) | Psychisch vermittelte Störung innerer körperlicher und geistiger Vorgänge. |
| Schutzgesetz (§ 823 Abs. 2) | Jede Rechtsnorm, die nach Zweck und Inhalt zumindest auch dazu dienen soll, den Einzelnen gegen eine Verletzung seiner privaten Rechtsgüter oder Interessen zu schützen. |
| Schutzzweck der Norm (§ 823 Abs. 1) | Einschränkung der Haftung, wenn der geltend gemachte Schaden nicht mehr innerhalb des Schutzzwecks dieser Vorschrift liegt, wenn es sich also nicht mehr um Folgen handelt, die in den Bereich derjenigen Gefahren fallen, um derentwillen die Rechtsnorm erlassen worden ist. |
| Stoffgleichheit (§ 823 Abs. 1) | Liegt ein Schaden an der mangelhaften Sache selbst vor, ist dieser ersatzfähig, wenn er nicht stoffgleich mit dem Vertragsmangel selbst ist (→ *Weiterfresserschaden)*. Stoffgleich mit dem Vertragsmangel sind Schäden, die |

| Begriff | Definition |
|---|---|
| | durch den Wert der Sache oder deren Reparatur mit abgegolten sind, mithin das → *Äquivalenzinteresse* betreffen. Entspricht der Mangelunwert qualitativ und seinem Umfang nach nicht der hierdurch bewirkten Eigentumsschädigung, so betrifft er das → *Integritätsinteresse* und ist damit nicht stoffgleich. Kriterien hierfür sind das deutliche wertmäßige Auseinanderfallen zwischen anfänglichem Mangel und Eigentumsbeeinträchtigung, die leichte Auffindbarkeit und Behebbarkeit des anfänglichen Mangels und die Frage, ob der Mangel an einem funktional abgrenzbaren Einzelteil der Gesamtsache vorlag. |
| Subsidiarität der Nichtleistungskondiktion (§§ 812 ff.) | Die Nichtleistungskondiktion ist nur eröffnet, sofern das bereicherungsrechtliche „Etwas", die Vermögensmehrung, nicht durch Leistung, auch nicht durch die eines Dritten, erfolgt ist.<br><br>Grund: Dem Leistenden sollen die aus einem zugrunde liegenden vertraglichen Schuldverhältnis resultierenden Einreden erhalten werden und keine Einreden aus einem von ihm nicht verantworteten Leistungsverhältnis aufgedrängt werden. Zudem soll jede Partei nur die mit dem selbst gewählten Leistungspartner verbundenen Insolvenzgefahren tragen: Vorrang der Leistungsbeziehungen.<br><br>Ausnahme: §§ 816 Abs. 1 S. 2, 822, die eine Direktkondiktion über die unmittelbare Austauschbeziehung hinweg eröffnen. |
| Tierhalter (§ 833 S. 1) | ist, wer die Bestimmungsmacht über ein Tier hat, in der Regel ist dies der Eigentümer. |
| Totalreparation, Prinzip der (§§ 249 ff.) | Prinzipiell Erstattung aller Einbußen ohne Begrenzung auf die Leistungsfähigkeit des Schuldners. |
| Trennungslehre (§ 812 Abs. 1 S. 1) | Dem § 812 Abs. 1 S. 1 ist kein einheitlicher, sondern ihm sind zwei verschiedene Rückgabeansprüche zu entnehmen. Sie dienen unterschiedlichen Zwecken.<br><br>(a.A.: → *Einheitstheorie*) |
| – Leistungskondiktion (§§ 812, 813, 817) | Soll eine den Zwecken der Parteivereinbarung zuwiderlaufende Vermögensverschiebung korrigieren; sie dient der Rückgewähr von → *Leistungen*, die aufgrund schuldrechtlich fehlerhafter oder nichtiger Verträge ausgetauscht wurden. |

| Begriff | Definition |
| --- | --- |
| – Nichtleistungskondiktion (§ 812 Abs. 1 S. 1, 2. Alt.) | Hierunter fallen alle sonstigen Konstellationen, bei denen ein angefallener Vermögensvorteil aufgrund wertender Betrachtung nicht demjenigen gebührt, der ihn innehat; erfasst sind alle Vorfälle, Handlungen und Ereignisse, die nicht „Leistung" sind und zu einer rechtlich missbilligten Vermögensmehrung führen. |
| Unterlassen (§ 823 Abs. 1) | Entspricht einer Verletzungshandlung, wenn eine Rechtspflicht zum Handeln bestand, z.B. Schutz- und Garantenpflichten aus Gesetz oder durch die Gerichte formulierte Verkehrspflichten bzw. Verkehrssicherungspflichten. |
| Ursachenzweifel (§ 830 Abs. 1 S. 2) | Es lässt sich nicht mehr feststellen, wer von mehreren Tätern konkret für eine Rechtsgutsverletzung ursächlich geworden ist. Wenn nachgewiesen werden kann, dass die Rechtsgutsverletzung von jedem der Täter alternativ verursacht worden sein könnte, kann der Geschädigte jeden der Schädiger in voller Höhe in Anspruch nehmen. |
| Verfügung (§ 816 Abs. 1 S. 1) | Jedes Rechtsgeschäft, durch welches die dingliche Rechtslage eines Gegenstandes unmittelbar verändert wird. Die Änderung kann in einer Übertragung, Belastung, Aufhebung oder Inhaltsänderung bestehen, durch die auf den Bestand des Gegenstandes oder Rechts selbst eingewirkt wird; die Einwirkung muss „dinglichen" und „rechtsgeschäftlichen" Charakter haben. |
| – Wirksamkeit gegenüber Berechtigtem (i.S.d. § 816 Abs. 1 S. 1 und S. 2) | Eine Verfügung hat durch Mitwirkung des Berechtigten oder aufgrund gesetzlicher Vorschrift zu einer dinglichen Rechtsänderung geführt, die der ursprünglich Berechtigte gegen sich gelten lassen muss, z.B. in Fällen des Rechtsscheinerwerbs. |
| Verkehrspflichten (§ 823 Abs. 1) | Resultieren aus der Verantwortung für eine Gefahrenquelle. Verkehrspflicht ist die Pflicht, Dritte vor Schäden hieraus zu schützen.<br><br>Fallgruppen:<br>– Verkehrseröffnung<br>– Beherrschung einer Gefahrenquelle<br>– Übernahme einer Aufgabe im Rahmen einer besonderen beruflichen Stellung, Funktion oder Sachkunde. |
| Verkehrssicherungspflicht (§ 823 Abs. 1) | Pflicht desjenigen, der eine gefährliche Sache oder Einrichtung unterhält oder einen gefährlichen Verkehr eröffnet, dafür zu sorgen, dass hiervon keine Gefahren ausgehen. |

| Begriff | Definition |
|---|---|
| Verrichtungsgehilfe (§ 831 Abs. 1) | Ist derjenige, dem eine Tätigkeit vom Geschäftsherrn übertragen wurde und der hinsichtlich der Ausführung dieser Tätigkeit von den Weisungen des Geschäftsherrn abhängig ist. |
| Verschärfte Haftung (§§ 818 Abs. 4, 819) | Der Bereicherungsschuldner haftet „nach den allgemeinen Vorschriften“, d.h. insbesondere nach den Normen des allgemeinen Schuldrechts (bspw. § 292). Wichtigste Folge der verschärften Haftung ist, dass er sich nicht auf → *Entreicherung* berufen kann. Siehe auch → *Bösgläubigkeit* und → *Kenntnis*. |
| Verwendungskondiktion (§ 812 Abs. 1 S. 1, 2. Alt.) | Eine Bereicherung des Bereicherungsschuldners erfolgt nicht durch Leistung, sondern („in sonstiger Weise“) durch nicht geschuldete und nicht abgestimmte Verwendungen auf einen Gegenstand zum Nutzen des tatsächlichen Eigentümers.<br><br>§§ 677, 994 ff. oder ein bestehendes Schuldverhältnis können die Verwendungskondiktion verdrängen;<br><br>Verdrängung auch, wenn aufgrund eines wirksamen Vertragsverhältnisses „geleistet“ wurde;<br><br>Vorrang des (gescheiterten) Vertragsverhältnisses (Leistungskondiktion) beachten! |
| Vorsatz (§§ 823 ff.) | Wissen und Wollen der Tatbestandsverwirklichung. |
| Vorsatztheorie (§§ 823 ff.) | Vorsatz liegt vor, wenn der Täter die Rechtsgutsbeeinträchtigung und die Verletzungshandlung kennt und beides will. Überdies muss ihm bewusst sein, dass sein Handeln rechtswidrig ist. |
| Vorteilsausgleichung (§§ 249 ff.; §§ 823 ff.) | Unbeschadet des Prinzips der Totalreparation darf der Geschädigte durch die Reparation nicht bessergestellt werden, als er vor dem Schadensereignis stand. Insbesondere darf er dem Schädiger nicht die Reparatur etwaiger Altschäden unterschieben, sondern muss sich Besserstellungen, die adäquat kausale Folge der Schädigung sind, anrechnen lassen. |
| Vorteilsherausgabetheorie (§ 816 Abs. 1 S. 1) | Gem. § 816 Abs. 1 S. 1 muss der Verfügende das durch die Verfügung Erlangte herausgeben. Hat der Verfügende einen höheren Kaufpreis erzielt als den eigentlichen Sachwert, so muss er nach h.M. den gesamten erlösten Vorteil einschließlich eines etwaig erzielten Gewinns herausgeben.<br><br>(a.A.: → *Sachwerttheorie*) |

| Begriff | Definition |
|---|---|
| Weiterfresserschaden (§ 823 Abs. 1) | Vertraglich geschuldete (fehlerhafte oder latent fehlerhafte) Gegenstände sorgen nach Lieferung dafür, dass das sonstige Eigentum des Belieferten geschädigt wird.<br>Handelt es sich bei den eingetretenen Schäden um solche an dem gelieferten Gegenstand selbst, sind diese nur ersatzfähig, wenn sie nicht → *stoffgleich* mit der in Folge des Vertragsverstoßes mangelhaften Sache sind. |
| Wert, gemeiner (§ 818 Abs. 2) | Verkehrswert oder Marktwert des Bereicherungsgegenstandes, er kann höher oder niedriger als die effektive Bereicherung des Schuldners sein. Nach h.M. ist für die Berechnung der Zeitpunkt der Entstehung des Kondiktionsanspruchs entscheidend. |
| Zahlung (Wirksamkeit ggü. dem Berechtigten) (§ 816 Abs. 2) | ist gegenüber dem Berechtigten wirksam i.S.d. § 816 Abs. 2, wenn das Gesetz die schuldbefreiende Wirkung der Zahlung anordnet (z.B. §§ 370, 793, 808, 851, 893, 1155, 2367, 2368 Abs. 2). |
| Zweikondiktionentheorie (§ 812 Abs. 1 S. 1, 1. Alt.) | Bei der Rückabwicklung der einander aufgrund eines (unwirksamen) gegenseitigen Vertrages gegenüberstehenden Leistungen darf jede Partei gesondert ihre Leistung nach § 812 Abs. 1 S. 1, 1. Alt. kondizieren. Beide Kondiktionen werden unabhängig voneinander behandelt, bei der Rückabwicklung des gegenseitigen Vertrages stehen zwei selbstständige Ansprüche einander gegenüber. Die Verknüpfung der Ansprüche erfolgt allenfalls durch Aufrechnung oder Zurückbehaltungsrechte.<br>Probleme entstehen, wenn bei einer Partei Entreicherung nach § 818 Abs. 3 eingetreten ist (a.A. und h.M.: → *Saldotheorie*). Diese Probleme sind jedenfalls hinzunehmen, wenn an Minderjährige geleistet wurde oder der Gläubiger nicht schutzwürdig ist, insbesondere weil er arglistig gehandelt hat (so auch die → *Saldotheorie*). |
| Zuweisungsgehalt, Lehre vom (§ 812 Abs. 1 S. 1, 2. Alt.) | Formel, welche die h.M. benutzt, um für die Nichtleistungskondiktion zu entscheiden, ob man eine Vermögensmehrung behalten darf, aber auch, um den Inhaber der Kondiktion, also die Person, auf deren Kosten eine Bereicherung erfolgte, zu bestimmen.<br>Eine Bereicherung erfolgt auf Kosten des Bereicherungsgläubigers, wenn der Vorteil von der Rechtsordnung dem Bereicherungsgläubiger zugewiesen war (z.B. beim Eingriff in absolute dingliche Rechte und in Immaterialgüterrechte). Das Gesetz weist allein dem Rechtsinhaber die Befugnis zu, über einen Gegenstand zu verfügen oder diesen zu nutzen. |

| Begriff | Definition |
| --- | --- |
| | Einen Zuweisungsgehalt haben absolute Rechte mit vermögensrechtlichem Inhalt, sie weisen ihrem Inhaber den Substanz- und Nutzungs- oder Gebrauchswert gegenüber jedermann zu. |
| Zuwendung (§§ 812, 813, 817) | Eine für den Leistenden bewusste und von ihm gewollte Vermögensverfügung, sie muss daher auf einer zurechenbaren und freiwilligen menschlichen Handlung beruhen. |

## Erbrecht

| Begriff | Definition |
| --- | --- |
| Erbrecht | Im objektiven Verständnis bezeichnet das Erbrecht die Gesamtheit der Normen, welche die Weitergabe des Vermögens aufgrund eines Todesfalls regeln.<br>Im subjektiven Verständnis bezeichnet Erbrecht – im Gegensatz zum Volksmund, der damit denjenigen bezeichnet, der sich etwas erhofft, - nur die Rechtsstellung desjenigen, der nach dem Erbfall tatsächlich Erbe geworden ist. Die Expektanz wird grds. nicht geschützt, selbst der Vertragserbe aus einem Erbvertrag muss u.a. erst den Erbfall erleben, um seine Rechte aus dem Vertrag geltend machen zu können. |
| Nacherbe | Die Stellung als Erbe kann zeitlich so gestaffelt werden, dass erst ein Vorerbe, dann ein Nacherbe den Nachlass erhält (§ 2100 BGB). |
| Letztwillige Verfügung | Unter einer l.V. versteht man alle gewillkürten Gestaltungen der Erbfolge, egal ob sie die gesetzliche Erbfolge bestätigen oder abändern. |
| Testament | Ein Testament ist eine Form der letztwilligen Verfügung. Sie kann einseitig oder – im Fall von Eheleuten oder einer eingetragenen Lebenspartnerschaft – auch gemeinschaftlich erstellt werden. |
| Erbvertrag | Der Erbvertrag ist eine letztwillige Verfügung neben den Testamenten, auch hierdurch wird ein Nachfolgerecht begründet (§ 1941 BGB). |
| Pflichtteil | Das Pflichtteilsrecht ist ein Forderungsrecht der Abkömmlinge sowie des Ehepartners und seiner Eltern gegen den Erben, soweit sie nicht Erben wurden oder der ihnen zugewendete Teil kleiner als die Hälfte ihres gesetzlichen Erbteils (§ 2305 BGB) ist. Der Pflichtteil umfasst genau die Hälfte des gesetzlichen Erbrechts. |
| Parentelsystem | Mit dem P. wird die Familie in Ordnungen aufgeteilt. Dies Ordnungen umfassen den Erblasser bzw. aufsteigend seine Eltern, Großeltern usw. sowie die gesamten Abkömmlinge. die erste Ordnung schließt die anderen aus usw. Die Erbschaft wird grds. unter allen Angehörigen der ersten Ordnung verteilt. |
| Vermächtnis | Das Vermächtnis ist nach deutschem Recht ein Forderungsrecht gegen den Erben, etwas aus dem Nachlass herausverlangen zu können (§ 1939 BGB). |

| Begriff | Definition |
| --- | --- |
| Auflage | Die Auflage ist eine Leistungsverpflichtung, ohne dass dabei jemand ein Forderungsrecht erhält (§ 1940 BGB). |
| Ersatzerbe | Für den Fall, dass der im Testament bestimmte Erbe vor oder nach dem Erbfall wegfällt, kann der Erblasser eine Ersatzperson als Erben bestimmen (§ 2096 BGB). |
| Ausschlagung einer Erbschaft | Da die Erbschaft sofort und unmittelbar anfällt, muss der Erbe die Möglichkeit haben, die Erbschaft abzulehnen. Diese erklärt er mit der Ausschlagung (§ 1942 I BGB). |
| Erbschein | Zum Nachweis der Erbenstellung im Geschäftsverkehr, um so auf das Vermögen des Erblassers zugreifen zu können, stellt das Nachlassgericht nach einer ersten Prüfung demjenigen einen Zeugnis über das Erbrecht aus, den es für den Erben hält (§ 2353 BGB). |
| Erbschaftskauf | Der Erbe kann seine gesamte Stellung als (Mit-)Erbe notariell mitsamt der Beteiligung am Nachlass verkaufen (§ 2371 BGB). |
| Testierfähigkeit | Ähnlich wie die Geschäftsfähigkeit für die allgemeinen Rechtsgeschäfte ist die Testierfähigkeit die spezielle Fähigkeit, letztwillige Verfügungen treffen zu können. Sie muss dabei nicht genau der Geschäftsfähigkeit entsprechen. |
| Testierwille | Grundlage einer letztwilligen Verfügung ist der Testierwille, also die Absicht, den Nachlass letztwillig zu regeln. |
| Widerruf einer Verfügung von Todes wegen | Ausdruck der Testierfreiheit ist, dass der Erblasser sein Testament jederzeit durch ein anderes Testament widerrufen bzw. aufheben kann (§§ 2253f BGB). Nur die Bindungswirkung des gemeinschaftlichen Testaments bzw. der Erbvertrags könnte dem im Weg stehen. |
| Miterbengemeinschaft | Mehrere Erben bilden eine Miterbengemeinschaft (§ 2032 BGB), bis sie den Nachlass unter sich konkret aufteilen. Diese Miterbengemeinschaft ist eine Gesamthandsgemeinschaft. |
| Erbenhaftung | Alle Erben haften für die Nachlassschulden als Gesamtschuldner. Sie haben aber verschiedene Möglichkeiten, die Haftung auf den Nachlass zu beschränken. |
| Andeutungstheorie | Eine letztwillige Verfügung ist nach § 133 BGB nach dem wirklichen Willen auszulegen. Die Grenze dieser weiten Interpretationsmöglichkeiten bestimmt die Andeutungstheorie: So muss sich für die durch Auslegung |

| Begriff | Definition |
|---|---|
| | gewonnene Lösung jedenfalls eine Andeutung im Testament finden. |
| „Favor testamenti“ | Damit wird ein Interpretationsgrundsatz bezeichnet, wonach letztwillige Verfügungen allgemein so interpretiert werden sollen, dass sie und ihre einzelnen Bestimmungen nach Möglichkeit wirksam sind. |
| Nachlasspfleger | Das Nachlassgericht setzt einen Nachlasspfleger ein, um den Nachlass zu schützen und verwalten zu lassen, bis der Erbe bestimmt und handlungsfähig ist (§ 1960 I BGB). |
| Testamentsvollstreckung | Der Erblasser kann bestimmen, dass und inwieweit nicht der Erbe, sondern ein Testamentsvollstrecker mit der Verwaltung des Nachlasses entweder bis zur Verteilung oder auf Dauer zuständig sein soll (§§ 2197 ff BGB). |

# Handelsrecht

| Begriff | Definition |
|---|---|
| Ablieferung<br>§ 377 I HGB | Zeitpunkt, in dem die Ware so in den Macht- und Zugriffsbereich des Käufers oder eines von ihm eingeschalteten Dritten gelangt ist, dass dieser die Mangelfreiheit der Sache überprüfen kann. |
| Angemessener Ausgleich eines Handelsvertreters<br>§ 89 b I 1 HGB | Durchschnittsverdienst der letzten fünf Jahre der Tätigkeit des Handelsvertreters (§ 89 b II), jedoch höchstens eine Jahresprovision. |
| Arthandlungsvollmacht<br>§ 54 I 2. Alt HGB | Bevollmächtigung zur Vornahme aller rechtsgeschäftlichen Handlungen, die zu einer zu einem bestimmten Handelsgewerbe gehörenden Art von Geschäften zählen. |
| Auftragsbestätigung<br>(-) | Annahme eines Angebots des Vertragspartners. |
| Beiderseitiges Handelsgeschäft<br>§ 343 ff. HGB | Ein Geschäft, das für beide Parteien ein Handelsgeschäft ist. |
| Betreiber eines Gewerbes<br>§ 1 ff. HGB | Derjenige, in dessen Namen die Geschäfte abgeschlossen werden und der aus ihnen berechtigt und verpflichtet wird. |
| Betriebszugehörigkeit eines Rechtsgeschäftes<br>§ 343 HGB | Wenn das Geschäft dem Zweck bzw. dem Interesse des Handelsgewerbes, der Erhaltung seiner Substanz und der Erzielung von Gewinn dienen soll. |
| Deklaratorische Eintragung | Eine Eintragung, deren Wirkung sich darin erschöpft, Rechtsvorgänge zu bekunden, die bereits außerhalb des Registers wirksam geworden sind. |
| Einseitiges Handelsgeschäft<br>§ 345 HGB | Ein Geschäft, das nur für eine Partei ein Handelsgeschäft ist. |
| Erwerb iSd § 25 HGB | Erwerb unter Lebenden, der zu einem Wechsel des Unternehmensträgers führt. Eine Gesamtrechtsnachfolge ist kein Erwerb iSd § 25. |
| Firma<br>§ 17 HGB | Name des Kaufmanns unter dem er im Handelsverkehr seine Geschäfte betreibt. |
| Firmenfortführung<br>§ 25 HGB | Der prägende Bestandteil der Firma bleibt aus der Sicht des Rechtsverkehrs gleich. Auf die Zustimmung des Veräußerers kommt es nicht an. |

| Begriff | Definition |
|---|---|
| Fixhandelskauf<br>§ 376 HGB | Die Leistung des einen Teils soll zu einer bestimmten Zeit oder innerhalb einer fest bestimmten Frist bewirkt werden und der Fortbestand des Leistungsinteresses des Gläubigers ist an die Rechtzeitigkeit der Leistung gebunden. |
| Franchisenehmer | Ein selbständiger Unternehmer, der von einem anderen Unternehmer (Franchisegeber) ständig damit betraut ist, im eigenen Namen und auf eigene Rechnung gegen Zahlung eines Entgelts, Produkte am Markt anzubieten, und hierbei gegen Entrichtung eines Entgelts an den Franchisegeber zur Nutzung des Konzeps befugt, aber auch verpflichtet ist. |
| Freiberufliche Tätigkeiten<br>§ 1 ff. HGB | Vorwiegend höchstpersönliche Dienstleistungen, die idR künstlerische, wissenschaftliche oder akademische Fähigkeiten erfordern. (vgl. § 1 II PatG) |
| Gemischte Gesamtvertretung<br>§ 125 III HGB | Ein Prokurist kann nur gemeinsam mit einem organschaftlichen Vertreter handeln und umgekehrt. |
| Generalhandlungsvollmacht<br>§ 54 I 1. Alt. HGB | Bevollmächtigung zur Vornahme von Geschäften und Rechtshandlungen, die der Betrieb eines solchen Handelsgewerbes gewöhnlich mit sich bringt. Beachte Unterschied zur Generalvollmacht iSd § 167 I BGB. |
| Gesamtprokura<br>§ 48 I HGB | Nur mehrere Prokuristen gemeinsam können einen Kaufmann vertreten. |
| Geschäft iSd<br>§ 343 HGB | Jedes rechtserhebliche willentliche Verhalten. |
| Geschäftsfortführung<br>§ 25 HGB | Der den Schwerpunkt der geschäftlichen Tätigkeit bildende wesentliche Kern wird übernommen. |
| Gewerbe<br>§ 1 ff. HGB | Eine selbständige, entgeltliche und planmäßige auf eine gewisse Dauer angelegte Tätigkeit, die nicht den freien Berufen zuzuordnen ist. |
| Gewinnerzielungsabsicht<br>§ 1 ff. HGB | Die Intention, mit seinen Leistungen einen Überschuss zu erwirtschaften. |
| Gewöhnliche Geschäfte iRd Ladenvollmacht<br>§ 57 HGB | Rechtsgeschäftliche Handlungen, die für die konkrete Branche und den konkreten Ladentyp üblich sind. |
| Grundlagengeschäft<br>§ 49 I HGB | Rechtsgeschäfte, die die Organisation des Handelsgewerbes betreffen (Grundlagengeschäfte werden nicht vom Umfang der Prokura erfasst). |

| Begriff | Definition |
|---|---|
| Grundsatz der Firmenbeständigkeit (-) | Eine Firma darf auch bei Veränderungen des Namens und des Inhabers weitergeführt werden, solange sie nicht gegen den Grundsatz der Firmenwahrheit verstößt. |
| Grundsatz der Firmeneinheit (-) | Ein Unternehmensträger darf für ein Unternehmen nur eine Firma führen. |
| Grundsatz der Firmenwahrheit § 18 II HGB | Das Zeichen darf keine Angaben über geschäftliche Verhältnisse enthalten, die für die angesprochenen Verkehrskreise wesentlich und zudem geeignet sind, diese irrezuführen. |
| Grundsatz der Firmenunterscheidbarkeit § 30 I HGB | Eine Firma muss sich von allen am selben Ort oder derselben Gemeinde befindlichen und in das Handelsregister eingetragenen Firmen deutlich unterscheiden. |
| Gutgläubigkeit iSd § 15 I HGB | Der Dritte kennt die wahre Rechtslage nicht. Eine (grob) fahrlässige Unkenntnis ist unschädlich. |
| Gutgläubigkeit iSd § 366 I HGB | Der Erwerber ist gutgläubig, wenn ihm die Verfügungsbeschränkung des Verfügenden unbekannt oder infolge leichter Fahrlässigkeit unbekannt ist. |
| Gutgläubigkeit iSd § 366 III HGB | Bezieht sich nicht auf den guten Glauben an eine Verfügungsbefugnis des Kommissionärs (bzw. Frachtführers, Spediteurs oder Lagerhalters), sondern auf die Befugnis zum Abschluss von Verträgen, die in Verbindung mit der Besitzverschaffung zur Entstehung des gesetzlichen Pfandrechts führen. |
| Handelsgeschäft iSd § 25 HGB | Ein kaufmännisches Handelsgewerbe. |
| Handelsgeschäft iSd § 343 HGB | Ein Geschäft, an dem mindestens ein Kaufmann beteiligt ist und das zu seinem Handelsgewerbe gehört. |
| Handelsgesellschaft § 6 I HGB | Eine Gesellschaft, die in das Handelsregister eingetragen wird bzw. werden muss. |
| Handelsgewerbe § 1 II HGB | Ein Gewerbe, das einen in kaufmännischer Weise eingerichteten Geschäftsbetrieb erfordert. |
| Handelskauf §§ 373-381 HGB | Ein Rechtsgeschäft, das den Kauf von Waren und Wertpapieren zum Gegenstand hat und das für mindestens eine Partei ein Handelsgeschäft ist. |
| Handelsmakler § 93 I HGB | Wer gewerbsmäßig für andere die Vermittlung von Verträgen über Gegenstände des Handelsverkehrs übernimmt, ohne von ihnen ständig damit betraut zu sein. |

| Begriff | Definition |
| --- | --- |
| Handelsvertreter § 84 I 1 HGB | Wer als selbständiger Gewerbetreibender ständig damit betraut ist, für einen anderen Unternehmer Geschäfte zu vermitteln (Vermittlungsvertreter) oder in dessen Namen abzuschließen (Abschlussvertreter). |
| Handlungsvollmacht § 54 HGB | Vollmacht, die ein Kaufmann im Rahmen seines Handelsgewerbes erteilt und die nicht Prokura ist. |
| In kaufmännischer Weise eingerichteter Gewerbebetrieb § 1 II HGB | Ein Unternehmen, das nach Art und Umfang seiner Tätigkeit am Markt nur überschaubar und kontrollierbar ist, wenn wesentliche Grundzüge des kaufmännischen Wirtschaftens berücksichtigt werden. |
| Kannkaufmann § 2 HGB | Wer ein Kleingewerbe betreibt und kraft Eintragung ins Handelsregister die Kaufmannseigenschaft erlangt. |
| Kaufmännische Einrichtung § 1 II HGB | Strukturen, die ein Kaufmann gewöhnlich für die Organisation und Abwicklung seines Unternehmens benötigt und verwendet. |
| Kaufmännisches Bestätigungsschreiben | Ein Schreiben, das der Absender, der ersichtlich davon ausgeht, dass zwischen den Kontrahenten ein Vertrag bereits abgeschlossen wurde, im unmittelbaren Anschluss an die Verhandlungen versendet, um diese zu bestätigen. |
| Kennzeichnungseignung § 18 I 1 1. HS HGB | Sie kommt einem Zeichen zu, wenn es geeignet ist, sich dem Rechtsverkehr als Bezeichnung eines Unternehmensträgers einzuprägen. |
| Kleingewerbetreibender § 2 HGB | Wer ein Gewerbe betreibt, aber einen in kaufmännischer Weise eingerichteten Gewerbebetrieb nicht erfordert. |
| Kommissionsagent §§ 84 ff. HGB analog | Selbständiger Gewerbetreibender, der ständig damit betraut ist, im eigenen Namen, aber für Rechnung eines anderen Unternehmers, Verträge abzuschließen. |
| Kommissionär § 383 HGB | Wer gewerbsmäßig entweder als Kaufmann oder als nicht eingetragener Kleingewerbetreibender (§ 383 II 2) im eigenen Namen, aber auf Rechnung eines anderen (Kommittent), Geschäfte abschließt. |
| Kommittent § 383 HGB | Der Auftraggeber, für dessen Rechnung der Kommissionär tätig wird. |
| Konstitutive Eintragung | Eine Eintragung, die die materielle Wirkung der eingetragenen Tatsache erst herbeiführt. |
| Kontokorrent § 355 HGB | Eine Form der Leistungsabwicklung, die eine gegenseitige Verrechnung von beidseitigen Forderungen und Verbindlichkeiten zweier Vertragspartner durch Feststellung eines Saldos zum Gegenstand hat. |

| Begriff | Definition |
|---|---|
| Laden<br>§ 57 HGB | Für das Publikum offenstehende Räume, in denen der Inhaber seine Geschäfte betreibt und am Markt auftritt. |
| Ladenvollmacht<br>§ 57 HGB | Die Bevollmächtigung zur Vornahme von rechtsgeschäftlichen Handlungen, die in dem in Rede stehenden Laden gewöhnlich vorgenommen werden. |
| Land- und forstwirtschaftliche Tätigkeit<br>§ 3 HGB | Die Bearbeitung und Ausnutzung des Bodens mit dem Ziel, organische Stoffe zu gewinnen. |
| Negative Publizität<br>§ 15 I HGB | Ein Dritter darf auf eine Nichteintragung bzw. -bekanntmachung vertrauen. |
| Planmäßig und auf gewisse Dauer angelegt<br>§ 1 ff. HGB | Eine Tätigkeit, die auf eine unbestimmte Vielzahl von Geschäftsabschlüssen ausgerichtet ist und nicht von Anfang an die Erreichung eines eng umgrenzten Erfolges bezweckt. |
| Positive Publizität<br>§ 15 III HGB | Ein Dritter darf auf die fälschlicherweise eingetragene und bekanntgemachte Tatsache vertrauen. |
| Prokura<br>§ 48 ff. HGB | Eine rechtsgeschäftlich erteilte Vertretungsmacht, deren Umfang gesetzlich bestimmt ist. |
| Saldo<br>§ 355 HGB | Der Überschuss der gegenseitigen Forderungen und Verbindlichkeiten, der einem der Vertragspartner zusteht. |
| Scheinkaufmann<br>(-) | Wer in zurechenbarer Weise den Eindruck einer Kaufmannseigenschaft erweckt und damit kausal das rechtsgeschäftliche Handeln eines gutgläubigen Dritten herbeigeführt hat. |
| Selbständigkeit<br>§ 84 I 2 HGB | Selbständig ist, wer im Wesentlichen frei seine Tätigkeit gestalten und seine Arbeitszeit bestimmen kann. |
| Spezialhandlungsvollmacht<br>§ 54 I 3. Alt. HGB | Bevollmächtigung zur Vornahme einzelner, zu einem Handelsgewerbe gehörender Geschäfte. |
| Ständige Betrauung<br>§ 84 I 1 HGB | Ständig betraut ist derjenige, dessen Tätigkeit auf eine Vielzahl von Vertragsabschlüssen gerichtet und auf eine gewisse Dauer angelegt ist. |
| Unterscheidungskraft<br>§ 18 I 1 2. HS HGB | Die Eignung einer Firma, einen Unternehmensträger von einem anderen zu unterscheiden. |
| Untersuchung<br>§ 377 I HGB | Ein tatsächlicher Vorgang, der die Mangelhaftigkeit der abgelieferten Sache feststellen soll. |

| Begriff | Definition |
|---|---|
| Unverzüglichkeitsgebot § 25 HGB | Danach muss die Anmeldung zur Eintragung im Handelsregister oder die sonstige Mitteilung unverzüglich (ohne schuldhaftes Zögern) nach der Unternehmensübernahme erfolgen, damit die Haftung wirksam ausgeschlossen wird. |
| Veranlasserprinzip § 15 III HGB | Es muss sich nur derjenige eine unrichtige Bekanntmachung zurechnen lassen, der durch sein Handeln zumindest mittelbar das Tätigwerden des Registergerichts veranlasst hat. |
| Vertragshändler (analog §§ 84 ff. HGB) | Ein Gewerbetreibender, der im eigenen Namen und auf eigene Rechnung Waren des Herstellers (bzw. Lieferanten) vertreibt und dabei in die Absatzorganisation des Herstellers eingegliedert ist. |
| Zweigniederlassung § 13 HGB | Ein Unternehmensteil, der eine gewisse Eigenständigkeit innehält und sich in dauerhafter räumlicher Trennung von der Hauptniederlassung befindet. |

## Gesellschaftsrecht

| Begriff | Definition |
|---|---|
| Abspaltungsverbot | Ansprüche, die den Gesellschaftern aus dem Gesellschaftsverhältnis gegeneinander zustehen, sind nicht übertragbar |
| Akzessorietätstheorie | Der handelnde Gesellschafter verpflichtet kraft seiner Vertretungsmacht nur die Gesellschaft. Seine und die Haftung der Mitgesellschafter folgt aus einer analogen Anwendung des § 128 HGB. |
| Bareinlage | Erbringung der geschuldeten Einlage als Geldleistung. |
| Bestimmtheitsgrundsatz | Aus der Mehrheitsentscheidungen zulassenden Klausel im Gesellschaftsvertrag muss sich eindeutig ergeben, über welche Beschlussgegenstände mit Mehrheit entschieden werden kann. |
| Doppelverpflichtungstheorie | Die Gesellschafter haften für rechtsgeschäftliche Verbindlichkeiten persönlich, wenn der handelnde Gesellschafter beim Abschluss des Rechtsgeschäfts nicht nur die Gesellschaft, sondern auch die anderen Gesellschafter wirksam vertritt. |
| Einfache Nachfolgeklausel | Klausel im Gesellschaftsvertrag, nach der die Gesellschaft mit den Erben fortgesetzt wird, ohne dass in der Klausel bestimmte Personen als Erben genannt werden. |
| Einlage des Kommanditisten | Beitrag, den zu erbringen sich der Kommanditist im Gesellschaftsvertrag verpflichtet hat, um das haftende Vermögen der Gesellschaft zu vermehren. |
| Einlagen | Beiträge, die zur Eigenkapitalbildung in das Gesellschaftsvermögen zu erbringen sind, um die Haftungsmasse zu mehren. |
| Eintrittsklausel | Klausel, die bestimmten Personen das Recht einräumt, im Falle des Todes eines Gesellschafters in die Gesellschaft einzutreten. |
| Erfüllungstheorie | Der Gesellschafter, der gegenüber einem Dritten für Verbindlichkeiten der Gesellschaft haftet, schuldet diesem die Erfüllung der Verbindlichkeit in natura, also dasselbe, das dieser von der Gesellschaft erlangt hätte. |
| Existenzvernichtender Eingriff | Gezielter, betriebsfremden Zwecken dienender und kompensationsloser Entzug von Vermögenswerten, die die Gesellschaft zur Begleichung ihrer Verbindlichkeiten benötigt. |
| Fortsetzungsklausel | Klausel im Gesellschaftsvertrag, der zufolge die Gesellschaft beim Tod eines Gesellschafters unter den verbleibenden Gesellschaftern fortgesetzt wird. |

| Begriff | Definition |
|---|---|
| Geschäftsführung | Jede auf die Verfolgung des Gesellschaftszwecks gerichtete Tätigkeit der Gesellschafter. |
| Grundsatz der Selbstorganschaft | Die Gesellschafter selbst sind dazu berufen, die Geschäfte der Gesellschaft zu führen und diese gegenüber Dritten zu vertreten. |
| Haftsumme | Betrag, auf den die Haftung des Kommanditisten gegenüber den Gläubigern einer KG der Höhe nach beschränkt ist; Haftungsobergrenze im Außenverhältnis. |
| Haftungstheorie | Der Gesellschafter, der gegenüber einem Dritten für Verbindlichkeiten der Gesellschaft haftet, haftet dem Gläubiger stets nur auf das Interesse, schuldet ihm also immer nur Geld. |
| Handelndenhaftung | Haftung für ein Handeln im Namen der Gesellschaft vor deren Eintragung nach § 11 Abs. 2 HGB. |
| Hin- und Herzahlen | Der Einlagebetrag soll absprachegemäß, z.B. als Darlehen oder auf Grund einer Treuhandabrede, wieder an den Einleger zurückfließen. |
| Kaduzierung | Verfahren nach §§ 21 ff. GmbHG, nach dem der Ausschluss eines säumigen Gesellschafters ermöglicht wird. |
| Kernbereichslehre | Es existiert ein Kernbereich von Rechten, die nicht der Disposition der Mehrheit unterliegen. |
| Kommanditist | Gesellschafter einer KG, bei dem die Haftung gegenüber Gesellschaftergläubigern auf den Betrag einer bestimmten Vermögenseinlage beschränkt ist. |
| Komplementär | Gesellschafter einer KG, dessen Haftung gegenüber Gesellschaftergläubigern nicht beschränkt ist, sondern die unbeschränkt persönlich haften. |
| Lehre von der fehlerhaften Gesellschaft | Bei einer in Vollzug gesetzten Gesellschaft können Nichtigkeits- und Anfechtungsgründe nur für die Zukunft berücksichtigt werden. |
| Qualifizierte Nachfolgeklausel | Klausel im Gesellschaftsvertrag, nach der die Gesellschaft mit bestimmten, in der Klausel benannten Erben fortgesetzt wird. |
| Quotenschaden | Schaden, der einem Altgläubiger einer GmbH dadurch entstanden ist, dass die zu erzielende Quote verringert worden ist, weil das zum Zeitpunkt der Insolvenzreife bestehende Vermögen durch die verzögerte Antragsstellung noch weiter geschmälert wurde. |
| Sacheinlage | Jede Form der Einlage, die nicht in Geld besteht. |

| Begriff | Definition |
| --- | --- |
| Sozialansprüche | Ansprüche, die der Gesellschaft gegen einzelne Gesellschafter zustehen und die aus dem Gesellschaftsverhältnis herrühren. |
| Sozialverpflichtungen | Ein auf dem Gesellschaftsverhältnis beruhender Anspruch des Gesellschafters gegen die Gesellschaft. |
| Verdeckte Sacheinlage | Zwar ist die Erbringung einer Bareinlage vereinbart, jedoch wird diese unter eine Abrede gestellt, so dass der Gesellschaft letztlich kein Geld, sondern ein Sachwert zufließt. |
| Vermögenstheorie | Gesellschafter sind Inhaber eines dinglich gebundenen Gesamthandsvermögens, das von dem Privatvermögen der Gesellschafter strikt zu trennen ist. |
| Verlustdeckungshaftung | Haftung der Gesellschafter für die im Gründungsstadium begründeten Verbindlichkeiten. |
| Vinkulierung | Verknüpfung der Wirksamkeit der Abtretung von Geschäftsanteilen mit bestimmten Voraussetzungen, zum Beispiel der Genehmigung der Gesellschaft. |
| Vorbelastungshaftung | Die Gesellschafter haften der Gesellschaft anteilig auf den Ausgleich des Differenzbetrags, der sich am Stichtag der Eintragung zwischen dem Wert des Gesellschaftsvermögens und dem Stammkapital ergibt. |
| Vorgesellschaft/ Vor-GmbH | Gesellschaft sui generis, die mit formgerechtem Abschluss des Gesellschaftsvertrages entsteht, bis zur Eintragung der GmbH fortdauert und mit der späteren GmbH identisch ist. |
| Vorgründungsgesellschaft/Vorvertragsgesellschaft | Innen-GbR, die im Vorgründungsstadium der GmbH bis zur notariellen Beurkundung des Gesellschaftervertrages besteht. |

## Bankrecht

| Begriff | Definition |
|---|---|
| Abstrakte Sicherheiten | Sicherheiten, die in ihrem rechtlichen Bestand von der gesicherten Forderung unabhängig sind und auch nach deren Tilgung noch dem Darlehensgeber zustehen, z.B. Sicherungsgrundschuld, Sicherungsübereignung, Sicherungsabtretung. |
| AGB-Banken / -Sparkassen | Die AGB-Banken und die im Wesentlichen gleichlautenden AGB-Sparkassen enthalten zahlreiche wichtige Vereinbarungen für die privatrechtliche Geschäftsbeziehung zwischen Bank und Kunde. Sie werden stets in die geschlossenen Verträge einbezogen und haben im Massengeschäft in Kombination mit den Sonderbedingungen für einzelne Geschäftsfelder zentrale Bedeutung. |
| Akzeptkredit | Die Grundform des sog. Haftungskredits, bei dem die Bank einen auf sie gezogenen Wechsel (nach dem Wechselgesetz) akzeptiert, womit sie für dessen Einlösung haftet, und dem Aussteller (Kunden) so die Möglichkeit gibt, den Wechsel als Zahlungsmittel oder zur Geldbeschaffung durch Veräußerung des Wechsels zu verwenden. |
| Akzessorische Sicherheiten | Sicherheiten, die in ihrem rechtlichen Bestand von der gesicherten Forderung abhängig sind und automatisch erlöschen, soweit das Darlehen zurückgezahlt wurde, z.B. Pfandrecht, Bürgschaft, Hypothek (mit der Besonderheit, dass eine Eigentümergrundschuld entsteht, soweit das Darlehen zurückgezahlt wurde). |
| Allgemeiner Bankvertrag | Von einer Mindermeinung angenommener konkludent geschlossener Rahmenvertrag zwischen Bank und Kunde, aus dem als Dauerschuldverhältnis besondere Sorgfalts-, Verhaltens- und Berufspflichten hergeleitet werden sollen und der übergeordnet zu den einzelnen Verträgen bestehen soll. Die Lehre vom Allgemeinen Bankvertrag wird vom BGH und der überwiegenden Lit. zu Recht als überflüssig abgelehnt. |
| Allgemein-Verbraucherdarlehen | Gemäß § 491 Abs. 2 S. 1 BGB ist dies ein entgeltlicher Darlehensvertrag zwischen einem Unternehmer (§ 14 BGB) als Darlehensgeber und einem Verbraucher (§ 13 BGB) oder einem Existenzgründer (§ 512 BGB) als Darlehensnehmer. Ausnahmen sind in § 491 Abs. 2 S. 2 BGB geregelt, insb. sind die sog. Immobiliar-Verbraucherdarlehen gesondert geregelt |

| Begriff | Definition |
|---|---|
| Anderkonto | Treuhandkonto, auf dem der Kontoinhaber fremdes Geld verwaltet, das ihm von einem Treugeber zur Verfügung gestellt wurde. Oftmals geführt von Notaren, Rechtsanwälten oder Steuerberatern, die hierauf Kundengelder für bestimmte Geschäftsvorfälle treuhänderisch verwalten. |
| Anlageberatung | Anlageberatung ist die vertraglich gewollte und aufgrund besonderer Sachkunde erteilte informierende Aufklärung und bewertende Beurteilung bestimmter Anlageformen, die sich bezieht auf eine konkret ins Auge gefasste oder zunächst unbestimmt gewollte Anlage wie auch auf die persönlichen und wirtschaftlichen Verhältnisse dessen, der die Beratung in Anspruch nimmt. § 2 Abs. 3 Nr. 9 WpHG definiert Anlageberatung als die Abgabe von persönlichen Empfehlungen an Kunden oder deren Vertreter, die sich auf Geschäfte mit bestimmten Finanzinstrumenten beziehen, sofern die Empfehlung auf eine Prüfung der persönlichen Umstände des Anlegers gestützt oder als für ihn geeignet dargestellt wird und nicht ausschließlich über Informationsverbreitungskanäle oder für die Öffentlichkeit bekannt gegeben wird. |
| Anlagevermittlung | Bei der Anlagevermittlung vertreibt der Vermittler, in der Regel für einen Kapital suchenden Dritten, bestimmte Kapitalanlagen, z.B. Aktien, sonstige Wertpapiere usw. § 2 Abs. 3 Nr. 4 WpHG definiert Anlagevermittlung als die Vermittlung von Geschäften über die Anschaffung und die Veräußerung von Finanzinstrumenten. |
| Anleger- und objektgerechte Beratung | Banken sind ihren Kunden im Rahmen eines Beratungsvertrags zu einer anleger- und objektgerechten Beratung verpflichtet.<br><br>Die anlegergerechte Beratung bezieht sich auf die zu beratende Person, insbesondere auf seine wirtschaftlichen Verhältnisse. Entscheidend für die Pflichten der Bank sind insoweit die Wünsche und Vorstellungen des Kunden und Beratungsempfängers, ferner sein Informationsstand und Erfahrungshorizont sowie seine objektiven wirtschaftlichen Interessen und seine finanzielle Situation. Wichtig hierfür ist die Einordnung des Kunden als in solchen Geschäften entweder unerfahrenen, „unprofessionellen“ Privatkunden oder als ausreichend erfahrenen, versierten und informierten professionellen Kunden. Eine anlegergerechte Beratung setzt demnach voraus, dass die Bank den Wissensstand des Kunden über Anlagegeschäfte der vorgesehenen Art, seine Risikobereitschaft und sein Anlageziel berücksichtigt. Nicht erforderlich ist es, dass der Anlageberater den Kunden ausdrück- |

| Begriff | Definition |
|---|---|
| | lich zu diesen Umständen befragt, wenn ihm die für eine anlegergerechte Beratung relevanten Umstände bereits bekannt sind.<br>Die objektgerechte Beratung bezieht sich auf die konkret gewünschte oder als möglich ins Auge gefasste Anlageform. Hier richten sich die Pflichten der Bank in erster Linie danach, welche Anlageobjekte gewollt und mit welchen Vermögensrisiken diese verbunden sind. Eine objektgerechte Beratung erfordert demnach eine Aufklärung des Kunden über die allgemeinen Risiken (z.B. Konjunkturlage, Entwicklung des Kapitalmarkts) sowie die speziellen Risiken, die sich aus den besonderen Umständen des Anlageobjekts ergeben. Während eine Aufklärung über diese Umstände richtig und vollständig zu sein hat, muss die Bewertung und Empfehlung eines Anlageobjekts unter Berücksichtigung der genannten Gegebenheiten ex ante betrachtet lediglich vertretbar sein. Der Kunde trägt damit das Risiko, dass sich eine Anlageentscheidung im Nachhinein als falsch erweist. |
| Annuitätendarlehen | Ratenkredit, der mit regelmäßigen (i.d.R. monatlichen oder vierteljährlichen) gleichbleibenden Raten (Annuitäten) zurückgezahlt wird. In der Annuität sind Tilgung und Zinsen enthalten, wobei der Zinsanteil mit jeder Zahlung wegen der Rückführung der verzinslichen Darlehensforderung abnimmt und der Tilgungsanteil sich gleichermaßen erhöht. |
| Atypische Sicherheiten | Hierbei handelt es sich um Vereinbarungen, die den Rückzahlungsanspruch des Darlehensgebers stützen sollen, ohne einen direkten zusätzlichen wirtschaftlichen Wert zu verschaffen. Z.B. Positiv- und Negativerklärungen oder Rangrücktrittserklärungen |
| Automatisierte/elektronische Zahlungssysteme | Hierunter werden eine Reihe von Geschäften des bargeldlosen Zahlungsverkehrs zusammengefasst, wie z.B. das Geldautomatensystem, die Electronic-cash-Systeme durch Debitkartenzahlung in Geschäften mittels Geheimnummer oder Unterzeichnung eines Einzugsauftrages, die Zahlung mittels Geldkarte, das Online-Banking sowie das Elektronische Geld (E-Geld, Netzgeld), mit dem in Zahlungssystemen im Internet bezahlt wird. |
| Avalkredit | Übernahme einer Bürgschaft (Aval) durch die Bank im Auftrag des Kunden einem Dritten gegenüber, z.B. Mietbürgschaft, Gewährleistungsbürgschaft. Es handelt sich für die Bank um eine Eventualverbindlichkeit, da ihre Inanspruchnahme ungewiss ist. Im Falle ihrer Inanspruchnahme kann sie bei ihrem Kunden Regress nehmen. |

| Begriff | Definition |
|---|---|
| Bankaufsichtsrecht | Teil des öffentlichen Bankrechts, das die Funktionssicherheit des Bankwesens gewährleisten soll. Im Hinblick auf die nationale Bankaufsicht ist dieses ganz überwiegend im Kreditwesengesetz geregelt. Daneben finden sich aufsichtsrechtliche Bestimmungen im Kapitalanlagegesetzbuch, im Bausparkassengesetz und im Geldwäschegesetz. Die Bankaufsicht wird von der Bundesanstalt für Finanzdienstleistungsaufsicht wahrgenommen. |
| Bankentgelte | Bankentgelte ist der Oberbegriff für die von den Kreditinstituten für ihre Leistungen beanspruchten unterschiedlichen Gegenleistungen bzw. Entschädigungen in Form von Zinsen, Entgelten, Aufwendungsersatz und Schadensersatz (ggf. als Pauschalen). Unter bestimmten Voraussetzungen unterliegen die zugrundeliegenden AGB-Klauseln einer richterlichen Inhaltskontrolle. |
| Bankgeheimnis | Eine gesetzlich in Deutschland nicht geregelte, sich als Nebenpflicht aus der Vertragsbeziehung zwischen Bank und Kunde ergebende Verpflichtung der Bank, auf die Rechte und Interessen des Kunden Rücksicht zu nehmen und kundenbezogene Tatsachen und Wertungen vertraulich zu behandeln. Es findet Erwähnung in Nr. 1 Abs. 1 AGB-Sparkassen und wird auch in § 30a Abgabenordnung vorausgesetzt. |
| Bankkonto | Von einer Bank für einen Kunden geführte Abrechnung über die einzelnen Teile der Geschäftsbeziehung. Es gibt je nach Art des zugrunde liegenden Vertrages unterschiedliche Kontoarten (Zahlungskonto, Sparkonto, Darlehenskonto usw.). Das Konto ist auch Teil der kaufmännischen Buchführungspflicht der Bank. |
| Bankrecht | Die Summe aller Regelungen, die für die einzelnen Bankgeschäfte gelten, und solche Regelungen, die das Bankgewerbe als Institution betreffen. |
| Basel II, III | In den Regelwerken Basel II und III werden vom Baseler Ausschuss für Bankenaufsicht – als Folge der Finanzmarktkrisen – erhöhte Eigenkapitalanforderungen für Banken definiert. |
| Bereitstellungsprovision | In Form eines Prozentsatzes vom (Rest-)Darlehensbetrag ausgedrücktes Entgelt für die Bereithaltung eines Darlehens zur Auszahlung an den Darlehensnehmer auf dessen Abruf. Die Bank vereinbart dies regelmäßig ab einem bestimmten Zeitpunkt nach Abschluss des Darlehensvertrages als Gegenleistung dafür, dass sie die (noch nicht oder nicht vollständig vom Darlehensnehmer abgerufene) Darlehensvaluta selbst refinanzieren und sodann für |

| Begriff | Definition |
|---|---|
| | den Abruf durch den Kunden verfügbar halten muss, ohne bereits den Darlehenszins berechnen zu können (mangels Auszahlung). |
| Besitzmittlungsverhältnis | Rechtsverhältnisses im Sinne des § 868 BGB, vermöge dessen der unmittelbare Besitzer einer Sache einem anderen gegenüber auf Zeit zum Besitz berechtigt oder verpflichtet ist (letzterer ist der mittelbare Besitzer). Im Kreditsicherungsrecht ist die Sicherungsabrede in einem Sicherungsübereignungsvertrag z.B. ein solches Rechtsverhältnis, das ein Besitzmittlungsverhältnis im Sinne des § 868 BGB darstellt. |
| Bestimmtheitsgrundsatz | Bei der Übereignung einer Sache zur Sicherheit oder der Abtretung einer bestehenden Forderung zur Sicherheit sind diese so eindeutig im Sicherungsvertrag zu bezeichnen, dass allein anhand dieses Vertrages ohne Hinzuziehung weiterer Unterlagen eindeutig festgestellt werden kann, welche Sache übereignet bzw. welche Forderung abgetreten wurde. |
| Bundesanstalt für Finanzdienstleistungsaufsicht (BAFin) | Seit 2002 bestehende deutsche Aufsichtsbehörde für Banken und Finanzdienstleistungsunternehmen, die für die Umsetzung des Bankaufsichtsrechts und die Kontrolle der Institute zuständig ist. |
| Bürgschaft | Gemäß § 765 BGB ist dies die Verpflichtung des Bürgen gegenüber dem Gläubiger eines Dritten, für die Verbindlichkeit des Dritten einzustehen. |
| Deckungsverhältnis | Beschreibt bei einem bargeldlosen Zahlungsvorgang gleich welcher Art das Rechtsverhältnis zwischen dem Zahler und seiner Bank (Zahlungsdienstleister). |
| Disagio | Zinsvorauszahlung in einer Summe bei Auszahlung des Darlehens, um die monatliche Zinsbelastung zu reduzieren. Es wird von der Bank ein bestimmter Betrag von dem auszuzahlenden Darlehensbetrag sogleich abgesetzt und als Vorauszahlung auf die Zinsschuld einbehalten. Es handelt sich aber gleichwohl um ein laufzeitabhängiges Entgelt. Der Zeitraum, auf den das Disagio zu verteilen sein soll, wird regelmäßig im Vertrag vereinbart. Im Falle einer vorzeitigen Rückzahlung des Darlehens kann daher ein Erstattungsanspruch bestehen. |
| Drei Säulen des Bankwesens | Hiermit werden die drei (Banken-)Institutsgruppen in Deutschland bezeichnet: die öffentlich-rechtlichen Landesbanken und Sparkassen, die genossenschaftsrechtlichen Volks- und Raiffeisenbanken sowie die privatrechtlichen Großbanken und Privatbankiers. |

| Begriff | Definition |
|---|---|
| Drittschuldnererklärung | Gemäß § 840 ZPO von der Bank innerhalb von zwei Wochen ab Zustellung eines Pfändungs- und Überweisungsbeschlusses gegenüber einem Pfändungsgläubiger abzugebende Wissenserklärung über das Bestehen und den Umfang gepfändeter Ansprüche des Kunden (Vollstreckungsschuldner) gegen die Bank (Drittschuldner). |
| Drittsicherheiten | Die von einer anderen Person als dem Darlehensnehmer selbst gewährte Sicherheit. Bürgschaften und Garantien sind stets Drittsicherheiten, aber auch alle anderen Sicherheiten können als Drittsicherheiten gewährt werden. |
| Eingang vorbehalten | Die Banken schreiben Einzugspapiere (Schecks, Lastschriften) den Konten ihrer Kunden jeweils unter der Bedingung gut, dass diese von den Zahlungspflichtigen letztlich bei Vorlage auch eingelöst werden. Geht das Geld von diesen nicht ein, weil die Lastschrift oder der Scheck z.B. mangels Deckung des Kontos des Zahlungspflichtigen nicht eingelöst werden konnte, wird die Gutschrift auf dem Kundenkonto wieder rückgängig gemacht. |
| Einlagensicherung | Sicherungssystem, das im Falle einer Bankinsolvenz jedenfalls einen Teil der Kundengelder (jeweils mind. 20.000 €) gewährleistet. Neben der Mindestabsicherung haben die verschiedenen Institutsgruppen in Deutschland unterschiedliche zusätzliche Sicherungssysteme aufgebaut, über die weitere Beträge abgesichert werden. |
| Einrede der Vorausklage | Der Bürge kann gemäß § 771 BGB die Befriedigung des Gläubigers im Wege der Einrede der Vorausklage verweigern, solange nicht der Gläubiger eine Zwangsvollstreckung gegen den Hauptschuldner ohne Erfolg versucht hat. Auf diese Einrede kann der Bürge aber bereits im Vorwege verzichten und übernimmt dann eine sog. „selbstschuldnerische Bürgschaft". |
| Einzelabtretung | Abtretung einer einzelnen Forderung zur Sicherheit an den Darlehensgeber. |
| Einzelkonto | Einer natürlichen oder juristischen Person als alleinigem Kontoinhaber zustehendes Konto. |
| electronic-cash-System | Zahlung von Waren oder Dienstleistungen mit einer Debitkarte an einer automatisierten Kasse des Unternehmens entweder im POS-Verfahren (Geheimnummer) oder im Elektronischen Lastschriftverfahren (Unterzeichnung Abbuchungsmandat). |

| Begriff | Definition |
| --- | --- |
| Elektronisches Geld | Als „E-Geld“ oder „Netzgeld“ wird der (i.d.R. im Internet) elektronisch gespeicherte Gegenwert einer Forderung gegen den jeweiligen Emittenten bezeichnet. Der Kunde lässt dem Emittenten z.B. durch Überweisung auf ein Konto einen entsprechenden Geldbetrag zukommen, der ihm sodann als E-Geld für Zahlungsvorgänge z.B. im Internet zur Verfügung gestellt wird (z.B. Guthaben bei „Paypal“). |
| Elektronisches Lastschriftverfahren | Beim ELV zahlt der Kunde mit seiner Debitkarte an einer automatisierten Kasse eine Ware oder Dienstleistung, indem über den geschuldeten Betrag ein Leistungsbeleg erstellt und von dem Kunden unterzeichnet wird. Dies ermächtigt den Unternehmer den Betrag mittels (elektronischer) Lastschrift vom Konto des Kunden abzubuchen. Eine Zahlungsgarantie besteht indes nicht, so dass eine Einlösung bei mangelnder Kontodeckung nicht erfolgt. |
| Emittentenrisiko | Bezeichnet das Risiko, dass ein Anleger sein in ein bestimmtes Wertpapier investiertes Geld wegen der Insolvenz des Emittenten nicht zurück erhält. Emittent ist eine Institutionen, die zum Zwecke der Kapitalbeschaffung Wertpapiere oder ähnliche Urkunden auf den Geld- oder Kapitalmärkten ausgibt oder mithilfe eines Bankenkonsortiums ausgeben lässt. |
| Execution-only | Unter „Execution-only“ versteht die Bankpraxis die Durchführung von Wertpapiergeschäften ohne vorhergehende Beratung. Die Dienstleistung der Bank beschränkt sich im Wesentlichen auf die Ausführung und Abrechnung der Aufträge. Es sind hierbei zwei verschiedene Grundtypen von Geschäften zu unterscheiden: Das absolute „Execution-only-Geschäft“, das in § 31 Abs. 7 WpHG erwähnt wird, ist eine Geschäftsform, bei der die Bank sich auf die reine Ausführung von Wertpapieraufträgen (z.B. Aktienkäufe) beschränken darf, ohne irgendwelche Prüfungs- oder Warnpflichten erfüllen zu müssen. In der Praxis hat diese Geschäftsform nur geringe Bedeutung, da sie auf sog. nicht-komplexe Finanzinstrumente beschränkt ist. Häufiger kommen demgegenüber sog. „beratungsfreie Geschäfte“, geregelt in § 31 Abs. 5 WpHG, vor. Die Bank muss bei Eingang solcher Aufträge prüfen, ob der betroffene Kunde über die erforderlichen Kenntnisse und Erfahrungen verfügt, um die Risiken im Zusammenhang mit der Art der Finanzinstrumente angemessen beurteilen zu können (sog. „Angemessenheitsprüfung“, § 31 Abs. 5 S. 1 und 2 WpHG). |

| Begriff | Definition |
|---|---|
| Existenzgründer | Gemäß § 512 BGB ist dies eine Person, die ein Darlehen mit einem Nettobetrag von maximal 75.000 € für die Aufnahme einer gewerblichen oder selbstständigen beruflichen Tätigkeit aufnimmt. Dies führt zur Anwendbarkeit der verbraucherschützenden Vorschriften über Verbraucherdarlehen und erweitert daher den „Verbraucherbegriff“ des § 13 BGB für das Darlehensgeschäft. |
| Explorationspflicht | Nach § 31 Abs. 4 S. 1 WpHG i.V.m. § 6 WpDVerOV besteht im Rahmen der Anlageberatung eine Pflicht der Bank, sich umfassend über den Anleger zu informieren, soweit das für eine geeignete Anlage erforderlich ist. Dazu gehören Informationen über die Erfahrungen und Kenntnisse des Kunden in Bezug auf Geschäfte mit bestimmten Arten von Finanzinstrumenten, sein beruflicher Hintergrund, seine Anlageziele, seine finanziellen Verhältnisse und seine Risikobereitschaft. |
| Freigabeanspruch | Anspruch auf Rückgewähr einer abstrakten Sicherheit nach vollständiger oder teilweiser Rückzahlung des gesicherten Darlehens. |
| Garantie | Abstrakte Sicherheit, bei der der Garant für die Verschaffung eines bestimmten Betrages unabhängig von einer gesicherten Forderung die Haftung übernimmt. |
| Geeignetheitsprüfung | Die Bank ist im Rahmen einer Anlageberatung aufsichtsrechtlich zu einer individuellen Geeignetheitsprüfung verpflichtet. Das konkrete Geschäft muss mit den Anlagezielen des Kunden übereinstimmen. Die daraus erwachsenen Anlagerisiken müssen für ihn finanziell tragbar sein und der Kunde muss mit seinen Kenntnissen und Erfahrungen diese Risiken verstehen können (§ 31 Abs. 4 S. 2 WpHG). Danach ungeeignete Anlageprodukte dürfen nicht empfohlen werden. |
| Gelddarlehen | Grundform des Zahlungskredits. Überlassung einer bestimmten Geldsumme als Darlehen im Sinne des § 488 BGB. |
| Geldkarte | Der Kunde kann einen bestimmten Betrag (i.d.R. max. 200 €) z.B. von seinem Zahlungskonto auf einen Mikrochip auf der Geldkarte übertragen (ein solches „Aufladen“ ist z.B. auch am Geldautomaten möglich) und diese sodann als Zahlungsmittel bei Unternehmen, die dieses Zahlungsmittel akzeptieren, verwenden. Die geschuldeten Beträge werden bei Vorlage der Geldkarte von dem Chip abgebucht und auf das Konto des Unternehmens übertragen. Dies dient insbesondere der Bezahlung von Kleinbeträgen. |

| Begriff | Definition |
|---|---|
| Gemeinschaftskonto | Mehreren Personen als Mitkontoinhaber zustehendes Konto. Es wird zwischen „Und-Konten" (gemeinschaftliche Verfügungsberechtigung aller Kontoinhaber) und „Oder-Konten" (alleinige Verfügungsberechtigung der jeweiligen Kontoinhaber) unterschieden. |
| Globalabtretung (-zession) | Abtretung einer Vielzahl bestehender und künftiger Forderungen aus dem Geschäftsbetrieb des Sicherungsgebers zur Sicherung eines Darlehens. Bei der Globalzession gehen die im Vertrag bezeichneten künftigen Forderungen bereits mit ihrer Entstehung auf den Sicherungsnehmer über. |
| (Sicherungs-) Grundschuld | Belastung eines Grundstücks in der Weise, dass an denjenigen, zu dessen Gunsten die Belastung erfolgt, eine bestimmte Geldsumme aus dem Grundstück zu zahlen ist (§ 1191 BGB). Bei der Sicherungsgrundschuld (§ 1192 Abs. 1a BGB) dient die Grundschuld der (abstrakten) Sicherung eines Anspruchs, z.B. Darlehensrückzahlungsanspruch. |
| Honorarberatung | Mit dem „Gesetz zur Förderung und Regulierung einer Honorarberatung über Finanzinstrumente (Honoraranlageberatungsgesetz)" vom 25.4.2013 wird zusätzlich zur bisherigen Anlageberatung unter dem Begriff der Honorar-Anlageberatung eine neue gesetzlich definierte Form der Anlageberatung geschaffen. An diese Dienstleistung werden Anforderungen gestellt, die über die Anforderungen an die herkömmliche Anlageberatung hinausgehen: Das bestehende Zuwendungsverbot nach dem Wertpapierhandelsgesetz wird ausgeweitet und die Honorar-Anlageberatung darf (in Abgrenzung zur Provisionsberatung) nur gegen Honorar des Kunden erbracht werden, vgl. §§ 31 Abs. 4b-4d WpHG. Gemäß § 31 Abs. 4b WpHG muss ein Wertpapierdienstleistungsunternehmen, das Anlageberatung erbringt, Kunden vor Beginn der Beratung und vor Abschluss des Beratungsvertrages rechtzeitig und in verständlicher Form darüber informieren, ob die Anlageberatung als Honorar-Anlageberatung erbracht wird. Ist dies nicht der Fall, ist dem Kunden mitzuteilen, ob im Zusammenhang mit der Anlageberatung Zuwendungen von Dritten angenommen und behalten werden dürfen. |
| Hypothek | Belastung eines Grundstücks in der Weise, dass an denjenigen, zu dessen Gunsten die Belastung erfolgt, eine bestimmte Geldsumme zur Befriedigung wegen einer ihm zustehenden Forderung aus dem Grundstück zu zahlen ist (§ 1113 BGB). Es handelt sich hierbei um eine akzess- |

| Begriff | Definition |
|---|---|
| | orische Sicherheit, die in der Praxis nahezu keine Bedeutung mehr hat, da sie durch die abstrakte Grundschuld verdrängt wurde. |
| IBAN / BIC | „International Bank Account Number“ (neue EU-einheitliche internationale Kontonummer für Zahlungen im SEPA-Raum). „Bank Identifier Code“ (neue EU-einheitliche internationale Bankleitzahl für Zahlungen im SEPA-Raum). |
| IBAN (Kontonummer) | Dies ist die individuelle Nummer eines bestehenden Kontos, mit dem es genau identifiziert und z.B. mit Geldüberweisungen von außen angesprochen werden kann. Im Rahmen der Internationalisierung des Zahlungsverkehrs wurde die frühere Kontonummer nunmehr ersetzt durch die sog. IBAN (International Bank Account Number), die aus einer Kombination der bisherigen Kontonummer und der Bankleitzahl (jetzt „BIC“ – Bank Identifier Code) besteht. |
| Immobiliar-Verbraucherdarlehen | Gemäß § 491 Abs. 3 BGB ist dies ein Verbraucherdarlehen, das durch ein Grundpfandrecht oder einer Reallast besichert ist oder für den Erwerb oder die Erhaltung des Eigentumsrechts insbesondere an Grundstücken gewährt wird. |
| Inkassoverhältnis | Beschreibt bei einem bargeldlosen Zahlungsvorgang gleich welcher Art das Rechtsverhältnis zwischen dem Empfänger der Zahlung und seiner Bank (Zahlungsdienstleister des Zahlungsempfängers). |
| Interbankenverhältnis | Beschreibt bei einem bargeldlosen Zahlungsvorgang gleich welcher Art das Rechtsverhältnis zwischen den an der Zahlungsabwicklung beteiligten Banken (Zahlungsdienstleister). |
| Kapitalanleger-Musterverfahren | Ein Kapitalanleger-Musterverfahren ist ein im Kapitalanlegermusterverfahrensgesetz (KapMuG) geregeltes Verfahren, mit dem eine Vielzahl von Geschädigten Ansprüche wegen falscher, irreführender oder unterlassener öffentliche Kapitalmarktinformationen geltend machen können. Im Musterverfahren können Tatsachen- und Rechtsfragen, die sich in mindestens zehn individuellen Schadensersatzprozessen gleichlautend stellen, einheitlich durch das Oberlandesgericht mit Bindungswirkung für alle Kläger entschieden werden.<br><br>Das durch das KapMuG geregelte Musterverfahren lässt sich in zwei Verfahrensabschnitte gliedern: Zum einen in das Vorlageverfahren, welches vor dem Landgericht als |

| Begriff | Definition |
|---|---|
| | Prozessgericht stattfindet, zum anderen in das eigentliche Musterverfahren vor dem Oberlandesgericht. Eine Verfahrensbündelung findet nur im Hinblick auf das eigentliche Musterverfahren statt; es ändert sich also nichts an dem Grundsatz, dass jeder Anleger seine Ansprüche gesondert gerichtlich geltend zu machen hat. Die Besonderheit des Musterverfahrens besteht darin, dass das Landgericht als erste Instanz die Feststellungsfragen formuliert und diese – obwohl gedanklich Teil des Ausgangsverfahren vor dem Prozessgericht – dem Oberlandesgericht als zweite Instanz vorlegt. Dieses prüft sodann die Zulässigkeit der Vorlage und führt ggf. die Beweisaufnahme durch. An den vom Oberlandesgericht zu treffenden Musterentscheid ist wiederum das Prozessgericht des Ausgangsverfahrens gebunden. |
| Kapitalmarktrecht | Die Summe der Normen, mit denen die Organisation der Kapitalmärkte und der auf sie bezogenen Tätigkeiten sowie das marktbezogene Verhalten der Marktteilnehmer geregelt werden. |
| Kick Backs | Bei „Kick Backs“ handelt es sich um von Emittenten oder Fondsgesellschaften an die beratende Bank fließende Rückvergütungen aus den Ausgabeaufschlägen und jährlichen Verwaltungsgebühren. Nach der vom BGH entwickelten sog. „Kick Back“-Rechtsprechung besteht eine Pflicht der Bank zur Offenlegung von verdeckten Rückvergütungen. Danach ist die Aufklärung über Rückvergütungen notwendig, um dem Kunden einen bestehenden Interessenkonflikt der Bank (§ 31 Abs. 1 Nr. 2 WpHG) offenzulegen. Erst durch die Aufklärung werde der Kunde in die Lage versetzt, das Umsatzinteresse der Bank selbst einzuschätzen und zu beurteilen, ob die Bank ihm ein bestimmtes Produkt nur deswegen empfiehlt, weil sie selbst daran verdient. Aufklärungspflichtige Rückvergütungen sind nach der Rechtsprechung des BGH – regelmäßig umsatzabhängige – Provisionen, die im Gegensatz zu Innenprovisionen nicht aus dem Anlagevermögen, sondern aus offen ausgewiesenen Provisionen wie zum Beispiel Ausgabeaufschlägen und Verwaltungsvergütungen gezahlt werden, so dass beim Anleger zwar keine Fehlvorstellung über die Werthaltigkeit der Anlage entstehen kann, deren Rückfluss an die beratende Bank aber nicht offenbart wird, sondern hinter dem Rücken des Anlegers erfolgt, so dass der Anleger das besondere Interesse der beratenden Bank an der Empfehlung gerade dieser Anlage nicht erkennen kann. |

| Begriff | Definition |
|---|---|
| Kleinbetragsinstrument | Besonders ausgestaltete Zahlungsinstrumente, bei denen das Risiko für den Zahlungsdienstenutzer durch betragsbezogene Grenzen (max. 150 €) beschränkt ist (vgl. § 675i BGB), z.B. Geldkarten. |
| Konsensualvertrag | Ein mit Angebot und Annahme (§§ 145 ff. BGB) zustande kommender Vertrag. In Abgrenzung zu der früher für Darlehensverträge vertretenen „Realvertragstheorie", nach der für einen wirksamen Darlehensvertrag zusätzlich noch die Auszahlung des Darlehens erforderlich war, wird der Darlehensvertrag heute als Konsensualvertrag angesehen. |
| Kontenpfändung | Der Zugriff eines Gläubigers des Bankkunden mittels eines Pfändungs- und Überweisungsbeschlusses (§§ 829 ff. ZPO) auf dessen Ansprüche gegen die Bank aus einer bestehenden Kontoverbindung (z.B. Auszahlungsanspruch bzgl. Guthaben). |
| Kontokorrent-/Dispositionskredit | Eine auf einem laufenden Zahlungskonto eingeräumte Kreditlinie, bis zu der der Kunde auf dem Konto einen Kredit gegen Zahlung von Sollzinsen in Anspruch nehmen kann. Die Rückzahlung und erneute Inanspruchnahme kann jederzeit erfolgen. |
| Kontokorrentbindung | Mit Einstellung eines einzelnen Anspruchs in ein Kontokorrent wird die Selbstständigkeit dieses Anspruchs „gelähmt", d.h. seine Durchsetzbarkeit wird „gehemmt". Er geht in dem Kontosaldo auf und kann nicht mehr gesondert, sondern nur als Teil des sich durch die Verrechnung der eingestellten gegenseitigen Ansprüche ergebenden Saldos geltend gemacht, gepfändet, verpfändet oder abgetreten werden. |
| Kontokorrentkonto | Ein im Sinne des § 355 HGB geführtes Konto in laufender Rechnung, in das die gegenseitigen Ansprüche eingestellt und regelmäßig miteinander verrechnet (saldiert) werden, wobei der sich ergebende Saldo anerkannt und sodann einen abstrakten Schuldgrund bildet, während die eingestellten Einzelpositionen hierin untergehen. |
| Kontovollmacht | Rechtsgeschäftlich erteilte Vertretungsmacht zur Verfügung über einzelne Konten des Kontoinhabers durch einen Bevollmächtigten. Die Bank verlangt i.d.R. eine Erteilung solcher Vollmachten auf institutseigenen und von ihr entwickelten Formularen. |
| Kopplungsgeschäfte | §§ 492 a, b BGB regeln, von welchen weiteren Finanzprodukten oder –dienstleistungen die Gewährung eines Immobiliar-Verbraucherdarlehens ggf. abhängig gemacht |

| Begriff | Definition |
|---|---|
| | werden darf. Grundsätzlich sind solche Kopplungsgeschäfte nach § 492a BGB untersagt, § 492b BGB enthält allerdings Ausnahmen. |
| Kredit | Zeitweilige Überlassung von Kaufkraft, z.B. durch Gewährung von Zahlungsaufschub, durch Überlassung von Geld oder die Übernahme einer Bürgschaft usw. |
| Kreditkarte | Unbares Zahlungsmittel, mit dem der Karteninhaber Waren oder Dienstleistungen von dem System angeschlossenen Vertragsunternehmen durch Vorlage und Unterzeichnung eines Leistungsbeleges bezahlen kann. Das Vertragsunternehmen erhält das geschuldete Geld von dem Kreditkartenherausgeber. Dieser belastet dem Kreditkarteninhaber i.d.R. einmal monatlich die Summe aller auf diesem Wege gezahlten Beträge auf dessen Zahlungskonto. Bis zur Belastung wird dem Karteninhaber daher „Kredit" gewährt". |
| Kreditwürdigkeitsprüfung | §§ 505a, b BGB verpflichtet die Banken vor der Gewährung von Verbraucherdarlehen zur Kreditwürdigkeitsprüfung, d.h. zur Prüfung, ob der Darlehensnehmer seinen Verpflichtungen aus dem Vertrag nach seinen persönlichen und wirtschaftlichen Verhältnissen und deren voraussichtlichen künftige Entwicklung wird nachkommen können. Die normierten Anforderungen sind bei Allgemein- und Immobiliar-Verbraucherdarlehen unterschiedlich. |
| Lastschrift | Bei einer Zahlung mittels Lastschrift zieht der Zahlungsempfänger aufgrund einer Vereinbarung mit dem Zahlungspflichtigen einen meist regelmäßig geschuldeten Betrag (gleicher oder unterschiedlicher Höhe) von dem Konto des Zahlungspflichtigen ein, indem er bei seiner eigenen Bank eine Lastschrift zur Gutschrift auf seinem Konto einreicht. Diese schreibt dem Konto des Zahlungsempfängers den Gegenwert „Eingang vorbehalten" gut und zieht die Lastschrift (ggf. über weitere Verrechnungsbanken) von dem Konto des Zahlungspflichtigen ein. Es bestehen unterschiedliche Arten von Lastschriftverfahren (SEPA-Basislastschrift-, SEPA-Firmenlastschriftverfahren), bei denen insbesondere unterschiedliche Widerspruchsmöglichkeiten für den Zahlungspflichtigen bestehen. |
| Mantelabtretung | Abtretung einer Vielzahl bestehender und künftiger Forderungen aus dem Geschäftsbetrieb des Sicherungsgebers an die Bank zur Sicherung eines Darlehens. Der Übergang der Forderungen erfolgt dabei – in Abgrenzung zur Globalzession – erst mit der Übergabe von sog. Dritt- |

| Begriff | Definition |
|---|---|
| | schuldnerlisten, in denen die abzutretenden Forderungen im Einzelnen bezeichnet werden. |
| Nichtabnahme-entschädigung | Entschädigung der Bank für die Nichtabnahme eines vereinbarten Darlehens. Hiermit soll der Schaden der Bank ausgeglichen werden, der dadurch entsteht, dass sie sich für den Zeitraum ihrer geschützten Zinserwartung (erste ordentliche Kündigungsmöglichkeit des Darlehensnehmers) refinanzieren muss, der Kunde das Darlehen aber nicht wie vereinbart abnimmt. Die Berechnung erfolgt wie bei der Vorfälligkeitsentschädigung nach der Aktiv-/Aktiv- oder der Aktiv-/Passivmethode. |
| Öffentliches Bankrecht | Gegenstand ist das Währungs- und Geldrecht sowie das Organisations- und Aufsichtsrecht für Banken und Kapitalmärkte. Insoweit handelt es sich um gewerberechtliche Spezialregelungen für Banken und Finanzdienstleistungsunternehmen. Siehe auch „Bankaufsichtsrecht" und „BAFin". |
| Online-Banking | Durchführung von Zahlungsverkehrsleistungen mittels Online-Verbindung über das Internet zwischen Kunde und Bank. Der Kunde erfasst seine Aufträge selbst im System der Bank und übermittelt diese via Internet. |
| Patronatserklärung | Die Erklärung einer Muttergesellschaft (Patronin) gegenüber den Gläubigern ihrer Tochtergesellschaft, wobei die Erklärungen der Patronin gegenüber der Gesellschaft (interne Patronatserklärung) oder direkt gegenüber dem Kreditgeber der Tochtergesellschaft (externe Patronatserklärung) abgegeben werden können. Ziel einer Patronatserklärung ist es, die (gute) Bonität der Muttergesellschaft auf die Tochtergesellschaft zu übertragen. Es wird zwischen „harten" und „weichen" Patronatserklärungen unterschieden. Nur aus harten Patronatserklärungen steht einer Bank ggf. ein Schadensersatzanspruch gegen den Patron zu, falls der Darlehensnehmer insolvent wird und damit einer Verpflichtung aus der Patronatserklärung verletzt wird. |
| Personalsicherheit | Diese begründet einen schuldrechtlichen Anspruch gegen den Sicherungsgeber z.B. Bürgschaft, Schuldbeitritt oder Garantie. |
| Pfändungsschutzkonto | Jede Person darf ein Konto als sog. „P-Konto" errichten bzw. ein bereits bestehendes Konto entsprechend umwidmen § 850k ZPO). Auf diesem Konto wird ihm Schutz vor Pfändungsgläubigern dahin gehend gewährt, dass trotz vorliegender Pfändungen von Gläubigern ein bestimmter Sockelbetrag an Guthaben (unabhängig von |

| Begriff | Definition |
|---|---|
| | seiner Herkunft) stets zur freien Verfügung zur Sicherung des Lebensunterhaltes unangetastet bleibt. |
| Pharming | Manipulation von Onlinebanking-Internetseiten der Bank, so dass der Nutzer auf eine andere Internetseite umgeleitet wird und dadurch eine andere Geldtransaktion vornimmt als gewollt, insbesondere Geld auf ein anderes Konto z.B. im Ausland überweist. |
| Phishing | Manipulation von Onlinebanking-Internetseiten der Bank, durch die die Authentifizierungsinstrumente (PIN, TAN) des Kunden „abgefischt" werden sollen, um diese für betrügerische Verfügungen über dessen Konten zu verwenden. |
| POS-System | Zahlung mittels Debitkarte und Geheimnummer (PIN) an automatisierten Kassen, wobei die Zahlung des jeweiligen Betrages seitens der Bank gegenüber dem Unternehmer garantiert wird. |
| Preisaushang | Dieser wird in den Geschäftsräumen der Kreditinstitute ausgehängt und beinhaltet die Zinsen und Entgelte für die wesentlichen Standradleistungen der Bank. Die Bank erfüllt hiermit ihre Verpflichtung aus § 5 Preisangabenverordnung. Zudem soll dieser durch entsprechenden Verweis in den AGB als Grundlage der Preisvereinbarung mit dem Kunden dienen (vgl. Nr. 12 AGB-Banken, Nr. 17 AGB-Sparkassen). |
| Preisverzeichnis | Das Preisverzeichnis enthält – anders als der Preisaushang – nicht nur die Preise für die wesentlichen Standardleistungen, sondern für alle angebotenen (Standard-) Leistungen der Bank. Auch hierauf wird in den AGB als Grundlage der Preisvereinbarung mit dem Kunden verwiesen. Es wird üblicherweise nicht in den Geschäftsräumen ausgelegt. Es müssen für eine wirksame Einbeziehung aber die AGB-rechtlichen Voraussetzungen beachtet werden. |
| Privates Bankrecht | Gegenstand sind die zivilrechtlichen Rechtsbeziehungen der Banken untereinander und der Banken mit den Kunden bei der Durchführung der Bankgeschäfte. |
| Prospekthaftung | Als Prospekthaftung bezeichnet man die Haftung für die Richtigkeit und Vollständigkeit von Werbeschriften, sog. Prospekten, mit denen bei Interessenten für Kapitalanlagen unterschiedlichster Art geworben wird und die oftmals die einzige bzw. wichtigste Informationsquelle für die Kapitalanleger darstellen. Ziel der Prospekthaftung ist es, Anleger vor der Verwendung unrichtiger oder un- |

| Begriff | Definition |
|---|---|
| | vollständiger Prospekte zu schützen. Es sind heute zwei Formen der Prospekthaftung zu unterscheiden: die spezialgesetzlich geregelte und die bürgerlich-rechtliche (zivilrechtliche) Prospekthaftung. |
| Rating | Ein Rating oder Kreditrating (englisch für Bewertung oder Einstufung) ist im Finanzwesen eine Einschätzung der Bonität eines Schuldners. Häufig werden die Ratings durch eigens hierauf spezialisierte Ratingagenturen in Form von Ratingcodes von A bis D vergeben. |
| Raumsicherungsübereignung | Übereignung einer Vielzahl von Sachen, die sich in einem im Vertrag exakt (Bestimmtheitsgrundsatz!) zu bestimmenden Sicherungsraum befinden bzw. in diesen künftig eingebacht werden, zur Sicherung eines Darlehens. |
| Realsicherheit | Diese begründet ein Verwertungsrecht an einem bestimmten Gegenstand (Sache, Forderung, sonstiges Recht), z.B. Grundschuld, Sicherungsübereignung, Sicherungsabtretung. |
| Rechnungsabschluss | Dies ist die periodische (i.d.R. vierteljährliche) Saldierung im Rahmen eines Kontokorrentkontos im Sinne des § 355 HGB, mit dem die Bank die angefallenen Entgelte (Sollzinsen, Buchungsentgelte usw.) berechnet, den aktuellen Saldo feststellt und dem Kunden zur Anerkennung mitteilt. Widerspricht der Kunde dem nicht, gilt der Saldo nach Ablauf einer bestimmten Frist als anerkannt. Es entsteht hiermit ein neuer (abstrakter) Schuldgrund aus einem Schuldanerkenntnis nach § 780 BGB (sog. Novation), der von den in dem Saldo enthaltenen Einzelpositionen rechtlich unabhängig ist. Liegen dem Rechnungsabschluss falsche Buchungen zugrunde, kann ein gleichwohl erteiltes Schuldanerkenntnis ggf. auf bereicherungsrechtlicher Grundlage wieder rückgängig gemacht werden. Auch vom Tagessaldo, über den auf der Grundlage des Zahlungsdiensterahmenvertrages (im Falle von Guthaben) verfügt werden kann, ist der Abschlusssaldo i.S.d. § 355 HGB zu unterscheiden. |
| Saldoanerkenntnis | Vgl. Rechnungsabschluss. |
| Schuldbeitritt / -mitübernahme | Hierbei tritt eine weitere Person neben dem Hauptschuldner zusätzlich in den Darlehensvertrag mit der Bank ein und haftet für die Rückzahlung des Darlehens als Gesamtschuldner gemäß § 421 BGB. |
| Schutzgemeinschaft für allgemeine Kreditsicherung (Schufa) | Gemeinschaftseinrichtung der kreditgebenden deutschen Wirtschaft (z.B. Banken, Handels-, Kreditkarten- und Telekommunikationsunternehmen) mit dem Zweck, |

| Begriff | Definition |
|---|---|
| | durch gegenseitigen Informationsaustausch die Kreditwürdigkeit von (künftigen) Kunden besser beurteilen zu können. Von den angeschlossenen Unternehmen werden Meldungen (insb. auch Negativmeldungen) über Kunden an die Schufa übermittelt. Die Schufa erteilt ihrerseits den Unternehmen Auskünfte über bei ihr bereits gespeicherte Informationen über die Kunde. |
| Selbstschuldnerische Bürgschaft | Eine Bürgschaft, bei der der Bürge von vornherein auf die Einrede der Vorausklage nach § 771 BGB verzichtet hat und daher sogleich von der Bank auf Zahlung in Anspruch genommen werden kann, ohne dass diese zuvor erfolglos gegen den Hauptschuldner vollstreckt haben müsste. |
| SEPA | Single European Payments Area. Durch die EU-Zahlungsdiensterichtlinie von 2007 initiierter europäischer Zahlungsverkehrsraum, in dem ein einheitlich organisierter Binnenmarkt für den Zahlungsverkehr realisiert werden soll (z.B. durch Einführung von einheitlicher IBAN und BIC sowie einheitlicher gesetzlicher Abwicklungsbestimmungen in den teilnehmenden Ländern). |
| Sicherungsabrede | Siehe Zweckerklärung |
| Sicherungsabtretung | Abtretung einer Forderung zur Sicherung eines Darlehens, abstrakte Sicherheit. |
| Sicherungsübereignung | Übereignung einer Sache durch den Sicherungsgeber an den Sicherungsnehmer gemäß §§ 929, 930, 868 BGB zur Sicherung eines Darlehens. Anders als bei einem Pfandrecht an einer Sache bleibt der Sicherungsgeber im Besitz der Sache. Die Sicherungsabrede stellt hierbei das nach § 868 BGB erforderliche Besitzmittlungsverhältnis dar. |
| Sonderbedingungen | Diese ergänzen die AGB-Banken und AGB-Sparkassen im Hinblick auf bestimmte Geschäftsfelder durch die entsprechenden speziellen Regelungen (z.B. Online-Banking, Sparverkehr, Überweisungsverkehr usw.). Bei den verschiedenen Sonderbedingungen handelt es sich ebenfalls um AGB im Rechtssinne. |
| SWIFT | Society for Worldwide Interbank Financial Telecommunication. Eine 1973 von Banken gegründete internationale Genossenschaft, die ein Telekommunikationsnetz zur Abwicklung von internationalen Zahlungen für die Mitgliedsbanken unterhält. |
| Übersicherung | Eine solche liegt vor, wenn der Wert der Sicherheiten die Höhe der gesicherten Forderung übersteigt. Bei einer an- |

| Begriff | Definition |
|---|---|
| | fänglichen Übersicherung ist dies bereits bei Abschluss der Verträge der Fall, während dies bei einer nachträglichen Übersicherung durch die fortschreitende Tilgung bei Bestehen von abstrakten Sicherheiten erst im Verlauf der Vertragsabwicklung eintritt, da die abstrakten Sicherheiten nicht automatisch erlöschen, sondern zugunsten des Sicherungsnehmers bestehen bleiben. Die nachträgliche Übersicherung führt zu einem Freigabeanspruch des Sicherungsgebers. Die anfängliche Übersicherung kann bei einem massiven Überschreiten der Höhe der Forderung durch den realisierbaren Wert der Sicherheiten eine Nichtigkeit der Sicherheitenverträge nach § 138 Abs. 1 BGB zur Folge haben. |
| Überweisung | Zahlungsdienst, mit dem der Kunde mittels Anweisung an seine Bank (Zahlungsdienstleister) einen unbaren Geldbetrag (ggf. über weitere Verrechnungsbanken) an die Bank des Zahlungsempfängers auf dessen dort geführtes Zahlungskonto transferieren kann. |
| Überziehungskredit | Inanspruchnahme eines Kredits auf dem laufenden Zahlungskonto des Kunden, ohne dass zuvor eine Kreditlinie eingeräumt wurde, bzw. die Inanspruchnahme über eine eingeräumte Kreditlinie hinaus. Es wird weiter unterschieden zwischen „geduldeter Überziehung" (vorübergehend seitens der Bank akzeptierte Überziehung) und „aufgedrängter Überziehung" (der Bank durch von ihr garantierte Zahlungen aufgezwungene, aber nicht gewollte Überziehung, z.B. durch Kreditkartenzahlung oder Verfügungen an institutsfremden Geldautomaten). |
| Valutaverhältnis | Beschreibt bei einem bargeldlosen Zahlungsvorgang gleich welcher Art das Rechtsverhältnis zwischen dem Zahler (Schuldner) und dem Zahlungsempfänger (Gläubiger), auf das die Zahlung erfolgt (z.B. Kaufvertrag, Dienstleistungsvertrag usw.). |
| Verbundenes Geschäft | Nach § 358 Abs. 3 BGB sind ein Vertrag über eine Lieferung oder Leistung und der die hierfür geschuldete Gegenleistung finanzierende Darlehensvertrag ein „verbundenes Geschäft", wenn diese Verträge eine „wirtschaftliche Einheit" bilden. Dies ist vor allem der Fall, wenn der Darlehensgeber sich bei der Vorbereitung oder bei dem Abschluss des Darlehensvertrages des Unternehmers bedient oder der Unternehmer das Darlehen selbst gewährt. In diesem Fall greifen auch Einwendungen gegen Ansprüche aus dem einen Vertrag auf den verbundenen Vertrag durch, so dass ggf. z.B. in beiden Verträgen die Zahlung verweigert werden kann (§ 359 BGB). |

| Begriff | Definition |
|---|---|
| Vermögensverwaltung | Vermögensverwaltung (auch: „Asset Management“) ist ein Dienstleistungsangebot an Vermögensinhaber, ihr Vermögen von einem Dritten verwalten und betreuen zu lassen. Der Vermögensverwaltung können private, aber auch institutionelle Kunden ihr Vermögen unterstellen. Vermögensverwaltung ist in dem so verstandenen Sinn die Verwaltung fremden Vermögens im Interesse des Vermögensinhabers aufgrund selbstständiger Anlageentscheidungen durch den Vermögensverwalter, ohne im Einzelfall Weisungen des Kunden einzuholen zu müssen. Die Vermögensverwaltung muss für eine gewisse Dauer wahrgenommen werden, so dass einmalige Vorgänge (z.B. die Effektenkommission) noch keine Vermögensverwaltung darstellen. |
| Vorfälligkeitsentschädigung | Dies ist gemäß § 490 Abs. 2 S. 3 BGB der dem Darlehensgeber bei einer vorzeitigen Rückzahlung des Darlehens zu ersetzende Schaden. Hiermit soll der Nachteil der Bank ausgeglichen werden, der dadurch entsteht, dass sie sich für den Zeitraum ihrer geschützten Zinserwartung (erste ordentliche Kündigungsmöglichkeit des Darlehensnehmers) refinanzieren muss, der Kunde das Darlehen aber bereits vorzeitig zurückzahlt, z.B. weil er ein ihm nach § 490 Abs. 1 BGB zustehendes außerordentliches Kündigungsrecht ausnutzt. Die Berechnung erfolgt wie die Nichtabnahmeentschädigung nach der Aktiv-/Aktiv- oder der Aktiv-/Passivmethode. |
| Wertstellung | Dies ist das Datum, ab dem eine Buchung auf einem Konto bei der Zinsberechnung berücksichtigt wird. Grundsätzlich sind Eingänge auf dem Konto taggleich wertzustellen (§ 675t BGB). Einzelne Gutschriften (z.B. Scheckgutschriften) können trotz Verbuchung auf dem Konto aber auch erst mit einem Datum in der Zukunft wertgestellt werden, weil die Bank sich z.B. den Gegenwert des Schecks selbst erst von dem Aussteller durch Scheckvorlage bei dessen Bank beschaffen muss. |
| Wettlauf der Sicherungsgeber | Hiermit wird das Problem umschrieben, das sich daraus ergibt, dass auf denjenigen (von mehreren) Sicherungsgeber, der die Forderung des Darlehensgebers als erster erfüllt, mit der getilgten Forderung auch die noch bestehenden weiteren akzessorischen Sicherheiten im Wege der Legalzession nach §§ 412, 410 BGB übergehen und er zudem entsprechend § 401 BGB einen Anspruch auf Übertragung der abstrakten Sicherheiten erwirbt. Dieser Sicherungsgeber könnte sich daher aufgrund der noch vorhandenen und auf ihn übergegangenen weiteren Sicherheiten befriedigen, während der zuletzt auf diesem |

| Begriff | Definition |
|---|---|
| | Wege in Anspruch genommene Sicherungsgeber keine Sicherheiten mehr erwerben würde. Dies könnte daher einen „Wettlauf der Sicherungsgeber" um die erste Befriedigung des Gläubigers zur Folge haben. Der BGH löst dieses Problem über eine entsprechende Anwendung der Vorschriften über die Gesamtschuld (§ 426 BGB) und kommt so zu einer anteiligen Haftung mehrerer Sicherungsgeber im Innenverhältnis untereinander. |
| Wohnimmobilien-kredit-Richtlinie | Die Richtlinie von 2014 wurde mit Wirkung zum 21.3.2016 in Deutschland umgesetzt. Hiermit wurde u.a. die Differenzierung zwischen Allgemein- und Wohnimmobilien-Verbraucherdarlehen, die Verpflichtung zur Kreditwürdigkeitsprüfung und bestimmte Beratungspflichten eingeführt. |
| Zahlungsauthentifizierungsinstrument | Personalisiertes Instrument, mit dem eine bestimmte Zahlung von dem Zahler im Sinne des § 675j BGB bestätigt (autorisiert) wird, z.B. PIN, TAN, Passwort, elektronische Signatur. |
| Zahlungsautorisierung | Die nach § 675j BGB erforderliche Zustimmung des Zahlers zu einem bestimmten Zahlungsvorgang, z.B. mittels Eingabe von PIN und TAN. |
| Zahlungsdienst | Alle privatrechtlichen Dienstleistungen eines Dritten, die die Ausführung einer Zahlung zwischen zwei Parteien (dem Zahler und dem Zahlungsempfänger) unterstützen sollen, also dem Zahler helfen oder ihn in die Lage versetzen sollen, einen Geldbetrag (Bar-, Buch- oder elektronisches Geld) aus seinem Vermögen in das des Zahlungsempfängers zu übertragen. |
| Zahlungsdiensterahmenvertrag | Gemäß § 675f Abs. 2 BGB verpflichtet ein solcher Vertrag die Bank (Zahlungsdientleister) einzelne und aufeinanderfolgende Zahlungsvorgänge auszuführen sowie ggf. für den Zahlungsdienstnutzer (Kunden) ein auf dessen Namen lautendes Zahlungskonto zu führen. Dieser löst den früheren „Girovertrag" ab. Ein Zahlungsdiensterahmenvertrag ohne die Führung eines Zahlungskontos dürfte in Deutschland nicht möglich sein. |
| Zahlungsdienste-Richtlinie | EU-Richtlinie von 2007, mit der ein einheitlicher europäischer Zahlungsverkehrsraum realisiert werden soll. |
| Zahlungsdienstevertrag | Oberbegriff des § 675f BGB für „Einzelzahlungsvertrag" und „Zahlungsdiensterahmenvertrag". Durch einen Einzelzahlungsvertrag wird die Bank (Zahlungsdienstleister) verpflichtet, für den Kunden (Zahlungsdienstnutzer) einen (einmaligen) Zahlungsvorgang auszuführen |

| Begriff | Definition |
| --- | --- |
| | (§ 675f Abs. 1 BGB). Zahlungsvorgang ist gemäß § 675f Abs. 3 BGB jede Bereitstellung, Übermittlung oder Abhebung eines Geldbetrages. Der Einzelzahlungsvertrag erschöpft sich in einem einmaligen Vorgang (z.B. Bareinzahlung auf das Konto eines Dritten). |
| Zahlungskontengesetz | Mit dem Zahlungskontengesetz wird in Deutschland die Zahlungskonten-Richtlinie aus 2014 umgesetzt. Hierin wird erstmals ein Anspruch auf ein Zahlungskonto normiert und Einzelheiten hierzu festgelegt. Ferner enthält das Gesetz Regelungen zur Erleichterung des Wechsels der Bankverbindung und zur Verbesserung der Vergleichbarkeit von Zahlungskontenentgelten. |
| Zahlungskonto | Ein Zahlungskonto ist ein auf den Namen eines oder mehrerer Zahlungsdienstnutzer (Kunden) lautendes und der Ausführung von Zahlungsvorgängen dienendes Konto, das die Forderungen und Verbindlichkeiten zwischen dem Zahlungsdienstnutzer und dem Zahlungsdienstleister (Bank) innerhalb der Geschäftsbeziehung buch- und rechnungsmäßig darstellt und für den Zahlungsdienstnutzer dessen jeweilige Forderung gegenüber dem Zahlungsdienstleister bestimmt (§ 1 Abs. 3 ZAG). |
| Zertifikat | Zertifikate sind Inhaberschuldverschreibungen im Sinne von § 793 BGB und verkörpern einen Anspruch auf Rückzahlung einer bestimmten Geldsumme gegen den Emittenten des Zertifikats. Die Eigenschaften von Zertifikaten unterliegen in der Praxis einer großen Gestaltungsfreiheit. So hängt insbesondere die Verzinsung häufig von der Entwicklung sog. Underlyings, also Basiswerten wie etwa einem Aktienindex ab. Einer größeren Öffentlichkeit sind Zertifikate insbesondere durch die Insolvenz der US-amerikanischen Investmentbank Lehman Brothers bekannt geworden, deren Zertifikate zuvor von einer Vielzahl deutscher Anleger erworben wurden. |
| Zins-Swap | Ein Zinsswap ist ein Zinsderivat, bei dem zwei Vertragspartner vereinbaren, zu bestimmten zukünftigen Zeitpunkten Zinszahlungen auf festgelegte Nennbeträge auszutauschen. Die Zinszahlungen werden meist so festgesetzt, dass eine Partei einen bei Vertragsabschluss festgesetzten Festzinssatz zahlt, die andere Partei dagegen einen variablen Zinssatz. Der variable Zinssatz orientiert sich an den üblichen Referenzzinssätzen im Interbankengeschäft. Zinsswaps werden sowohl zur Absicherung gegen Zinsänderungsrisiken als auch als Spekulationsinvestment genutzt. |

| Begriff | Definition |
| --- | --- |
| Zubehörhaftung | Die gemäß § 1120 BGB bestehende Haftung des Grundstückszubehörs (§ 97 BGB) für die Erfüllung der Verpflichtung aus der Hypothek oder Grundschuld (§§ 1191, 1192 BGB). |
| Zusammenhängendes Geschäft | Nach § 360 BGB handelt es sich um ein zusammenhängendes Geschäft, wenn ein Darlehen mit Bezug zu einen bestimmten anderen Vertrag (z.B. Kauf- oder Dienstleistungsvertrag) abgeschlossen wird, es sich aber nicht um ein verbundenes Geschäft handelt, weil z.B. der Vertragspartner des Kauf- oder Dienstleistungsvertrages bei Abschluss des Darlehensvertrages noch nicht feststeht, wohl aber das Darlehen für diesen Vertrag bestimmt ist, weil es z.B. als Finanzierungszweck im Darlehen konkret angegeben wurde. |
| Zweckerklärung | Vereinbarung im Sicherheitenvertrag, in der bestimmt wird, für welche Forderung des Sicherungsnehmers die Sicherheit haften soll (auch Sicherungsabrede genannt). Dies kann eine oder auch mehrere (auch künftige) Forderungen umfassen. Bei Drittsicherheiten kann eine weite Zweckerklärung aber eine überraschende Klausel darstellen, so dass diese Vereinbarung nicht Vertragsbestandteil wird und die Sicherheit nur für die diejenige Forderung haftet, aus deren Anlass sie gewährt wurde. |
| Zweistufigkeit des Bankwesens | Die zwei Ebenen des deutschen Bankwesens bestehen aus den Geschäftsbanken (Sparkassen, Volksbanken, Privatbanken) einerseits und dem (europäischen) System der (staatlichen) Zentralbanken als Aufsichtsinstitute (Deutsche Bundesbank und Landeszentralbanken, Europäische Zentralbank) andererseits. |

# Zivilprozessrecht

| Begriff | Definition |
|---|---|
| Allgemeiner Gerichtsstand (§§ 13-18 ZPO) | Am allgemeinen Gerichtstand einer Person können – unabhängig von der Art der Streitsache – alle Klagen gegen sie erhoben werden, wenn nicht ausschließliche Gerichtsstände begründet sind. |
| Beibringungsgrundsatz | Der Beibringungsgrundsatz bezieht sich auf die Beschaffung und den Beweis der Tatsachengrundlage, die das Gericht seiner Entscheidung zugrunde legen soll und ist grundsätzlich alleinige Sache der Parteien. |
| Beschwer | Beschwer ist das Zurückbleiben der Entscheidung hinter dem in 1. Instanz gestellten Antrag. |
| Beschwerdegegenstand (§ 511 ZPO Abs. 2) | Beschwerdegegenstand ist der Teil der Beschwer, den der Berufungskläger mit der Berufung beseitigen will. |
| Besonderer Gerichtsstand (§§ 20 ff., 35 ZPO) | Besondere Gerichtsstände sind im Unterschied zu allgemeinen, die für alle Klagen gegen die Person gelten, nur für einzelne Klagen gegeben und bestehen nur für vermögensrechtliche Angelegenheiten. Ihre Ausgestaltung knüpft meist an eine besondere Sachnähe des Gerichts an. Der Kläger kann zwischen dem allgemeinen und einem in Betracht kommenden besonderen Gerichtsstand wählen, sofern kein ausschließlicher Gerichtsstand gegeben ist. |
| Beweislast | Grundsätzlich hat jede Partei die Beweislast für die Voraussetzungen der ihr jeweils günstigen Norm (sog. Rosenbergsche Formel). Durch gesetzliche – z.B. §§ 280 Abs. 1 S. 2, 476 BGB – oder richterrechtliche Beweislastregeln – z.B. bei der Arzt- oder Produzentenhaftung –, kann die Beweislast anders verteilt sein. |
| Dispositionsgrundsatz | Der Dispositionsgrundsatz besagt, dass die Parteien über den Streitgegenstand verfügen können. |
| Feststellungsinteresse (§ 256 ZPO Abs. 1) | Das für die Feststellungsklage erforderliche Feststellungsinteresse liegt vor, wenn der Kläger ein rechtliches Interesse an alsbaldiger Feststellung hat. Es ist wegen der Subsidiarität der Feststellungsklage regelmäßig nicht gegeben, wenn der Kläger auch Leistungsklage erheben könnte. |
| Formelle Rechtskraft (§ 705 ZPO) | Die formelle Rechtskraft tritt ein, wenn eine prozessbeendigende Entscheidung – Urteil, Beschluss – nicht mehr mit Rechtsmitteln angefochten werden kann. |
| Klageänderung (§ 263 ZPO) | Klageänderung ist Streitgegenstandsänderung. |

| Begriff | Definition |
|---|---|
| Materielle Rechtskraft | Kraft der materiellen Rechtskraft wird die Entscheidung über den Streitgegenstand für die Parteien und andere staatliche Organe dauerhaft maßgeblich. |
| Notfrist (§ 224 ZPO) | Sind im Gesetz als solche bezeichnet und unabänderlich. |
| Objektive Klagenhäufung (§ 260 ZPO) | Eine objektive Klagenhäufung liegt vor, wenn derselbe Kläger gegen denselben Beklagten in einem Verfahren mehrere Ansprüche geltend macht. |
| Örtliche Zuständigkeit (§§ 12 ff. ZPO) | Die örtliche Zuständigkeit, auch Gerichtsstand genannt, verteilt die Klagen auf verschiedene Gerichtsbezirke. Dabei wird in erster Linie an die am Rechtsstreit beteiligten Personen und die Art der Streitsache angeknüpft. |
| Partei | Partei ist nach dem prozessualen oder formalen Parteibegriff derjenige, der Rechtsschutz begehrt bzw. der, von dem Rechtsschutz begehrt wird. |
| Postulationsfähigkeit (§ 78 ZPO Abs. 1) | Postulationsfähigkeit ist die Fähigkeit, vor einem Gericht selbst auftreten zu können und Prozesshandlungen im Prozess wirksam vorzunehmen. |
| Prozessfähigkeit (§ 51 ZPO Abs. 1) | Die Prozessfähigkeit ist die Fähigkeit, die Parteirechte im Prozess wirksam wahrzunehmen, also Prozesshandlungen vorzunehmen. |
| Prozessführungsbefugnis | Die Prozessführungsbefugnis ist das Recht, einen Prozess im eigenen Namen über ein eigenes oder ein fremdes Recht als Partei zu führen. |
| Prozesshandlungen | Prozesshandlungen liegen vor, wenn Voraussetzungen und Wirkung im Prozessrecht geregelt sind. |
| Prozessvertrag | Prozessverträge sind zweiseitige Prozesshandlungen. |
| Rechtliches Gehör (Art. 103 GG Abs. 1) | Das Verfahrensgrundrecht auf rechtliches Gehör sichert die Möglichkeit von einem Verfahren Kenntnis zu erlangen, Tatsachen vorzutragen und zu beweisen und die eigene Rechtsansicht äußern zu können. |
| Rechtshängigkeit (§ 261 ZPO Abs. 1, § 253 ZPO Abs. 1) | Eine Klage ist rechtshängig, wenn sie durch das Gericht dem Beklagten zugestellt worden ist. |
| Rechtsmittel (§§ 511 ff. ZPO, §§ 542 ff. ZPO, §§ 567 ff. ZPO) | Rechtsmittel der ZPO sind Berufung (§§ 511 ff.), Revision (§§ 542 ff.) und Beschwerde (§§ 567 ff.).<br>Alle anderen Möglichkeiten in der ZPO, gegen eine bestimmte Entscheidung vorzugehen, werden als Rechtsbehelfe bezeichnet. |
| Rechtsverhältnis | Rechtsverhältnis ist jede rechtliche Beziehung zwischen Personen oder zwischen Personen und Sachen. |

| Begriff | Definition |
| --- | --- |
| Sachliche Zuständigkeit (§ 1 ZPO) | Die sachliche Zuständigkeit verteilt die Klagen auf die verschiedenen erstinstanzlich zuständigen Gerichte. |
| Säumnis (§§ 330, 331, 333 ZPO) | Säumnis liegt vor, wenn die Partei nicht erscheint, trotz Erscheinens nicht verhandelt oder im Prozess mit Anwaltszwang nicht durch einen Anwalt vertreten ist. |
| Schlüssig | Schlüssig ist eine Klage, wenn der Klägervortrag als wahr unterstellt, den gestellten Antrag rechtfertigt. |
| Statthaftigkeit | Die Statthaftigkeit eines Rechtsmittels ist gegeben, wenn es für eine Entscheidung dieser Art grundsätzlich zugelassen ist. |
| Streitverkündung (§ 72 ZPO Abs. 1) | Streitverkündung ist die förmliche Benachrichtigung eines Dritten von einem Streitverfahren, das zwischen zwei Parteien geführt wird, durch eine Prozesspartei. |
| Subjektive Klagenhäufung (§ 59 ZPO) | Eine subjektive Klagenhäufung, auch Streitgenossenschaft genannt, liegt vor, wenn auf Kläger- oder Beklagtenseite mehrere Parteien beteiligt sind. |
| Versäumnisurteil (§§ 330, 331 ZPO Abs. 2) | Gegen den Kläger: Ein die Klage abweisendes Versäumnisurteil ergeht schon dann, wenn er säumig ist und ein Antrag des Beklagten gestellt wird. Das Urteil ergeht ohne weitere Sachprüfung.<br>Gegen den Beklagten: Der Beklagte wird bei Säumnis auf Antrag des Klägers durch Versäumnisurteil verurteilt, soweit das Klägervorbringen schlüssig ist. |
| Zustellung (§ 166 ZPO Abs. 1) | Zustellung ist die Bekanntgabe eines Dokuments an eine Person in der jeweiligen gesetzlich vorgeschriebenen Form. |

# Strafrecht

# Strafrecht Allgemeiner Teil

| Begriff | Definition |
|---|---|
| §§ 3–7 | |
| Inland | ist das Gebiet, in dem das deutsche Strafrecht aufgrund hoheitlicher Staatsgewalt seine Ordnungsfunktion geltend macht. Dieser sog. funktionelle Inlandsbegriff deckt sich mit dem staatsrechtlichen Begriff und umfasst die in der Präambel des GG genannten Länder. |
| Deutscher | ist, wer nach Art. 116 GG die deutsche Staatsangehörigkeit besitzt. |
| Ausland | ist das Gebiet, das nicht Inland ist, eingeschlossen das offene Meer und Gebiete ohne Staatshoheit. |
| Ausländer | ist, wer nicht Deutscher iSd Art. 116 Abs. 1 GG ist, also auch ein Staatenloser (§ 2 Abs. 1 AufenthG). |
| § 12 | |
| Erfolg | ist die nachteilige Veränderung des durch die Norm geschützten Rechtsguts(objekts). |
| Handlung | Strafrechtlich relevant ist jedes Verhalten, das vorgenommen oder unterlassen werden kann, um eine Tatbestandsverwirklichung gezielt (intentional) zu vermeiden (str.). |
| Kausalität | Ein Verhalten ist die Ursache eines Erfolgs, wenn es unter den gegebenen Umständen nicht hinweg gedacht werden kann, ohne dass der Eintritt dieses Erfolgs in seiner konkreten Gestalt nach Maßgabe der anerkannten Kausalgesetze entfiele. |
| Objektiv zurechenbar | ist ein Erfolg dann, wenn sich in ihm ein vom Täter (allein oder mit anderen) geschaffenes (generell) unerlaubtes Risiko realisiert. |
| Einverständnis | ist die Zustimmung des Opfers zu einem Verhalten des Täters und führt zum Ausschluss eines Tatbestandsmerkmals (zB „eindringen“, „wegnehmen“), das einen entgegenstehenden Willen des Opfers verlangt. |
| Einwilligung | ist das Einverstandensein des Opfers mit der Herbeiführung des tatbestandlichen Erfolgs, das bei Delikten, die Individualrechtsgüter schützen, (auf der Ebene der Rechtswidrigkeit oder bereits des Tatbestands) zum Ausschluss des Unrechts führt. |

| Begriff | Definition |
|---|---|
| Unrecht | ist der Inbegriff aller Voraussetzungen, die das Urteil begründen, der Täter habe sich in strafrechtlich erheblicher Weise rechtswidrig (= „widerrechtlich“, „verboten“, „pflichtwidrig“ oder „normwidrig“) verhalten. |
| Schuld | ist der Inbegriff aller Voraussetzungen, die das Urteil begründen, der Täter habe für das von ihm begangene Unrecht in strafbarer Weise einzustehen, so dass ihm das Unrecht mit der Folge seiner Strafbarkeit zum Vorwurf gemacht werden kann. |
| Objektiver Tatbestand | Zum objektiven Tatbestand gehören jeweils die äußeren Tatumstände, die von den Deliktstatbeständen oder Rechtfertigungsgründen formuliert werden. Exemplarisch: das den Tod eines Menschen verursachende Täterverhalten beim Totschlag (§ 212 Abs. 1) oder die objektiv gebotene und erforderliche Abwehr eines rechtswidrigen Angriffs bei der Notwehr (§ 32). |
| Subjektiver Tatbestand | Zum subjektiven Tatbestand gehören jeweils die tatspezifischen intellektuellen und voluntativen Tatelemente, zB der Vorsatz beim Vorsatzdelikt, Habgier bei § 211 Abs. 2, die Kenntnis der Notwehrlage bei § 32. |
| Subjektive Tatbestandsmerkmale | Die subjektiven Tatbestandsmerkmale beziehen sich auf solche Umstände aus dem psychisch-seelischen Bereich und der Vorstellungswelt des Täters, welche die subjektive Tatseite des jeweiligen Delikts charakterisieren. |
| Deskriptive Tatbestandsmerkmale | beziehen sich auf natürliche Eigenschaften von Personen und Objekten, deren Vorhandensein empirisch oder durch Berechnung festgestellt werden kann. |
| Normative Tatbestandsmerkmale | beziehen sich auf Eigenschaften, die auf einer sozialen bzw rechtlichen Regel beruhen. |
| Blankettmerkmale | sind Tatbestandsmerkmale, deren Inhalt von einer anderen rechtlichen Regelung (Gesetz, Rechtsverordnung oder Verwaltungsakt), auf die sie verweisen, bestimmt wird. |
| Handlungsunrecht | ist das Verhalten, das der Täter (objektiv und subjektiv) vornehmen oder unterlassen könnte und müsste, um die Verwirklichung eines Deliktstatbestands zu vermeiden. |
| Erfolgsunrecht | ist demgegenüber das durch das betreffende Verhalten realisierte tatbestandsmäßige Geschehen. |

| Begriff | Definition |
|---|---|
| Objektive Strafbarkeitsbedingungen | werden solche Merkmale eines Strafgesetzes genannt, deren Verwirklichung zwar Voraussetzung der Strafbarkeit eines Verhaltens ist, die aber nicht Gegenstand der subjektiven Zurechnung sind. |
| Persönliche Strafausschließungs- und Strafaufhebungsgründe | sind Umstände, deren Vorliegen – insbesondere aus kriminalpolitischen Erwägungen – die Verfolgung eines an sich rechtswidrigen und schuldhaften Verhaltens hindern. |
| Persönliche Strafeinschränkungsgründe | Von persönlichen Strafeinschränkungsgründen spricht man, wenn eine Vorschrift die Strafe nicht obligatorisch ausschließt, sondern es in das pflichtgemäße Ermessen des Gerichts stellt, ob dieses unter bestimmten Voraussetzungen von Strafe absehen oder die Strafe mildern will. |
| Prozessvoraussetzungen | Die gesetzlichen Bedingungen der Zulässigkeit eines Strafverfahrens werden Prozessvoraussetzungen genannt. |
| Grundtatbestände | Grundtatbestände umschreiben die Grundform eines bestimmten Deliktstyps und weisen alle Merkmale auf, die einer Straftat ihr typisches Gepräge geben. |
| Qualifikationen und Privilegierungen | sind zwar nur Abwandlungen des Grundtatbestands, da sie dessen Unrecht (iSe Stufenverhältnisses) steigern oder reduzieren. Es handelt sich bei ihnen aber insoweit um abschließende gesetzliche Regelungen, als sich die Strafe zwingend nach dem vorgesehenen Strafmaß richten muss, wenn die jeweiligen Voraussetzungen erfüllt sind. Zugleich verdrängen privilegierende und qualifizierende Tatbestände im Wege der Gesetzeskonkurrenz den Grundtatbestand. |
| Regelbeispiele | für besonders schwere Fälle sind Strafschärfungsgründe, die nicht abschließend sind, sondern nur im Regelfall eingreifen. |
| Begehungsdelikte | sind Straftaten, bei denen der Täter einen Tatbestand durch ein Tun (aktives Verhalten) zurechenbar verwirklicht. |
| Unterlassungsdelikte | sind Straftaten, bei denen der Täter die ihm mögliche Verhinderung einer Tatbestandsverwirklichung zurechenbar unterlässt (§ 13 Abs. 1). Die Unterlassungsdelikte werden ihrerseits in echte und unechte Unterlassungsdelikte unterteilt. |

| Begriff | Definition |
|---|---|
| Echte Unterlassungsdelikte | sind Straftaten, bei denen (bereits) das vom Deliktstatbestand umschriebene Verhalten ein bestimmtes Unterlassen ist. |
| Unechte Unterlassungsdelikte | sind Straftaten, bei denen der Täter die Verwirklichung eines Tatbestands nicht verhindert, obgleich er iSv § 13 Abs. 1 eine entsprechende Sonderpflicht hat. |
| Antragsdelikte | sind Straftaten, deren strafrechtliche Verfolgung als Prozessvoraussetzung (ausnahmsweise!) einen Strafantrag verlangt. |
| Verbrechen | ist ein Delikt mit einer gesetzlich vorgesehenen Mindestfreiheitsstrafe von einem Jahr (§ 12 Abs. 1). |
| Vergehen | ist ein Delikt, das im Mindestmaß mit einer Freiheitsstrafe von weniger als einem Jahr oder mit Geldstrafe bedroht ist (§ 12 Abs. 2). |
| Vollendung | Eine Straftat ist vollendet, wenn alle Merkmale des objektiven und subjektiven Deliktstatbestands verwirklicht sind. |
| Beendigung | Eine Straftat ist beendet, wenn das strafbare Unrecht seinen Abschluss gefunden hat. |
| § 13 | |
| Garantenstellung | Rechtliche Pflicht zur Überwachung einer Gefahr (Überwachergarantenstellung) oder zur Bewahrung eines bestimmten Gutes vor beliebigen Gefahren (Beschützergarantenstellung). |
| Geboten | ist ein Handeln dann, wenn es nach dem ex-ante-Urteil eines objektiven Beobachters die Tatbestandsverwirklichung effektiv (rasch und sicher) verhindern kann. |
| § 15 | |
| Vorsatz | Gegenstand des Vorsatzes ist die Annahme des Täters, durch sein gewolltes Verhalten das Risiko einer Tatbestandsverwirklichung zu schaffen (die nähere Bestimmung der in dieser Definition enthaltenen intellektuellen und voluntativen Elemente ist sehr str.). |

| Begriff | Definition |
|---|---|
| Absicht | Der Täter handelt mit Absicht hinsichtlich eines tatbestandlichen Umstands, wenn er dessen Verwirklichung anstrebt und annimmt, ihn durch sein Verhalten herbeiführen zu können. |
| Direkter Vorsatz (dolus directus) | Der Täter handelt mit direktem Vorsatz hinsichtlich eines tatbestandlichen Umstands, wenn er dessen Verwirklichung für eine sichere Folge seines gewollten Verhaltens hält. |
| Bedingter Vorsatz (dolus eventualis) | Der Täter handelt mit bedingtem Vorsatz hinsichtlich eines tatbestandlichen Umstands, wenn er dessen Verwirklichung im Sinne eines konkreten Risikos für eine mögliche Folge seines gewollten Verhaltens hält. |
| Dolus cumulativus | Der Täter geht davon aus, dass er durch sein Handeln mehrere Tatbestände nebeneinander verwirklicht. |
| Dolus alternativus | Der Täter geht davon aus, dass er durch sein Handeln einen von mehreren sich gegenseitig ausschließenden Tatbeständen verwirklicht. |
| Fahrlässigkeit | Fahrlässig verhält sich, wer solche tatbestandsverwirklichenden Folgen seines Verhaltens nicht erkennt und vermeidet, die er bei Aufbietung der erforderlichen Sorgfalt hätte vorhersehen und vermeiden können und müssen. |
| Leichtfertigkeit | Schwerwiegende Verletzung der im Verkehr erforderlichen Sorgfalt (entspricht in etwa der „groben Fahrlässigkeit" des Zivilrechts). |

§ 16

| | |
|---|---|
| Irrtum | Unkenntnis oder Fehlvorstellung des Täters in Bezug auf einen strafrechtlich relevanten Umstand. |
| Tatumstand | ist eine tatsächliche Voraussetzung eines Deliktstatbestands (oder Rechtfertigungstatbestands, str.). |
| Error in persona vel objecto | Der Täter irrt über die Identität des Tatobjekts, ordnet dieses aber zutreffend der tatbestandlich beschriebenen Gattung zu. |
| Erlaubnistatbestandsirrtum | Der Täter stellt sich irrig einen rechtfertigenden Sachverhalt vor. |
| Aberratio ictus | Der Vorsatz des Täters richtet sich auf ein bestimmtes Tatobjekt (Angriffsobjekt); aufgrund eines vom Täter nicht vorhergesehenen Kausalverlaufs wird jedoch ein anderes Objekt (Verletzungsobjekt) getroffen. |

| Begriff | Definition |
|---|---|
| **§ 17** | |
| Vermeidbarkeit (des Verbotsirrtums) | Ein Verbotsirrtum ist vermeidbar, wenn das Unrecht für den Täter erkennbar war, ihm also sein Verhalten unter Berücksichtigung seiner Fähigkeiten und Kenntnisse hätte Anlass geben müssen, über dessen mögliche Rechtswidrigkeit nachzudenken oder Erkundigungen einzuziehen, und er auf diesem Wege zur Unrechtseinsicht gekommen wäre. |
| **§§ 20, § 21** | |
| Krankhafte seelische Störungen | sind Geisteskrankheiten, deren somatische Ursachen nachgewiesen sind oder postuliert werden. |
| Tiefgreifende Bewusstseinsstörung | sind schwere nichtkrankhafte Bewusstseinstrübungen oder -einengungen, die zu einem Verlust der raum-zeitlichen Orientierung führen. |
| Schwachsinn | ist die angeborene oder auf seelischer Fehlentwicklung beruhende erhebliche Intelligenzschwäche ohne nachweisbare organische Ursachen. |
| Schwere seelische Abartigkeit | sind gravierende Psychopathien, Neurosen und Triebstörungen. |
| Fehlende Einsichtsfähigkeit | ist die Unfähigkeit, Unrechtsbewusstsein hinsichtlich der Tat zu erlangen. |
| Fehlende Steuerungsfähigkeit | ist die Unfähigkeit zu einsichtsgemäßem Verhalten hinsichtlich der konkreten Tat. |
| Actio libera in causa | Unter den Voraussetzungen einer a.l.i.c. ist eine Tatbestandsverwirklichung auch dann zur Schuld zurechenbar, wenn der Täter zwar im Zeitpunkt der unmittelbaren Tatbestandsverwirklichung schuldunfähig ist, aber seine Schuldunfähigkeit – namentlich aufgrund vorhergehenden Genusses von Alkohol oder anderen Rauschmitteln – zu vertreten hat. Die Verfassungsmäßigkeit der a.l.i.c. ist umstritten. |
| **§§ 22, 23** | |
| Tauglichkeit des Versuchs | Wenn die Handlung des Täters aus der Perspektive eines mit den Umständen vertrauten Beobachters als zur Tatbestandsverwirklichung geeignet erscheint. |

| Begriff | Definition |
|---|---|
| Untauglichkeit | Wenn die Handlung des Täters aus der Perspektive eines mit den Umständen vertrauten Beobachters als zur Tatbestandsverwirklichung ungeeignet erscheint. |
| Versuch der Erfolgsqualifikation | Der Täter versucht oder vollendet das vorsätzliche Grunddelikt und handelt auch hinsichtlich der besonderen Folge vorsätzlich, ohne dass diese Folge eintritt. |
| Erfolgsqualifizierter Versuch | Der Täter führt schon beim Versuch des vorsätzlichen Grunddelikts die besondere Folge fahrlässig herbei. |
| Wahndelikt | Der Täter geht bei seinem Handeln von der Existenz eines tatsächlich nicht bestehenden Verbots aus. |
| Planung | ist die gedankliche Vorwegnahme eines Geschehens, das nach der Vorstellung des Täters einen Deliktstatbestand verwirklicht. |
| Vorbereitung | meint die Ergreifung der zur Tatausführung erforderlichen Maßnahmen. |
| Versuch | Der Täter setzt nach seiner Vorstellung von der Tat aufgrund eines unbedingten Tatentschlusses unmittelbar zur Tatbestandsverwirklichung an, ohne dass es zur Vollendung kommt. |
| Tatentschluss | Der auf die Tatbestandsverwirklichung bezogene Vorsatz einschließlich sonstiger subjektiver Tatbestandsmerkmale. |

§ 24

| | |
|---|---|
| Fehlgeschlagener Versuch | Die Tatbestandsverwirklichung ist nach der Vorstellung des Täters nicht mehr möglich oder das Tatobjekt entspricht nicht demjenigen des Tatplans. |
| Unbeendeter Versuch | Der Täter geht davon aus, noch nicht alles zur Tatbestandsverwirklichung Erforderliche getan zu haben. |
| Beendeter Versuch | Der Täter geht davon aus, bereits alles zur möglichen Tatbestandsverwirklichung Erforderliche getan zu haben. |
| Aufgeben | ist das Absehen von weiteren Maßnahmen zur (noch für realisierbar gehaltenen) Tatbestandsverwirklichung. |
| Tat | bedeutet die vorsätzliche und rechtswidrige Verwirklichung eines bestimmten materiellrechtlichen Straftatbestands. |

| Begriff | Definition |
| --- | --- |
| Ernsthaftes Bemühen | Der Täter ist davon überzeugt, durch sein Handeln (in einer für Dritte nachvollziehbaren Weise) den Erfolgseintritt zu verhindern. |
| Freiwilligkeit | Freiwillig ist ein Rücktritt, der aus autonomen Motiven erfolgt, während er unfreiwillig ist, wenn er auf heteronomen Motiven beruht (hL). |

§ 25

| | |
| --- | --- |
| Selbst (§ 25 StGB) | **Unmittelbarer Täter** ist derjenige, der die Straftat selbst begeht, also alle objektiven und subjektiven Tatbestandsmerkmale erfüllt und damit den Tatbestand eigenhändig verwirklicht. |
| Durch einen anderen (§ 25 StGB) | **Mittelbarer Täter** ist, wer sich zur Verwirklichung des Tatbestandes einer anderen Person als Werkzeug bedient. Die Eigenschaft als Werkzeug ergibt sich aus der rechtlichen Verantwortlichkeit des mittelbaren Täters (als Hintermann) für ein rechtlich relevantes Verantwortungsdefizit des unmittelbar Handelnden (Vordermann). Die Verantwortlichkeit des Hintermanns wiederum kann sich qua überlegenen Wissens oder Willens ergeben. |
| Begeht (strittig) (§ 25 StGB) | Begehen setzt nach hL eine materiell-objektive Tatherrschaft voraus. Kennzeichnend hierfür ist die Herrschaft über das Ob der Tat („Entscheidungsherrschaft") und die Herrschaft über das Wie der Tat („Gestaltungsherrschaft").<br><br>Demgegenüber stellt die Rspr (auch) subjektiv darauf ab, ob der jeweilige Beteiligte mit Täterwillen (animus auctoris) im Gegensatz zum Teilnehmerwillen (animus socii) handelt, also die Tat als eigene will und nicht bloß als fremde veranlassen oder fördern möchte. |
| Mittäter | Mittäterschaft setzt objektiv eine gemeinschaftliche Tatbegehung und subjektiv einen gemeinsamen Tatentschluss voraus. |

§ 26

| | |
| --- | --- |
| Vorsätzlich (§ 26 StGB) | Der Anstiftervorsatz, für den *dolus eventualis* genügt, muss die Vollendung einer bestimmten vorsätzlichen und rechtswidrigen Haupttat und das Hervorrufen des Tatentschlusses beim Haupttäter umfassen (sog. doppelter Anstiftervorsatz). |

| Begriff | Definition |
|---|---|
| | Bzgl der Haupttat muss sich der Vorsatz des Haupttäters auf deren Grundzüge und wesentlichen Merkmale konkretisiert haben. |
| Bestimmen (§ 26 StGB) | ist das Hervorrufen des Entschlusses zu einer konkreten rechtswidrigen Tat. Hierfür wird von der hL ein geistiger Kontakt iSe Kommunikationsaktes gefordert mit dem Ziel, den Adressaten zum Tatentschluss zu bewegen. Das bloße Schaffen situativer Tatanreize ist demnach nicht ausreichend. (str.) |
| **§ 27** | |
| Vorsätzlich (§ 27 StGB) | Der Gehilfenvorsatz, für den *dolus eventualis* genügt, muss die Ausführung und Vollendung einer bestimmten vorsätzlichen und rechtswidrigen Haupttat und die eigene Hilfeleistung umfassen (sog. doppelter Gehilfenvorsatz). Im Hinblick auf die Haupttat werden gegenüber dem Anstiftervorsatz regelmäßig geringere Anforderungen gestellt, da der Helfende im Gegensatz zum Anstifter nicht eine zu konkretisierende Tat vorgeben muss, sondern eine bereits konkretisierte Tat begleitet. |
| Hilfe (§ 27 StGB) | Beihilfe kann durch Rat und Tat, also als psychische und physische Beihilfe geleistet werden:<br>– **Physische Beihilfe** kann sowohl in der Gewährung von Sachmitteln (zB Waffen, Werkzeugen) als auch körperlichen Tätigkeiten während der Tat bestehen.<br>– **Psychische Beihilfe** ist iSe beratenden Tätigkeit (kognitive Beihilfe) aber auch – nach hM – als bloße Bestärkung des Tatentschlusses (voluntative Beihilfe) denkbar. (str.) |
| Geleistet hat (§ 27 StGB) | Im Hinblick auf die Kausalität der Beihilfe fordert die sog. Erfolgsförderungstheorie der hL, dass der Gehilfenbeitrag die Tatbestandsverwirklichung ermöglicht, erleichtert, intensiviert oder abgesichert hat. Ausreichend ist – wie auch sonst – dass die Tat durch den Beitrag in ihrer konkreten Gestalt modifiziert wird. (str.) |
| **§ 28** | |
| Besondere Persönliche Merkmale | Besondere persönliche Merkmale sind persönliche Merkmale, die als (besondere) *täterbezogene* persönliche Merkmale von den *tatbezogenen* persönlichen Merkmalen abzugrenzen sind. (str.) |

| Begriff | Definition |
|---|---|
| | – Tatbezogen sind dabei Merkmale, die nur das objektiv realisierte bzw zu realisierende Unrecht subjektiv widerspiegeln, insbesondere Vorsatz, Zueignungs- und Bereicherungsabsichten.<br>– Täterbezogen sind demgegenüber Merkmale, die sich nicht auf das objektive Unrecht der Tat beziehen, also vor allem Motive, die nicht auf die Verletzung des tatbestandlich geschützten Rechtsguts gerichtet sind (zB Habgier beim Mord), sowie Sonderpflichtmerkmale (zB die Amtsträgereigenschaft). |
| § 30 | |
| Einen anderen zu bestimmen versucht (§ 30 StGB) | Die Anstiftung bzw Kettenanstiftung darf nach § 30 Abs. 1 nur versucht sein, dh sie muss erfolglos bleiben. Die Erfolglosigkeit kann daher rühren, dass der Anzustiftende keinen Tatentschluss fasst, diesen nicht ausführt oder schon vorher zur Tat entschlossen war. (str.) Für den Versuchsbeginn reicht es nach hM aus, dass sich der Auffordernde seiner Erklärung entäußert hat; ein Zugang beim Adressaten ist nicht erforderlich. (str.) |
| Verbrechen (§ 30 StGB) | Verbrechen ist gem. § 12 Abs. 1 StGB eine rechtswidrige Tat, die im Mindestmaß mit Freiheitsstrafe von einem Jahr oder darüber bedroht ist. Hinsichtlich des Verbrechenscharakters der Haupttat kommt es nach überwiegender Lehre darauf an, ob die anvisierte Tat *in der Person des Anstifters* ein Verbrechen darstellt. (str.) Bedeutsam ist dies bei Verbrechensqualifikationen aufgrund besonderer persönlicher Merkmale iSd § 28, da hier gem. Abs. 2 die Strafschärfung nur für denjenigen wirkt, der das Merkmal in eigener Person verwirklicht. |
| Sich-Bereiterklären (§ 30 StGB) | Das Sich-Bereiterklären zu einem Verbrechen umfasst zum einen die Annahme einer Anstiftung, zum anderen auch die Konstellation, dass ein zur Tat Geneigter, aber noch nicht Entschlossener einem anderen, den er für interessiert hält, die Begehung eines Verbrechens zusagt, sofern dieser es will. Das Angebot muss nach hM nicht zugegangen sein. (str.) |
| Annahme des Erbietens (§ 30 StGB) | ist die ernst gemeinte Erklärung, mit dem Angebot eines anderen, ein Verbrechen zu begehen oder einen Dritten zu einem Verbrechen anzustiften, einverstanden zu sein. |
| Verabredung (§ 30 StGB) | Als Verabredung ist die (ausdrückliche oder konkludente) ernst gemeinte Übereinkunft wenigstens zweier Personen anzusehen, ein Verbrechen als Mittäter zu begehen |

| Begriff | Definition |
|---|---|
| | oder einen Dritten gemeinsam zu einem Verbrechen anzustiften. Die Verabredung ist damit die Vorstufe zur Mittäterschaft oder zur gemeinsamen Anstiftung. |
| **§ 31** | |
| Freiwilligkeit (§ 31 StGB) | Die Freiwilligkeit bestimmt sich – wie bei § 24 – nach hM danach, ob der Rücktritt aus autonomen Motiven erfolgt, während er unfreiwillig ist, wenn er auf heteronomen Beweggründen beruht. |
| Aufgabe (§ 31 StGB) | Für die Aufgabe des Versuchs ist (entsprechend § 24) nach hM zu fordern, dass der Täter von weiteren Maßnahmen absieht, die hinsichtlich der Tatbestandsverwirklichung einen einheitlichen Lebensvorgang bilden würden. Ein endgültiges Abstandnehmen vom Tatplan ist nicht erforderlich. (str.) |
| Abwenden (§ 31 StGB) | setzt voraus, dass der Anstifter für das Unterbleiben der Tat kausal wird bzw ihm selbiges nach den Beteiligungsregeln zugerechnet werden kann. |
| Verhindern der Tat (§ 31 StGB) | Für ein Verhindern der Tat iSv § 31 Abs. 1 Nr. 3, Abs. 2 genügt ein passives Verhalten, wenn der Beteiligte seinen Tatbeitrag nicht erbringt, der nach seiner Vorstellung für das Gelingen der Tat in der geplanten Gestalt unerlässlich ist. |
| Ernsthaftes Bemühen (§ 31 StGB) | ist wie bei § 24 dann anzunehmen, wenn der Täter (in einer für einen Dritten nachvollziehbaren Weise) davon überzeugt ist, durch sein Handeln den Erfolgseintritt zu verhindern. |
| **Vor § 32** | |
| Erlaubnistatbestandsirrtum | Ein sog. Erlaubnistatbestandsirrtum liegt vor, wenn der Täter die tatsächlichen oder normativen (str.) Voraussetzungen eines Rechtfertigungsgrundes für gegeben hält, ohne dass diese objektiv vorliegen. |
| Erlaubnisirrtum | Ein sog. Erlaubnisirrtum liegt vor, wenn der Täter trotz zutreffender Erfassung des Sachverhalts entweder irrig einen rechtlich nicht anerkannten Rechtfertigungsgrund annimmt (Bestandsirrtum) oder aber die Grenzen eines rechtlich anerkannten Rechtfertigungsgrundes zu seinen Gunsten überdehnt (Grenzirrtum). |

| Begriff | Definition |
|---|---|
| Mutmaßliche Einwilligung | Die mutmaßliche Einwilligung ist ein Rechtfertigungsgrund, bei dem bis auf das Fehlen der Erklärung des Rechtsgutsinhabers alle Voraussetzungen einer wirksamen Einwilligung vorliegen müssen. Der Eingriff in die fremde Rechtssphäre ist hier zulässig, weil eine tatsächliche Einwilligung wegen unüberwindbarer Hindernisse nicht mehr rechtzeitig eingeholt werden kann und das tatbestandsmäßige Verhalten entweder den Interessen des Berechtigten dient (Prinzip der Interessenwahrnehmung) oder diese ersichtlich nicht berührt (Prinzip des mangelnden Interesses). |
| Hypothetische Einwilligung | Die hypothetische Einwilligung ist eine von der Rspr genutzte Einwilligungsfiktion. Sie grenzt sich von der mutmaßlichen Einwilligung dadurch ab, dass hier eine tatsächliche Erklärung des Betroffenen hätte eingeholt werden können, ohne dass dies geschehen ist. |
| Rechtfertigende Pflichtenkollision | Als rechtfertigende Pflichtenkollision wird eine Situation bezeichnet, in der eine Person Adressat wenigstens zweier gleichrangiger Pflichten ist, von denen sie aber nur eine auf Kosten der anderen erfüllen kann. |

§ 127 StPO

| | |
|---|---|
| Tat (§ 127 StPO) | Als Tat kommt nur eine rechtswidrige Tat gemäß § 11 Abs. 1 Nr. 5 in Betracht. Das Verhalten muss also den Tatbestand eines Strafgesetzes verwirklichen, ohne gerechtfertigt zu sein. Eine vom Festnehmenden nur angenommene Tat ist daher nicht ausreichend. (str.) |
| Frisch (§ 127 StPO) | Die Tat ist frisch, solange aus den gesamten Umständen, in denen sich der Betroffene befindet, noch auf ihre Begehung geschlossen werden kann. Die Festnahme muss also in einem unmittelbaren zeitlichen und räumlichen Zusammenhang mit der Tat erfolgen. |
| Festnahme (§ 127 StPO) | Die Festnahme darf mit allen Mitteln erfolgen, die zum Festnahmezweck in einem angemessenen Verhältnis stehen. Erfasst sind auch Eingriffe, die milder als eine Freiheitsberaubung sind und denselben Zweck erfüllen können. |

| Begriff | Definition |
|---|---|
| § 32 | |
| Notwehr | Die Notwehr ist ein Rechtfertigungsgrund, der eine Notwehrlage (das „Ob“ der Notwehr), eine Notwehrhandlung (das „Wie“ der Notwehr) sowie einen Verteidigungswillen (die subjektive Seite der Notwehr) fordert:<br>– Die *Notwehrlage* wird durch einen gegenwärtigen, rechtswidrigen Angriff begründet.<br>– Die *Notwehrhandlung* ist die erforderliche und gebotene Verteidigung gegenüber dem Angreifer.<br>– Für den *Verteidigungswillen* verlangt die hM neben Kenntnis der Notwehrlage auch ein Handeln in Verteidigungsabsicht. (str.) |
| Angriff (§ 32 StGB) | ist jede durch menschliches Verhalten drohende Verletzung eines rechtlich geschützten Gutes. Das menschliche Verhalten muss dabei Handlungsqualität aufweisen, aber keine Verletzung bezwecken, sondern nur seiner objektiven Tendenz nach unmittelbar darauf gerichtet sein. |
| Gegenwärtig (§ 32 StGB) | Der Angriff ist gegenwärtig, wenn die Gutsverletzung unmittelbar bevorsteht, bereits begonnen hat oder noch fortdauert. |
| Verteidigung (§ 32 StGB) | Verteidigung iSd Notwehr ist ein Verhalten, welches sich (allein) gegen den Angreifer richtet, da nur dessen Verhalten die Berechtigung zur Notwehr begründet. |
| Erforderlichkeit (§ 32 StGB) | Erforderlich ist diejenige Verteidigung, die aufgrund eines objektiven *ex-ante*-Urteils geeignet erscheint, den Angriff endgültig zu beenden, und dabei unter den gleichermaßen geeigneten Mitteln dasjenige darstellt, das den geringsten Verlust beim Angreifer bedingt. Bezugspunkt ist dabei die Verteidigungs*handlung*, nicht der Verteidigungs*erfolg*. |
| Geboten (§ 32 StGB) | Die Verteidigung ist geboten, wenn sie sich im Rahmen des normativ Angemessenen bewegt, also keinen „sozialethischen“ Einschränkungen unterliegt. Anders als das Merkmal der Erforderlichkeit, welches sich auf die *faktische* Abwehrmöglichkeit des Angriffs bezieht, betrifft die Gebotenheit damit die *normative* Angemessenheit der Reaktion. |

| Begriff | Definition |
|---|---|
| Nothilfe (§ 32 StGB) | Die Verteidigung zugunsten eines anderen wird Notwehrhilfe oder Nothilfe genannt und ist grds unter den gleichen Voraussetzungen wie die Notwehr möglich und gerechtfertigt, wobei allerdings bei Disponibilität des gefährdeten Rechtsguts die Hilfe gesperrt ist, sofern der Angegriffene erkennbar den Verlust seines Gutes dulden will. |
| **§ 33** | |
| Überschreiten der Grenzen der Notwehr (§ 33 StGB) | Das Überschreiten der Grenzen der Notwehr bezieht sich unstr. jedenfalls auf das Maß der erforderlichen Verteidigung (sog. *intensiver Notwehrexzess*). Dagegen wendet die hM die Vorschrift auf die Überschreitung der Notwehr in zeitlicher Hinsicht (sog. *extensiver Notwehrexzess*) nicht an. (str.) Gleiches gilt für den Fall des sog. *Putativnotwehrexzesses*, wenn eine Notwehrlage also überhaupt nie bestanden hat. (str.) |
| Aus Verwirrung, Furcht oder Schrecken (§ 33 StGB) | Einschlägig sind nur die aufgeführten, sog. asthenischen Affekte als Schwächeaffekte, nicht hingegen sthenische Affekte wie Wut, Empörung oder Hass. Treffen asthenische Affekte mit weiteren Motiven zusammen, müssen sie zumindest mitbestimmend gewesen sein. |
| **§ 34** | |
| Rechtfertigender Notstand (§ 34 StGB) | Der rechtfertigende Notstand ist ein Rechtfertigungsgrund, der zur Voraussetzung eine Notstandslage, eine Notstandshandlung sowie ein Handeln mit Rettungswillen hat:<br>– Die *Notstandslage* besteht in einer gegenwärtigen Gefahr für ein Rechtsgut.<br>– Die *Notstandshandlung* ist durch die Merkmale der Erforderlichkeit, der Interessenabwägung und einer Angemessenheit nach S. 2 gekennzeichnet.<br>– Im Hinblick auf den *Rettungswillen* fordert die hM neben der Kenntnis der Rechtfertigungslage auch ein Handeln zum Zwecke der Gefahrenabwehr. |

| **Begriff** | **Definition** |
|---|---|
| Gefahr (§ 34 StGB) | Ein Rechtsgut ist iSd § 34 S. 1 gefährdet, wenn seine Schädigung aufgrund der gegebenen Umstände als sehr wahrscheinlich erscheint, wobei das Gefahrurteil im Wege der *ex-ante*-Prognose eines neutralen Beobachters zu fällen ist. Sofern bereits eine Verletzung eingetreten ist, kann die Gefährdung auch in der Wahrscheinlichkeit einer Intensivierung des Schadens liegen. |
| Gegenwärtigkeit (§ 34 StGB) | Die Gefahr ist gegenwärtig, wenn Maßnahmen zu ihrer Abwendung alsbald zu treffen sind. Es kommt also entscheidend auf die Notwendigkeit sofortigen Handelns zur Abwendung des drohenden Schadens an und weniger auf den Zeitpunkt der erwarteten Gefahrrealisierung. |
| Rechtsgut (§ 34 StGB) | Notstandsfähig sind alle Rechtsgüter, dh neben den namentlich aufgeführten Individualrechtsgütern wie Leib, Leben, Freiheit, Ehre und Eigentum auch überindividuelle (kollektive) Rechtsgüter. |
| Nicht anders abwendbar (§ 34 StGB) | Die Notstandshandlung muss zur Abwendung der Gefahr erforderlich sein. |
| Abwägung der widerstreitenden Interessen (§ 34 StGB) | Die Abwägung der widerstreitenden Interessen umfasst bereits nach dem Gesetzeswortlaut die Berücksichtigung (des abstrakten Wertes) der betroffenen Rechtsgüter sowie den Grad der ihnen drohenden Gefahren. Daneben sind insbesondere auch das Ausmaß der drohenden Schäden, besondere Pflichtenstellungen des Gefährdeten und ggf dessen schuldhafte Verursachung der Gefahr zu berücksichtigen. |
| Angemessenes Mittel (§ 34 StGB) | Die Notstandshandlung ist iSv § 34 S. 2 als angemessenes Mittel anzusehen, wenn zur Gefahrabwendung keine rechtlich geordneten Verfahren zur Verfügung stehen. |
| **§ 228 BGB** | |
| Nicht außer Verhältnis (§ 228 BGB) | Dass der (angerichtete) Schaden bei § 228 BGB nicht außer Verhältnis zur abzuwendenden Gefahr stehen darf, führt beim defensiven Notstand dazu, dass – im Gegensatz zum aggressiven Notstand nach § 34 S. 1 (§ 904 BGB) – auch Beschädigungen gerechtfertigt sein können, die *gravierender* als der drohende Schaden sind. |

| Begriff | Definition |
|---|---|
| § 35 | |
| Entschuldigender Notstand (§ 35 StGB) | Der entschuldigende Notstand ist ein Entschuldigungsgrund, der eine Notstandslage, eine Notstandshandlung, einen Rettungswillen sowie eine fehlende Zumutbarkeit der Gefahrduldung fordert:<br>– Die *Notstandslage* setzt eine gegenwärtige Gefahr für eines der ausdrücklich genannten Güter voraus.<br>– Für die *Notstandshandlung* darf die den Notstand begründende Gefahr durch keine andere Maßnahme als das Verhalten des Täters abwendbar sein.<br>– Der *Rettungswille* setzt neben der Kenntnis der Gefahrenlage ein Handeln zum Zwecke der Gefahrabwendung voraus. |
| Gefahr (§ 35 StGB) | Die Gefahr ist bei § 35 Abs. 1 S. 1 identisch zum rechtfertigenden Notstand als wahrscheinliche Gefährdung zu beschreiben, die sich allerdings zwingend auf die ausdrücklich genannten Rechtsgüter beziehen muss. |
| Gegenwärtigkeit (§ 35 StGB) | Die Gefahr ist – identisch zu § 34 S. 1 – gegenwärtig, wenn Maßnahmen zu ihrer Abwendung alsbald zu treffen sind. |
| Freiheit (§ 35 StGB) | Unter Freiheit ist allein die Fortbewegungsfreiheit (und nicht die allgemeine Handlungsfreiheit) zu verstehen. |
| Angehörige (§ 35 StGB) | Angehörige sind die in § 11 Abs. 1 Nr. 1 genannten Personen. |
| Nahestehende Person (§ 35 StGB) | Als nahestehend können Personen angesehen werden, mit denen der Täter in Hausgemeinschaft lebt oder die ihm wie Angehörige persönlich verbunden sind. |
| Nicht anders abwendbar (§ 35 StGB) | Die Gefahr ist nur dann nicht anders abwendbar, wenn die Notstandshandlung als ultima ratio zur Behebung der Gefahr objektiv erforderlich ist: Die Notstandshandlung muss also geeignet und das relativ mildeste der zur Verfügung stehenden Mittel sein. Zudem muss eine gewisse Proportionalität zwischen dem zu schützenden und dem verletzten Rechtsgut bestehen. |
| Gefahr selbst verursacht (§ 35 StGB) | Gefahrverursachung meint hier nicht allein das Setzen einer kausalen Bedingung. Vielmehr ist dem Täter die Entschuldigung erst zu versagen, wenn er sich zumindest objektiv ohne zureichenden Grund in eine Situation begeben hat, aus der die Gefahrenlage vorhersehbar erwachsen ist. |

| Begriff | Definition |
|---|---|
| Besonderes Rechtsverhältnis (§ 35 StGB) | Besonderes Rechtsverhältnis iSd § 35 Abs. 1 S. 2 meint ein Rechtsverhältnis, aus dem sich erhöhte Gefahrtragungs- und Schutzpflichten ergeben. Die Schutzpflicht muss sich dabei auf die *Allgemeinheit* beziehen, wie dies bei Polizeibeamten oder Angehörigen der Feuerwehr der Fall ist. |
| **Vor § 52** | |
| Handlungseinheit | Der Begriff der Handlungseinheit bezeichnet die rechtliche Bewertung eines äußeren Verhaltens als einheitliche Handlung. Anwendungsfälle hierfür sind:<br>– die Handlung im natürlichen Sinne,<br>– die natürliche Handlungseinheit,<br>– die tatbestandliche Handlungseinheit und die fortgesetzte Handlung. |
| Handlung im natürlichen Sinne | Von einer Handlung im natürlichen Sinne spricht man, wenn der Tatbestand eines Delikts durch eine bestimmte Körperbewegung oder deren Unterlassen erfüllt wird. |
| Natürliche Handlungseinheit | Mehrere natürliche Handlungen bilden eine natürliche Handlungseinheit, wenn sie<br>– in einem unmittelbaren räumlichen und zeitlichen Zusammenhang stehen,<br>– auf einer einheitlichen Motivationslage beruhen,<br>– sich für einen Beobachter bei „natürlicher" Betrachtung als einheitliches Geschehen darstellen und<br>– zu einer quantitativen Steigerung des tatbestandlichen Schadens führen. |
| Tatbestandliche Handlungseinheit | Als tatbestandliche Handlungseinheit ist es anzusehen, wenn mehrere Einzelakte durch die tatbestandliche Unrechtsvertypung zu einer Handlung verbunden sind, wie dies bei Dauerdelikten, zusammengesetzten Delikten und mehraktigen Delikten der Fall ist. |
| Fortgesetzte Handlung | Von einer fortgesetzten Handlung spricht man, wenn<br>– mehrere Einzelakte sich gegen dasselbe Rechtsgut richten,<br>– in der Begehungsweise im Wesentlichen gleichartig sind,<br>– in einem räumlichen und zeitlichen Zusammenhang stehen und<br>– auf einem einheitlichen Vorsatz (Gesamtvorsatz) beruhen. |

| Begriff | Definition |
|---|---|
| | Die Figur der fortgesetzten Handlung ist durch die Entscheidung BGHSt 40, 138ff weitgehend aufgegeben worden. |
| Gesetzeskonkurrenz | Gesetzeskonkurrenz (auch unechte Konkurrenz oder Gesetzeseinheit genannt) bezeichnet die „Verdrängung“ eines Strafgesetzes, das zwar verwirklicht ist, aber nicht angewandt wird, weil dessen Unrecht bereits von einem anderen Gesetz erfasst ist, dessen Verletzung dem Täter ebenfalls vorgeworfen wird. Es werden drei Arten der Gesetzeskonkurrenz unterschieden:<br>– Spezialität,<br>– Subsidiarität und<br>– Konsumtion. |
| Spezialität | Von Spezialität spricht man, wenn durch eine Handlung (bzw Handlungseinheit) zwei Gesetze verletzt werden, von denen eines alle Merkmale des anderen und zudem noch wenigstens ein weiteres Merkmal aufweist. |
| Subsidiarität | Subsidiarität ist gegeben, wenn durch eine Handlung (bzw Handlungseinheit) zwei Gesetze verletzt werden, von denen eines jedoch nur unter der Voraussetzung anwendbar ist, dass das andere nicht eingreift. Dies kann qua ausdrücklicher gesetzlicher Anordnung der Fall sein (sog. **formelle Subsidiarität**) oder auch deshalb, weil dem Täter das Unrecht in unterschiedlichen Formen zugerechnet werden kann (sog. **materielle Subsidiarität**). |
| Konsumtion | Die Konsumtion betrifft sowohl Fälle der Handlungseinheit als auch -mehrheit, bei denen das Unrecht eines Delikts *im Regelfall* von demjenigen eines anderen Delikts miterfasst wird, ersteres also kein eigenes Gewicht erlangt. |
| In dubio pro reo | Der Grundsatz in dubio pro reo ist eine Entscheidungsregel der Rechtsanwendung und besagt, dass eine Verurteilung nur auf solche Tatsachen gestützt werden darf, die zur Überzeugung des Gerichts als im Verfahren erwiesen anzusehen sind. Er greift dabei nicht nur bei Entscheidungen über Bestrafung oder Freispruch ein, sondern auch bei der Entscheidung zwischen Taten, die in einem logischen oder normativen Stufenverhältnis stehen. |
| Gleichartige Wahlfeststellung | Bei der gleichartigen Wahlfeststellung (oder Sachverhaltsalternativität) steht fest, dass der Täter denselben Tatbestand notwendigerweise durch eine von mehreren möglichen Handlungen verwirklicht hat, ohne dass die |

| Begriff | Definition |
|---|---|
| | konkrete Begehungsweise mit Sicherheit festgestellt werden kann. Der Täter ist dann dennoch wegen des in Frage kommenden Tatbestands zu bestrafen. |
| Ungleichartige Wahlfeststellung | Bei der ungleichartigen (oder „echten") Wahlfeststellung steht fest, dass durch die in Betracht kommenden Sachverhaltsmöglichkeiten notwendigerweise eines von mehreren selbstständigen Delikten begangen wurde, wobei die in Betracht kommenden Delikte rechtsethisch und psychologisch vergleichbar sein müssen. (str.) Es erfolgt dann eine *wahlweise* Verurteilung. (str.) |
| Postpendenz | In der Situation der sog. Postpendenz steht fest, dass von zwei strafrechtlich relevanten Sachverhalten der spätere gewiss, der frühere dagegen nur möglicherweise vorlag. Hier erfolgt eine eindeutige Verurteilung wegen des späteren Delikts. |
| Praependenz | Bei der Praependenz ist von zwei strafrechtlich relevanten Sachverhalten der frühere zweifelsfrei, der spätere jedoch nur möglicherweise gegeben. Zu verurteilen ist dann wegen des früheren Delikts. |

§ 52

| | |
|---|---|
| Tateinheit | Eine tateinheitliche Verletzung mehrerer Strafgesetze oder eine tateinheitliche mehrmalige Verletzung desselben Strafgesetzes ist anzunehmen wenn<br>– mehrere Tatbestände zugleich durch dieselbe Handlung verwirklicht werden,<br>– mehrere Tatbestände *teilweise* durch dieselbe Handlung (bzw Handlungseinheit) verwirklicht werden (Tateinheit durch Teilidentität der Ausführungshandlungen),<br>– mehrere Tatbestände zwar unabhängig voneinander, aber jeweils teilidentisch mit der Verwirklichung eines weiteren Tatbestands erfüllt werden (Tateinheit durch Klammerwirkung),<br>– die einzelnen Delikte durch eine Mehrheit von Handlungen begangen werden, die jedoch bei natürlicher Betrachtung eine Einheit bilden (Tateinheit durch natürliche Handlungseinheit). (str.) |
| Verletzt dieselbe Handlung mehrere Strafgesetze | Der Fall, dass eine Handlung (Handlungseinheit) mehrere Strafgesetze verletzt, wird als ungleichartige Tateinheit oder **ungleichartige Idealkonkurrenz** bezeichnet. |

| Begriff | Definition |
|---|---|
| Verletzt dieselbe Handlung dasselbe Strafgesetz mehrmals | Der Fall, dass eine Handlung (Handlungseinheit) dasselbe Strafgesetz mehrmals verletzt, wird als gleichartige Tateinheit bzw **gleichartige Idealkonkurrenz** bezeichnet. |
| § 53 | |
| Hat jemand mehrere Straftaten begangen | Der Fall, dass eine Person mehrere selbstständig strafbare Gesetzesverletzungen begangen hat, wird Tatmehrheit genannt und liegt dann vor, wenn keine der Kriterien zur Bildung einer Tateinheit eingreifen. |

# Strafrecht Besonderer Teil I

| Tatbestandsmerkmal | Definition |
|---|---|
| **§ 113** | |
| Vollstreckungshandlung (§ 113 StGB) | Eine Vollstreckungshandlung ist die Verwirklichung des bereits konkretisierten Staatswillens: Der Staatswille muss von dem Beamten kraft seines Amtes durch einen staatshoheitsrechtlichen Akt notfalls einseitig verwirklicht und mit Zwang durchgesetzt werden können. |
| Widerstand leisten (§ 113 StGB) | Widerstand leisten ist jedes auf Verhinderung oder Erschwerung der Vollstreckungshandlung bezogene aktive Verhalten. |
| **§ 123** | |
| Wohnung (§ 123 StGB) | Eine Wohnung ist ein nach außen abgeschlossener räumlicher Bereich, der einer oder mehreren Personen als Unterkunft dient. |
| Geschäftsräume (§ 123 StGB) | Geschäftsräume sind nach außen abgeschlossene Räumlichkeiten, die bestimmungsgemäß zu beruflichen, gewerblichen, wissenschaftlichen oder künstlerischen Zwecken genutzt werden. |
| befriedetes Besitztum (§ 123 StGB) | Befriedetes Besitztum ist ein gegen willkürliches Betreten durch Schutzwehren gesicherter Grundstücksbereich. |
| zum öffentlichen Dienst bestimmt (§ 123 StGB) | Zum öffentlichen Dienst bestimmt sind Räume, wenn sie der Ausübung von Tätigkeiten aufgrund öffentlich-rechtlicher Vorschriften dienen. |
| zum öffentlichen Verkehr bestimmt (§ 123 StGB) | Zum öffentlichen Verkehr bestimmt sind Räume, die allgemein zugänglich sind und für den Personen- oder Gütertransportverkehr genutzt werden. |
| Eindringen (§ 123 StGB) | Eindringen ist das Betreten gegen den Willen des Berechtigten. |
| Betreten (§ 123 StGB) | Der Täter muss nicht mit dem ganzen Körper in die geschützte Räumlichkeit gelangen. Allerdings muss der Täter den Schutzbereich körperlich überschreiten. |
| Berechtigter (§ 123 StGB) | Berechtigter ist der Inhaber des Hausrechts. |

| Tatbestandsmerkmal | Definition |
|---|---|
| **§ 133** | |
| dienstliche Verwahrung (§ 133 StGB) | Eine Sache befindet sich in dienstlicher Verwahrung, wenn sie von einem Hoheitsträger in Gewahrsam genommen wurde, um sie für die Dauer des amtlichen Besitzes in ihrem Bestand unversehrt zu erhalten und vor unbefugtem Zugriff zu bewahren. |
| **§ 142** | |
| Unfall (§ 142 StGB) | Ein Unfall im Straßenverkehr (Verkehrsunfall) ist ein mit den Gefahren des öffentlichen Straßenverkehrs ursächlich zusammenhängendes plötzliches Ereignis, das einen nicht völlig belanglosen Personen- oder Sachschaden zur Folge hat. |
| unbedeutender Sachschaden (§ 142 StGB) | Ein Sachschaden ist völlig belanglos, wenn er unterhalb der Grenze liegt, bei der üblicherweise Schadensersatzansprüche geltend gemacht werden. Diese Grenze ist bei ca. 30 Euro anzusetzen. |
| im Straßenverkehr (§ 142 StGB) | Im Straßenverkehr findet der Unfall statt, wenn das Schadensereignis in einem unmittelbaren Zusammenhang mit dem Geschehen im öffentlichen Verkehrsraum steht. Zu diesem Raum gehören alle Flächen, die der Allgemeinheit im Sinne eines unbestimmten Personenkreises dauernd oder vorübergehend zur Fortbewegung offen stehen. |
| Unfallbeteiligter (§ 142 StGB) | Unfallbeteiligter ist jeder, dessen Verhalten nach den Umständen zur Verursachung des Unfalls beigetragen haben kann (Legaldefinition nach Abs. 5). |
| Entfernung vom Unfallort (§ 142 StGB) | Den Tatbestand nach Abs. 1 Nr. 1 verwirklicht, wer sich als Unfallbeteiligter vom Unfallort entfernt, bevor er zugunsten der anderen Unfallbeteiligten und der Geschädigten die Feststellung seiner Person, seines Fahrzeugs und der Art seiner Beteiligung durch seine Anwesenheit und durch die Angabe, dass er an dem Unfall beteiligt ist, ermöglicht hat. |
| Berechtigte (§ 142 StGB) | Berechtigte sind die anderen anwesenden Unfallbeteiligten und Geschädigten. |
| Unfallort (§ 142 StGB) | Unfallort ist die Stelle, an der sich der Unfall ereignet hat und umfasst den Bereich, innerhalb dessen ein Aufenthalt von Beteiligten nach den Umständen des Einzelfalls noch zu vermuten ist. |

| Tatbestandsmerkmal | Definition |
|---|---|
| Sich-Entfernen (§ 142 StGB) | Sich-Entfernen ist das willentliche Verlassen des Unfallorts. |
| Unverzüglich (§ 142 StGB) | Unverzüglich heißt, nach den Gegebenheiten des Einzelfalls, ohne schuldhaftes Zögern. |

§ 164

| | |
|---|---|
| Anderer (§ 164 StGB) | Ein anderer im Sinne des Tatbestands kann nur eine bestimmte lebende Person sein. |
| Verdächtigen (§ 164 StGB) | Verdächtigen ist das Hervorrufen, Umlenken oder Bestärken eines Verdachts. |
| Hervorrufen, Umlenken, Verstärken (§ 164 StGB) | Der Verdacht wird hervorgerufen, wenn er bisher noch nicht bestand; er wird umgelenkt, wenn er sich nunmehr auf eine andere, bisher unverdächtige Person richtet; er wird bestärkt, wenn er durch weitere Gründe untermauert wird. |
| Gegenstand der Verdächtigung (§ 164 StGB) | Gegenstand der Verdächtigung ist eine rechtswidrige Tat (§ 11 Abs. 1 Nr. 5) oder eine Dienstpflichtverletzung. Als rechtswidrige Tat kommt nur eine Straftat in Betracht. Eine Dienstpflichtverletzung erfordert einen disziplinarisch ahndbaren Verstoß gegen eine Dienstpflicht. |
| falsche Verdächtigung (str.) (§ 164 StGB) | Die Verdächtigung ist falsch, wenn sie in ihrem wesentlichen Inhalt objektiv nicht der Wahrheit entspricht. |

**Vor §§ 185 ff**

| | |
|---|---|
| Ehre (str.) | Dualistischer Ehrbegriff: Ehre ist zum einen der personale, dem Menschen als Träger geistiger und sittlicher Werte zukommende („innere“) Geltungswert, zum anderen der soziale („äußere“) Geltungswert einer Person, also ihr tatsächlicher guter Ruf in der menschlichen Gesellschaft.<br><br>Normativer Ehrbegriff: Ehre als ein dem Menschen zukommender, aus der Personenwürde abgeleiteter, sozial zu achtender Geltungswert.<br><br>Interpersonaler Ehrbegriff: Das von der Würde des Menschen geforderte und seine Selbständigkeit als Person begründende Anerkennungsverhältnis mit anderen Personen. |

| Tatbestandsmerkmal | Definition |
|---|---|
| | Funktionaler Ehrbegriff: Ehre als Fähigkeit eines Menschen, sich so zu verhalten, dass er den normativen Erwartungen gerecht wird, denen er gerecht werden muss, um als ebenbürtiger Partner von Kommunikationen akzeptiert zu werden. |
| Kollektivbeleidigung | Es wird eine Personengesamtheit, die selbst Träger der Verbandsehre ist, angegriffen. |
| Beleidigung unter einer Kollektivbezeichnung | Beleidigung richtet sich gegen die zum Kollektiv gehörenden einzelnen Personen. |

§ 185

| | |
|---|---|
| Beleidigung (§ 185 StGB) | Kundgabe eigener Nicht- oder Missachtung. |
| Kundgabe (§ 185 StGB) | Die Kundgabe erfordert eine an einen anderen gerichtete und von diesem zur Kenntnis genommene Äußerung. |
| eigene Missachtung (§ 185 StGB) | Der Täter muss seine eigene Missachtung des Opfers in dem Sinne zum Ausdruck bringen, dass die Ehrverletzung von ihm selbst stammt. |
| Beleidigung mittels einer Tätlichkeit (§ 185 StGB) | Die Beleidigung mittels einer Tätlichkeit setzt eine unmittelbare Einwirkung auf den Körper des Opfers voraus, durch die der Täter seine Nicht- oder Missachtung zum Ausdruck bringt. |
| Formalbeleidigung (§ 185 StGB) | Eine Formalbeleidigung erfordert, dass Form oder Umstände der Äußerung ein selbständig zu erfassendes Plus an Ehrenkränkung enthalten. |

§ 186

| | |
|---|---|
| Tatsachen (§ 186 StGB) | Tatsachen sind alle vergangenen oder gegenwärtigen Sachverhalte einschließlich solcher der menschlichen Psyche, die objektiv bestimmt und dem Beweis zugänglich sind. |
| Werturteile (§ 186 StGB) | Werturteile sind das Ergebnis einer bereits vollzogenen Wertung. |
| Ehrenrührigkeit (§ 186 StGB) | Die Tatsache ist geeignet, einen anderen verächtlich zu machen oder in der öffentlichen Meinung herabzuwürdigen, wenn sie Grundlage eines negativen Urteils über die Ehre des Betroffenen sein kann. Die Tatsache kann Grundlage eines negativen Urteils über die Ehre des Be- |

| Tatbestandsmerkmal | Definition |
|---|---|
| | troffenen sein, wenn sie dessen Fähigkeit, verantwortungsvoll sozial zu agieren, wenigstens teilweise in Abrede stellt. |
| Behaupten (§ 186 StGB) | Eine Tatsache wird behauptet, wenn sie als nach eigener Überzeugung wahr hingestellt wird. |
| Verbreiten (§ 186 StGB) | Eine Tatsache wird verbreitet, wenn sie als Gegenstand fremden Wissens weitergegeben wird. |
| Nichterweislichkeit der Wahrheit (§ 186 StGB) | Im Strafverfahren kann der Nachweis der Wahrheit der fraglichen Tatsache nicht erbracht werden. |
| Wahrheitsbeweis (§ 186 StGB) | Der Wahrheitsbeweis ist erbracht, wenn sich die fragliche Tatsache im Wesentlichen als wahr erwiesen hat. |
| öffentlich (§ 186 StGB) | Die Tat ist öffentlich begangen, wenn die ehrenrührige Tatsache vor einem größeren, individuell unbestimmten Personenkreis geäußert wird. |
| Verbreitung von Schriften (§ 186 StGB) | Der Täter lässt die Äußerung in gegenständlicher Fixierung dergestalt in fremde Hände gelangen, dass er nicht mehr kontrollieren kann, wer die Äußerung zur Kenntnis nimmt. |

§ 211

| | |
|---|---|
| Mordlust (§ 211 StGB) | Aus Mordlust tötet, wem es in erster Linie darauf ankommt, einen Menschen sterben zu sehen. |
| Befriedigung des Geschlechtstriebs (§ 211 StGB) | Zur Befriedigung des Geschlechtstriebs tötet, wer sich durch den Tötungsakt als solchen oder an der Leiche sexuelle Befriedigung verschaffen will oder mit dem Tod des Opfers bei einer Vergewaltigung rechnet. |
| Habgier (§ 211 StGB) | Unter Habgier ist ein rücksichtsloses Streben nach materiellen Gütern zu verstehen, also ein Gewinnstreben „um jeden Preis". |
| sonstige niedrige Beweggründe (§ 211 StGB) | Nach der weithin anerkannten Formulierung des BGH sind dies Motive, die nach allgemeiner sittlicher Wertung auf tiefster Stufe stehen, durch hemmungslose, triebhafte Eigensucht bestimmt und deshalb besonders verwerflich, ja verächtlich sind. |
| Heimtücke (str.) (§ 211 StGB) | Heimtückisch tötet, wer in feindseliger Willensrichtung die Arg- und Wehrlosigkeit des Opfers bewusst zur Tötung ausnutzt. |

| Tatbestandsmerkmal | Definition |
|---|---|
| Arglosigkeit (§ 211 StGB) | Das Opfer ist arglos, wenn es in der Tatsituation (vor der ersten Handlung des Täters) keinen Angriff auf Leib und Leben befürchtet. |
| Wehrlosigkeit (§ 211 StGB) | Das Opfer ist wehrlos, wenn es aufgrund seiner Arglosigkeit in seiner Verteidigungsfähigkeit zumindest erheblich eingeschränkt ist. |
| Ausnutzen (§ 211 StGB) | Der Täter nutzt die Arg- und Wehrlosigkeit des Opfers aus, wenn er sein Vorgehen danach berechnend ausrichtet. |
| feindselige Willensrichtung (§ 211 StGB) | Mit dem Kriterium der feindseligen Willensrichtung sollen vor allem Fälle ausgeschlossen werden, bei denen der Täter zum vermeintlich Besten des Opfers handelt. |
| restriktive Auslegung des Heimtückemerkmals (§ 211 StGB) | Eine verbreitete Ansicht im Schrifttum verlangt zusätzlich einen Vertrauensbruch. Heimtücke setzt dann voraus, dass die Arglosigkeit des Opfers gerade auf dessen Vertrauen gegenüber dem Täter basiert. |
| Grausam (§ 211 StGB) | Grausam tötet, wer dem Opfer aus gefühlloser und unbarmherziger Gesinnung besondere Schmerzen oder Qualen körperlicher oder seelischer Art zufügt, die nach Stärke oder Dauer über das für die Tötung unvermeidliche Maß hinausgehen. |
| gemeingefährliche Mittel (§ 211 StGB) | Gemeingefährlich ist ein Tötungsmittel, bei dessen konkretem Einsatz der Täter nicht ausschließen kann, eine Mehrzahl von Menschen an Leib und Leben zu gefährden. |
| Ermöglichungsabsicht (§ 211 StGB) | Bei der Ermöglichungsabsicht setzt der Täter die Tötung als Mittel zur Begehung einer weiteren Straftat ein. Absicht bedeutet hier zielgerichtetes Wollen: Die Absicht muss entscheidender Grund der Tötung sein, ohne das alleinige Motiv bilden zu müssen. Es genügt, wenn der Täter annimmt, die andere Tat aufgrund der Tötung zumindest schneller oder einfacher verwirklichen zu können. |
| Verdeckungsabsicht (§ 211 StGB) | Bei der Verdeckungsabsicht tötet der Täter einen Menschen, um die eigene oder auch eine fremde Bestrafung zu verhindern. Absicht bedeutet hier zielgerichtetes Wollen: Die Absicht muss entscheidender Grund der Tötung sein, ohne das alleinige Motiv bilden zu müssen. Für die Verdeckungsabsicht reicht es aus, wenn der Täter nur die Beteiligung einer Person an der Vortat verbergen will. |

| Tatbestandsmerkmal | Definition |
|---|---|
| Straftat (§ 211 StGB) | Die Straftat, die ermöglicht oder verdeckt werden soll, muss unter Zugrundelegung der Sachverhaltsvorstellungen des Täters eine strafbare – dh eine tatbestandsmäßige, rechtswidrige und schuldhafte – Tat sein. |

§ 221

| | |
|---|---|
| schwere Gesundheitsschädigung (§ 221 StGB) | Von einer schweren Gesundheitsschädigung ist auszugehen, wenn das Opfer im Gebrauch seiner Sinne, seines Körpers oder seiner Arbeitskraft erheblich beeinträchtigt ist. |
| konkrete Gefahr (§ 221 StGB) | Die tatbestandsmäßige konkrete Gefahr des Todes oder einer schweren Gesundheitsschädigung ist eingetreten, wenn es für das Opfer nur noch vom nicht mehr beherrschbaren Zufall abhängt, ob es stirbt bzw seine Gesundheit schwer geschädigt wird oder nicht. |
| hilflose Lage (§ 221 StGB) | Das Opfer befindet sich in einer hilflosen Lage, wenn es nicht fähig ist, sich aus eigener Kraft vor der Gefahr für Leben und Gesundheit zu schützen. |
| Versetzen (§ 221 StGB) | Versetzen ist jede vom Täter bestimmte Veränderung der Sicherheitslage des Opfers. |
| im Stich lassen (§ 221 StGB) | Der Täter lässt das Opfer im Stich, wenn er die zur Abwendung gebotene Hilfe nicht erbringt. |
| Obhut (§ 221 StGB) | Unter Obhut ist ein bestehendes allgemeines Schutzpflichtverhältnis, also eine Beschützergarantenstellung, zu verstehen. |

§ 223

| | |
|---|---|
| körperliche Misshandlung (§ 223 StGB) | Körperliche Misshandlung ist eine üble, unangemessene Behandlung, durch die das Opfer in seinem körperlichen Wohlbefinden mehr als nur unerheblich beeinträchtigt wird. |
| Gesundheitsschädigung (§ 223 StGB) | Gesundheitsschädigung ist jedes Hervorrufen oder (nicht unerhebliche) Steigern eines krankhaften Zustands, und zwar ohne Rücksicht auf dessen Dauer. Kennzeichnend für die Schädigung der Gesundheit ist das Erfordernis eines Heilungsprozesses. |

| Tatbestandsmerkmal | Definition |
|---|---|
| § 224 | |
| Gift (§ 224 StGB) | Gift ist jeder anorganische oder organische Stoff, der in der konkreten Verwendung durch chemische oder chemisch-physikalische Wirkung die Gesundheit erheblich zu beeinträchtigen vermag. |
| gesundheitsschädliche Stoffe (§ 224 StGB) | Andere gesundheitsschädliche Stoffe sind Substanzen, die durch mechanische oder thermische Wirkung die Gesundheit erheblich zu beeinträchtigen vermögen. |
| Beibringen (§ 224 StGB) | Der Täter bringt das Tatmittel bei, wenn er es derart mit dem Körper verbindet, dass es seine gesundheitsschädigende Wirkung entfalten kann. |
| Waffen (§ 224 StGB) | Waffen sind Gegenstände, die – wie Schuss-, Hieb- und Stoßwaffen – zur Herbeiführung erheblicher Verletzungen allgemein bestimmt sind. |
| gefährliches Werkzeug (str.) (§ 224 StGB) | Gefährliche Werkzeuge sind alle (bewegbaren) Gegenstände, die geeignet sind, nach der Art und Weise ihrer konkreten Verwendung erhebliche Verletzungen hervorzurufen. |
| Überfall (§ 224 StGB) | Überfall ist ein plötzlicher Angriff auf einen Ahnungslosen. |
| Hinterlist (§ 224 StGB) | Der Überfall ist hinterlistig, wenn der Täter in einer seine wahren Absichten planmäßig verdeckenden Weise vorgeht, um dem Angegriffenen die Abwehr zu erschweren. |
| gemeinschaftliche KV (§ 224 StGB) | Eine Körperverletzung wird gemeinschaftlich begangen, wenn mindestens zwei Personen bei ihrer Ausführung zusammenwirken. |
| lebensgefährdende Behandlung (str.) (§ 224 StGB) | Eine Behandlung ist lebensgefährdend, wenn sie unter Berücksichtigung der jeweiligen Tatumstände objektiv generell geeignet ist, das Opfer in Lebensgefahr zu bringen.<br>Demgegenüber verlangt eine in der Literatur verbreitete Ansicht, dass das Opfer durch die ihm widerfahrende Behandlung in eine konkrete Lebensgefahr kommen müsse. |

| Tatbestandsmerkmal | Definition |
|---|---|
| § 225 | |
| Gebrechlichkeit (§ 225 StGB) | Gebrechlichkeit ist eine Störung der körperlichen Gesundheit, die ihren Ausdruck in einer Behinderung der Bewegungsfreiheit findet. |
| Krankheit (§ 225 StGB) | Krankheit ist ein pathologischer Zustand (einschließlich Trunkenheit). |
| Wehrlosigkeit (§ 225 StGB) | Wehrlos ist, wer sich gegen eine Misshandlung allenfalls in eingeschränkter Weise wehren kann; die Wehrlosigkeit muss auf der Gebrechlichkeit oder der Krankheit beruhen. |
| Fürsorge (§ 225 StGB) | Eine Person untersteht der Fürsorge des Täters, wenn dieser rechtlich verpflichtet ist, für ihr geistiges oder leibliches Wohl zu sorgen. |
| Obhut (§ 225 StGB) | Der Obhut des Täters untersteht eine Person, wenn dieser zu ihrer unmittelbaren körperlichen Beaufsichtigung für eine kürzere Zeit verpflichtet ist. |
| Hausstand (§ 225 StGB) | Zum Hausstand gehören Personen, die mit dem Täter in Hausgemeinschaft leben. |
| der Gewalt überlassen (§ 225 StGB) | Eine Person ist der Gewalt des Täters überlassen worden, wenn sie von diesem mit Willen des Fürsorgepflichtigen in einem bestimmten zeitlichen Umfang beaufsichtigt wird. |
| Dienst- oder Arbeitsverhältnis (§ 225 StGB) | Kennzeichnend für ein Dienst- oder Arbeitsverhältnis ist die mangelnde Selbständigkeit (strikte Weisungsgebundenheit) der geschützten Person. |
| Quälen (§ 225 StGB) | Quälen ist das Zufügen von Leid oder länger dauernden oder sich wiederholenden Schmerzen. |
| Rohe Misshandlung (§ 225 StGB) | Eine Misshandlung ist roh, wenn sie aus einer gefühllosen, gegen die Leiden des Opfers gleichgültigen Gesinnung heraus erfolgt. |
| Sorgepflichten böswillig vernachlässigen (§ 225 StGB) | Eine der tatbestandlich genannten Sorgepflichten ist böswillig vernachlässigt, wenn sie der Täter aus einem verwerflichen Beweggrund nicht erfüllt. |
| Gefahr einer erheblichen Schädigung (§ 225 StGB) | Von der Gefahr einer erheblichen Schädigung im Sinne von Abs. 3 Nr. 2 kann erst gesprochen werden, wenn zu befürchten ist, dass der normale körperliche oder seelische Reifeprozess dauernd und nachhaltig beeinträchtigt wird. |

| Tatbestandsmerkmal | Definition |
|---|---|
| § 226 | |
| Verlust von Seh-, Hör-, Sprechvermögen oder Fortpflanzungsfähigkeit (§ 226 StGB) | Von einem Verlust der tatbestandlich genannten Fähigkeiten ist auszugehen, wenn das Sehvermögen (zumindest auf einem Auge), das Gehör (insgesamt), das Sprechvermögen oder die Fortpflanzungsfähigkeit dauerhaft eingebüßt wurde. Dies ist bei Sehvermögen und Gehör anzunehmen, wenn die Fähigkeit unter 10 Prozent des Normalzustands gesunken ist. |
| Glied (str.) (§ 226 StGB) | Glied ist jeder Körperteil, der mit einem anderen durch ein Gelenk verbunden ist. |
| wichtiges (Glied) (str.) (§ 226 StGB) | Ein Glied ist wichtig, wenn sein Verlust für einen normalen Menschen zu einer wesentlichen Beeinträchtigung seiner körperlichen Aktivitäten führt. |
| Verloren (§ 226 StGB) | Das Glied ist verloren, wenn es völlig vom Körper abgetrennt ist. |
| dauernd nicht mehr zu gebrauchen (§ 226 StGB) | Das Glied ist dauernd nicht mehr zu gebrauchen, wenn es auf unabsehbare Zeit seine Funktion eingebüßt hat. |
| dauernde Entstellung (§ 226 StGB) | Von einer dauernden Entstellung ist auszugehen, wenn die äußere Gesamterscheinung des Verletzten in ihrer ästhetischen Wirkung derart verändert wird, dass er auf unabsehbare Zeit psychische Nachteile im Verkehr mit seiner Umwelt zu erleiden hat. |
| Verfallen (§ 226 StGB) | Das Verfallen erfordert, dass der Körper insgesamt in erheblicher Weise und für einen nicht absehbaren Zeitraum beeinträchtigt wird. |
| Siechtum (§ 226 StGB) | Siechtum ist ein chronischer Krankheitszustand ohne absehbare Heilungschance, der den Gesamtorganismus des Verletzten ergreift und ein Schwinden der Körperkräfte zur Folge hat. |
| Lähmung (§ 226 StGB) | Lähmung ist eine erhebliche Beeinträchtigung der Bewegungsfähigkeit eines Körperteils, die den ganzen Körper in Mitleidenschaft zieht. |
| geistige Krankheit (§ 226 StGB) | Als geistige Krankheiten kommen exogene und endogene Psychosen in Betracht. |
| geistige Behinderung (§ 226 StGB) | Eine geistige Behinderung ist eine der Geisteskrankheit an Gewicht gleichstehende Einschränkung der intellektuellen Fähigkeiten. |

| Tatbestandsmerkmal | Definition |
|---|---|
| **§ 226a** | |
| Äußere Genitalien (§ 226a StGB) | Die äußeren Genitalien schließen die äußeren Schamlippen, die kleinen Schamlippen, den Scheidenvorhof, die Klitoris samt Klitorisvorhaut ein. |
| Verstümmeln (§ 226a StGB) | Als Verstümmeln sind alle Handlungen anzusehen, die mit mechanischen Mitteln zu Einbußen an Körpersubstanz im Bereich der äußeren weiblichen Genitalien führen. |
| **§ 237** | |
| Zwangsheirat (§ 237 StGB) | Eine Zwangsheirat liegt vor, wenn mindestens einer der Eheschließenden durch Druck oder Gewalt zur Ehe gezwungen wird, seine Weigerung kein Gehör findet oder er sich einer Ehe nicht zu widersetzen wagt. |
| Verbringen (§ 237 StGB) | Das Verbringen setzt die Erlangung physischer Herrschaft über das Opfer voraus. |
| Veranlassen (§ 237 StGB) | Unter Veranlassen ist eine psychische Beeinflussung des Opfers zu verstehen. |
| Abhalten (§ 237 StGB) | Das Opfer wird abgehalten, wenn der Täter es (psychisch oder physisch) daran hindert, aus dem fremden Gebiet, in das es sich (freiwillig) begeben hat, zurückzukehren. |
| **§ 238** | |
| Nachstellung (§ 238 StGB) | Nachstellen stellt jede Handlung dar, die darauf ausgerichtet ist, durch unmittelbare oder mittelbare Annäherungen an das Opfer in dessen persönlichen Lebensbereich einzugreifen und es dadurch (kausal) in seiner Handlungs- und Entschließungsfreiheit zu beeinträchtigen. |
| Unbefugt (§ 238 StGB) | Die Nachstellung ist unbefugt, wenn der Täter gegen den Willen des Opfers oder ohne amtliche Befugnisse handelt. |
| Beharrlich (§ 238 StGB) | Beharrlich handelt ein Täter, wenn durch sein wiederholtes und andauerndes Verhalten eine besondere Hartnäckigkeit und gesteigerte Gleichgültigkeit gegenüber dem Opferwillen zum Ausdruck kommt und er in der Absicht handelt, sich in Zukunft immer wieder entsprechend zu verhalten. |

| Tatbestandsmerkmal | Definition |
|---|---|
| § 239 | |
| der Freiheit beraubt (§ 239 StGB) | Jemand ist der Freiheit beraubt, wenn er für einen nicht nur unerheblichen Zeitraum seinen Aufenthaltsort nicht oder jedenfalls nicht in zumutbarer Weise verlassen kann. |
| Einsperren (§ 239 StGB) | Einsperren ist das Verhindern des Verlassens eines Raumes durch äußere Vorrichtungen. |
| Freiheitsberaubung auf andere Weise (§ 239 StGB) | Auf andere Weise kann die Freiheitsberaubung durch jedes Mittel bewirkt werden, das die Fortbewegungsfreiheit aufhebt. |
| § 239a | |
| hilflose Lage (§ 239a StGB) | Die Lage ist hilflos, wenn das Opfer dem Einfluss des Täters preisgegeben ist, wenn der Täter also eine physische Machtposition über die Geisel innehat. |
| Sich-Bemächtigen (§ 239a StGB) | Sich-Bemächtigen ist die Begründung neuer oder der Missbrauch bereits bestehender Herrschaft über den Körper des Opfers. |
| Verzicht auf die erstrebte Leistung (§ 239a StGB) | Die Leistung wird nicht mehr unter den Voraussetzungen der § 239a eingefordert. |
| § 240 | |
| Gewalt (str.) (§ 240 StGB) | Gewalt ist (nach hM) körperlich wirkender Zwang durch die Entfaltung von Kraft oder durch sonstige physische Einwirkung, die nach ihrer Intensität und Wirkungsweise dazu geeignet ist, die freie Willensentschließung oder Willensbetätigung eines anderen zu beeinträchtigen. |
| Drohung (§ 240 StGB) | Eine Drohung ist die Ankündigung einer als vom Täterwillen abhängig dargestellten Übelszufügung. |
| angedrohtes Übel (str.) (§ 240 StGB) | Erblickt man den Zweck des Nötigungsverbots im Schutz der Entscheidungsfreiheit, so kommt als Übel jeder Nachteil in Betracht, der geeignet ist, das Opfer im Sinne des Täters zu lenken.<br>Wird der Zweck des Nötigungsverbots dagegen auf den Schutz der rechtlich garantierten Verhaltensfreiheit bezogen, so kommt als drohungsrelevantes Übel nur ein |

| Tatbestandsmerkmal | Definition |
|---|---|
| | rechtswidriger Eingriff in die Güter einer Person in Betracht. |
| Empfindlichkeit (str.) (§ 240 StGB) | Die hM sieht ein Übel insbesondere dann nicht als empfindlich an, wenn von dem Betroffenen unter den gegebenen Umständen erwartet werden kann und muss, dass er der Bedrohung in besonnener Selbstbehauptung standhält. |
| Nötigungserfolg (§ 240 StGB) | Erfolg der Nötigung ist das durch die Anwendung der Nötigungsmittel veranlasste Verhalten („Handlung, Duldung oder Unterlassung"). |
| Handlung (§ 240 StGB) | Handlung ist jedes aktive Verhalten des Opfers. |
| Unterlassen (§ 240 StGB) | Unterlassen setzt voraus, dass das Opfer zur Vornahme der nicht ausgeführten Handlung in der Lage gewesen wäre. |
| Duldung (§ 240 StGB) | Dulden ist ein Geschehenlassen, das nicht auf eigener Entschließung des Genötigten beruht, sondern ihm durch ein Müssen auferlegt ist. |
| Verwerflichkeit (§ 240 StGB) | Die Nötigung ist rechtswidrig, wenn die Anwendung der Gewalt oder die Androhung des Übels zu dem angestrebten Zweck als verwerflich anzusehen, dh sozialethisch zu missbilligen ist. Die Verwerflichkeit ergibt sich somit aus dem Verhältnis von Nötigungsmittel und Nötigungszweck. |
| Missbrauch der Befugnisse oder Stellung eines Amtsträgers (§ 240 StGB) | Missbrauch ist eine vorsätzliche rechtswidrige Ausübung amtlichen Zwangs; erfolgt dies innerhalb der Zuständigkeit, betrifft es die Befugnisse. Demgegenüber wird die Stellung missbraucht, wenn der Täter sich der ihm durch sein Amt eröffneten Handlungsmöglichkeiten außerhalb seines Zuständigkeitsbereichs bedient oder den Irrtum des Opfers, er sei zur Zwangsausübung von Amts wegen berechtigt, ausnutzt. |
| **§ 241** | |
| Drohung mit einem Verbrechen (§ 241 StGB) | Die angekündigte und hinsichtlich ihres Eintretens als vom Täterwillen abhängig dargestellte Tat muss rechtswidrig, aber nicht schuldhaft sein. Verbrechen im Sinne von § 12 Abs. 1 ist ein Delikt mit einer Mindestfreiheitsstrafe von einem Jahr. |

| Tatbestandsmerkmal | Definition |
|---|---|
| nahestehende Personen (§ 241 StGB) | Nahestehende Personen sind Angehörige sowie Personen, mit denen das Opfer in Hausgemeinschaft lebt oder die ihm wie Angehörige persönlich verbunden sind. |
| Vortäuschung der bevorstehenden Verwirklichung eines Verbrechens (§ 241 StGB) | Falsche Warnung; bezieht sich auf solche Fälle, in denen der Täter nicht (im Sinne einer Drohung) vorgibt, das Geschehen selbst (noch) in der Hand zu haben. |
| **§ 258** | |
| gänzliche Strafvereitelung (§ 258 StGB) | Die Strafe (Maßnahme) ist ganz vereitelt, wenn sie für geraume Zeit unverwirklicht bleibt. |
| teilweise Strafvereitelung (§ 258 StGB) | Die Strafe (Maßnahme) ist zum Teil vereitelt, wenn der Täter bewirkt, dass der Vortäter besser gestellt wird, als es der materiellen Rechtslage entspricht. |
| gänzliche Vollstreckungsvereitelung (§ 258 StGB) | Die Vollstreckung der Strafe (bzw Maßnahme) ist ganz vereitelt, wenn diese für geraume Zeit nicht (zwangsweise) durchgesetzt werden kann. |
| teilweise Vollstreckungsvereitelung (§ 258 StGB) | Die Vollstreckung der Strafe (bzw Maßnahme) ist zum Teil vereitelt, wenn diese nicht in vollem Umfang durchgesetzt werden kann. |
| **§ 267** | |
| Urkunde (§ 267 StGB) | Eine Urkunde ist eine verkörperte und visuell wahrnehmbare Erklärung, die zum Beweis einer rechtlich erheblichen Tatsache geeignet und bestimmt ist und einen Aussteller erkennen lässt. |
| Aussteller (§ 267 StGB) | Aussteller ist diejenige bestimmte Person oder Behörde, der die urkundliche Erklärung im Rechtsverkehr als Urheber zuzurechnen ist (sog. Geistigkeitstheorie). |
| Beweiseignung (§ 267 StGB) | Unter Beweiseignung ist die Möglichkeit zu verstehen, mit Hilfe der Urkunde (und ggf im Kontext mit anderen Umständen) zum Beweis einer rechtserheblichen Tatsache beizutragen. |
| Augenscheinsobjekt (§ 267 StGB) | Augenscheinsobjekte können aufgrund ihrer Beschaffenheit zwar beweiserheblich sein, enthalten jedoch keine (symbolisch vermittelte) Erklärung und stellen daher für sich genommen keine Urkunde dar. |

| Tatbestandsmerkmal | Definition |
|---|---|
| technische Aufzeichnung (§ 267 StGB) | Technische Aufzeichnungen sind Resultate eines selbständigen maschinellen Vorgangs, insbesondere die Darstellung von Messergebnissen. Sie lassen sich, da sie selbsttätig von einer Maschine erstellt wurden, keinem Menschen als Aussteller zurechnen. |
| zusammengesetzte Urkunde (§ 267 StGB) | Zusammengesetzte Urkunden sind Urkunden, in die ein Augenscheinsobjekt räumlich und inhaltlich fest einbezogen ist. |
| Beweiszeichen (§ 267 StGB) | Beweiszeichen (Erklärungszeichen) sind auf ein Symbol reduzierte Verkörperungen der Erklärung eines erkennbaren Ausstellers mit Beweisfunktion. |
| Kenn- und Unterscheidungszeichen (§ 267 StGB) | Kenn- und Unterscheidungszeichen sind Symbole, die nur eine Ordnungsfunktion erfüllen und ggf noch der Sicherung einer Sache dienen. |
| Gesamturkunden (§ 267 StGB) | Gesamturkunden sind feste und dauerhafte Zusammenfassungen mehrerer Einzelurkunden zu einer neuen (weiteren) Gedankenerklärung. |
| Herstellen (einer unechten Urkunde) (§ 267 StGB) | Herstellen einer unechten Urkunde ist das Anfertigen einer verkörperten Erklärung, die den unzutreffenden Anschein erweckt, von einem anderen als dem tatsächlichen Aussteller herzurühren. |
| Unecht (§ 267 StGB) | Eine Urkunde ist unecht, wenn sie geeignet ist, über die Identität des Ausstellers zu täuschen, sei es, dass der scheinbare Aussteller die Erklärung nicht oder nicht mit genau diesem Inhalt abgegeben hat, sei es, dass der scheinbare Aussteller überhaupt nicht existiert. |
| Verfälschen (einer echten Urkunde) (§ 267 StGB) | Eine echte Urkunde wird verfälscht, wenn die in ihr verkörperte Erklärung dergestalt nachträglich verändert wird, dass der Anschein erweckt wird, sie sei ursprünglich mit dem jetzt vorhandenen Inhalt ausgestellt worden. |
| Gebrauchen (einer unechten oder verfälschten Urkunde) (§ 267 StGB) | Eine unechte oder verfälschte Urkunde wird gebraucht, wenn sie dem zu Täuschenden so zugänglich gemacht wird, dass er sie wahrnehmen kann. |
| zur Täuschung im Rechtsverkehr (str.) (§ 267 StGB) | Zur Täuschung im Rechtsverkehr handelt, wer (mit sicherem Wissen) davon ausgeht, dass ein anderer die Urkunde für echt hält und durch diese irrige Annahme zu einem rechtlich erheblichen Verhalten bestimmt wird. |
| Gewerbsmäßig (§ 267 StGB) | Gewerbsmäßig handelt, wer handelt, um sich aus wiederholter Begehung eine fortlaufende Einnahmequelle |

| Tatbestandsmerkmal | Definition |
|---|---|
| | von nicht unerheblicher Dauer und einigem Umfang zu verschaffen. |
| Bande (§ 267 StGB) | Eine Bande ist ein auf ausdrücklicher oder stillschweigender Vereinbarung beruhender Zusammenschluss von wenigstens drei Mitgliedern, die sich zur fortgesetzten Begehung von Straftaten (hier: Betrug und Urkundenfälschung) verbunden haben. |
| Vermögensverlust großen Ausmaßes (§ 267 StGB) | Ein Vermögensverlust großen Ausmaßes ist beim Eintritt eines Schadens von wenigstens 50.000 Euro gegeben. |
| Gefährdung der Sicherheit des Rechtsverkehrs (teils str.) (§ 267 StGB) | Die Sicherheit des Rechtsverkehrs muss konkret und in erheblichem Maße gefährdet sein. Die Fälschungshandlungen müssen also zu einer gravierenden Störung des Vertrauens in die Beweiskraft von Urkunden führen. Für die „große Zahl" werden teils zumindest 20 Fälle, teils ein unübersehbar großer Empfängerkreis verlangt. |
| **§ 268** | |
| selbständig bewirkt (§ 268 StGB) | Eine Aufzeichnung wird selbständig bewirkt, wenn ihr Inhalt eine neue Information enthält, die aufgrund eines in Konstruktion oder Programmierung festgelegten automatischen Ablaufs hervorgebracht wird. |
| Unecht (§ 268 StGB) | Eine technische Aufzeichnung ist unecht, wenn sie den falschen Eindruck erweckt, Resultat eines von Störungen unbeeinflussten selbsttätigen Aufzeichnungsvorgangs zu sein. |
| **§ 306** | |
| Gebäude (§ 306 StGB) | Ein Gebäude ist ein durch Wände und Dach begrenztes und mit dem Erdboden (zumindest durch eigene Schwere) fest verbundenes Bauwerk, das den Zutritt von Menschen gestattet und Unbefugte abhalten soll. |
| Hütte (§ 306 StGB) | Eine Hütte ist ein Gebäude von minderer Festigkeit und Größe. |
| Betriebsstätten (§ 306 StGB) | Betriebsstätten sind Sachgesamtheiten von baulichen Anlagen und Inventar, die einem gewerblichen Betrieb dienen. |
| technische Einrichtungen (§ 306 StGB) | Technische Einrichtungen sind technisch konstruierte und funktionierende Sachen bzw Sachgesamtheiten, wie |

| Tatbestandsmerkmal | Definition |
|---|---|
| | insbesondere die tatbestandlich erwähnten Maschinen; sie können ortsveränderlich sein. |
| Warenvorräte (§ 306 StGB) | Warenvorräte sind nicht unerhebliche Mengen von Gegenständen, die zum Zweck ihres künftigen Verbrauchs vereinigt sind. |
| Warenlager (§ 306 StGB) | Warenlager sind Räumlichkeiten, in denen bestimmungsgemäß solche Warenvorräte in größerem Umfang gespeichert sind. |
| Inbrandsetzen (§ 306 StGB) | Eine Sache ist in Brand gesetzt, wenn ein für den bestimmungsgemäßen Gebrauch wesentlicher Bestandteil derart vom Feuer erfasst ist, dass er unabhängig vom Zündstoff selbständig weiterbrennen kann. |
| Brandlegung (§ 306 StGB) | Als Brandlegung ist die Handlung anzusehen, durch die eine Sache unmittelbar in Brand gesetzt werden soll; ein Brand braucht hierdurch nicht bewirkt zu werden. |
| teilweise Zerstörung (§ 306 StGB) | Das Tatobjekt ist teilweise zerstört, wenn es hinsichtlich eines zwecknötigen Teils oder für einen bestimmten Zweck unbrauchbar gemacht wurde oder wenn einzelne Bestandteile des Gebäudes, die für einen selbständigen Gebrauch bestimmt oder eingerichtet sind, gänzlich vernichtet wurden. |
| vollständige Zerstörung (§ 306 StGB) | Das Tatobjekt ist (ganz) zerstört, wenn die Gebrauchsfähigkeit völlig aufgehoben ist. |

### § 315b

| | |
|---|---|
| Beeinträchtigung der Sicherheit des Straßenverkehrs (§ 315b StGB) | Die Sicherheit des Straßenverkehrs ist beeinträchtigt, wenn das Verhalten in der Weise riskant ist, dass es sich störend auf Verkehrsvorgänge auswirkt und somit zu einer Steigerung der allgemeinen Betriebsgefahr führen kann. Dies besagt zudem, dass sich die Tathandlung im öffentlichen Verkehrsraum auswirken muss. |
| Eingriff (§ 315b StGB) | Eingriff ist verkehrsfremdes Verhalten. |
| Anlagen (§ 315b StGB) | Anlagen sind alle dem Verkehr dienenden Einrichtungen wie Verkehrsschilder, Leitplanken oder Ampeln, aber auch der Straßenkörper selbst mit seinem Zubehör. |
| Bereiten von Hindernissen (§ 315b StGB) | Unter dem Bereiten von Hindernissen ist jede Einwirkung auf den Straßenkörper zu verstehen, die geeignet ist, den reibungslosen Verkehrsablauf zu hemmen oder zu gefährden. |

| Tatbestandsmerkmal | Definition |
|---|---|
| **§ 315c** | |
| grobe Verkehrswidrigkeit (§ 315c StGB) | Grobe Verkehrswidrigkeit ist bei einem objektiv besonders schweren – dh typischerweise besonders gefährlichen – Verstoß gegen eine tatbestandsrelevante Verkehrsvorschrift gegeben. |
| Rücksichtslosigkeit (§ 315c StGB) | Rücksichtslos handelt, wer sich aus eigensüchtigen Gründen bewusst über seine Pflicht zur Vermeidung unnötiger Gefährdungen anderer hinwegsetzt oder (bei Fahrlässigkeit) aus Gleichgültigkeit gegenüber den Folgen Bedenken gegen sein Verhalten von vornherein nicht aufkommen lässt. |
| Sache von bedeutendem Wert (§ 315c StGB) | Der Wert der Sache wird wirtschaftlich festgelegt und ist ab einem Betrag von ca. 750 Euro als bedeutend einzustufen. |
| Gefährden (§ 315c StGB) | Gefährden bedeutet das Verursachen einer konkreten Gefahr, also das Herbeiführen eines von der Handlung zu trennenden Gefahrerfolgs.<br>Nach dem heute zumeist vertretenen normativen Gefahrbegriff ist unter einer konkreten Gefahr eine Situation zu verstehen, in der es aus der Sicht eines Beobachters nur noch vom Zufall abhängt, ob eine Rechtsgutsverletzung eintritt oder ausbleibt, weil eine gezielte Schadensabwehr nicht mehr möglich erscheint. |
| **§ 316** | |
| Fahrzeug (§ 316 StGB) | Fahrzeuge sind Beförderungsmittel aller Art. Sie müssen nicht motorisiert sein. |
| Führen (§ 316 StGB) | Ein Fahrzeug führt, wer es in Bewegung setzt oder hält und hierbei die mit dem Betrieb des Fahrzeugs verbundenen Verkehrsvorgänge bewältigt. |
| im Verkehr (§ 316 StGB) | Zum Verkehr gehören, wie der tatbestandliche Verweis auf §§ 315 bis 315d klarstellt, alle Verkehrsarten. Geschützt ist jedoch nur der öffentliche Verkehrsraum. Dieser umfasst alle Wege, die der Allgemeinheit im Sinne eines unbestimmten Personenkreises dauernd oder vorübergehend zur Benutzung offen stehen. |
| Fähigkeit zum Führen eines Fahrzeugs (§ 316 StGB) | Zum sicheren Führen des Fahrzeugs ist nicht in der Lage, wer aufgrund seines psycho-physischen Zustands nicht fähig ist, für eine längere Strecke in einer von einem durchschnittlichen Fahrzeugführer zu erwarten- |

| Tatbestandsmerkmal | Definition |
|---|---|
| | den Weise auch auf plötzlich auftretende schwierige Verkehrslagen zu reagieren. |
| berauschende Mittel (§ 316 StGB) | Berauschende Mittel sind Stoffe zur Herbeiführung von Enthemmung oder zur Beseitigung von Unlustgefühlen. |
| absolute Fahruntüchtigkeit (§ 316 StGB) | Bei Führern von Kraftfahrzeugen nimmt die Rechtsprechung eine sog. absolute Fahruntüchtigkeit ab einer BAK von 1,1 ‰ an. Bei Fahrradfahrern wird der Grenzwert für die absolute Fahruntüchtigkeit bei etwa 1,6 ‰ angesetzt. |
| relative Fahruntüchtigkeit(§ 316 StGB) | Von einer relativen Fahruntüchtigkeit spricht man, wenn neben einer BAK von wenigstens 0,3 ‰ weitere Tatsachen erwiesen sind, welche die Annahme von Fahruntüchtigkeit zum Tatzeitpunkt rechtfertigen. |
| **§ 323a** | |
| Rausch (§ 323a StGB) | Ein Rausch ist ein durch Intoxikation hervorgerufener Zustand der Enthemmung, der nach seinem ganzen Erscheinungsbild auf dem Genuss von Rauschmitteln beruht. |
| berauschende Mittel (§ 323a StGB) | Als andere berauschende Mittel kommen insbesondere Drogen und pharmakologische Mittel in Betracht. |
| Alkoholintoxikation (§ 323a StGB) | Bei Alkoholintoxikation nimmt die Rechtsprechung im Regelfall einen die Schuldfähigkeit ausschließenden Rausch ab einer Blutalkoholkonzentration (BAK) von 3 ‰ an. |
| Rauschtat (§ 323a StGB) | Als Rauschtat kommen alle Arten von Straftaten in Betracht, auch echte Unterlassungsdelikte wie zB § 323c. |
| **§ 323c** | |
| Unglücksfall (§ 323a StGB) | Ein Unglücksfall ist ein plötzlich eintretendes Ereignis, in dem die konkrete Gefahr eines erheblichen Schadens für Menschen oder Sachen besteht. |
| gefährdete Güter (§ 323a StGB) | Als gefährdete Güter kommen zunächst höchstpersönliche Rechtsgüter in Betracht, vor allem Leib, Leben und Freiheit einschließlich der sexuellen Selbstbestimmung. |
| gemeine Gefahr (§ 323a StGB) | Gemeine Gefahr ist eine Situation, in der erheblicher Schaden an Leib oder Leben oder an bedeutenden Sachwerten für unbestimmt viele Personen droht. |

| Tatbestandsmerkmal | Definition |
|---|---|
| gemeine Not (§ 323a StGB) | Gemeine Not ist eine Notlage für die Allgemeinheit. |
| erforderliche Hilfeleistung (§ 323a StGB) | Erforderlich ist die Hilfe, die aus der *ex ante*-Sicht eines verständigen Beobachters zur erfolgreichen Schadensabwendung möglich und notwendig ist. Sie muss unverzüglich geleistet werden. |

# Strafrecht Besonderer Teil II

| Begriff | Definition |
|---|---|
| § 242 | |
| Sache (§ 242 StGB) | Sache ist ein körperlicher Gegenstand. |
| Beweglich (§ 242 StGB) | Beweglich ist die Sache, wenn es möglich ist, diese vom jeweiligen Standort zu entfernen. |
| Fremd (§ 242 StGB) | Eine Sache ist fremd, wenn sie verkehrsfähig und nicht herrenlos ist und auch nicht im Alleineigentum des Täters steht. |
| Wegnahme (§ 242 StGB) | Wegnahme ist der Bruch fremden und die Begründung neuen Gewahrsams an der Sache. |
| Gewahrsam (§ 242 StGB) | Gewahrsam bedeutet die mit Herrschaftswillen begründete, in ihrem Umfang von der Verkehrsanschauung bestimmte Verfügungsgewalt über eine Sache. |
| Gewahrsamsbruch (§ 242 StGB) | Der Gewahrsam wird gebrochen, wenn er ohne den Willen seines Inhabers aufgehoben wird. |
| Zueignung (§ 242 StGB) | Zueignen bedeutet, eine Sache mit dem Willen in Besitz zu nehmen, sie nunmehr zumindest vorübergehend als eigene zu besitzen (Aneignung) und dem Eigentümer auf Dauer den ihm zustehenden Besitz vorzuenthalten (Enteignung). |
| Enteignung (§ 242 StGB) | Enteignen heißt, dem Eigentümer auf Dauer die ihm zustehende besitzbezogene Verfügungsgewalt vorzuenthalten. |
| Aneignung (§ 242 StGB) | Aneignen ist die (zumindest vorübergehende) Inbesitznahme einer Sache zu ihrer (beliebigen) Nutzung. |
| Zueignungsabsicht (§ 242 StGB) | Zielgerichteter Wille bezüglich der Aneignung und mindestens bedingter Vorsatz bezüglich der Enteignung. |
| Rechtswidrig (§ 242 StGB) | Rechtswidrig ist die Zueignung, wenn die Inbesitznahme der Sache als eigene durch den Täter (oder den begünstigten Dritten) gegen die dingliche Rechtslage verstößt und auch nicht durch einen Übereignungsanspruch gedeckt ist. Beachte: Tatbestandsmerkmal! Von der Rechtswidrigkeit als allgemeinem Verbrechensmerkmal zu unterscheiden. |

| Begriff | Definition |
|---|---|
| § 243 | |
| Gebäude (§ 243 StGB) | Gebäude ist ein durch Wände und Dach begrenztes und mit dem Erdboden – zumindest durch eigene Schwere – fest verbundenes Bauwerk, das den Zutritt von Menschen gestattet und Unbefugte abhalten soll. |
| Dienst- oder Geschäftsraum (§ 243 StGB) | Dienst- oder Geschäftsräume sind Gebäudeteile, die zum Aufenthalt und zur Ausübung beruflicher oder sonstiger (nicht notwendig erwerbswirtschaftlicher) geschäftlicher Tätigkeit bestimmt sind. |
| umschlossener Raum (§ 243 StGB) | Ein umschlossener Raum ist ein Raumgebilde, das (auch) zum Betreten von Menschen bestimmt und mit Vorrichtungen zur Abwehr des Eindringens versehen ist. |
| Einbrechen (§ 243 StGB) | Einbrechen ist das Öffnen oder Erweitern einer den Zutritt verwehrenden Umschließung unter Kraftentfaltung von außen. |
| Einsteigen (§ 243 StGB) | Einsteigen ist das Hineingelangen in die Räumlichkeit auf einem unüblichen und eine gewisse Geschicklichkeit erfordernden Wege zur Überwindung eines Hindernisses. |
| Eindringen (§ 243 StGB) | Eindringen liegt vor, wenn der Täter ohne Einverständnis des Verfügungsberechtigten zumindest mit einem Teil seines Körpers in die Räumlichkeit gelangt. |
| falscher Schlüssel (§ 243 StGB) | Ein Schlüssel ist falsch, wenn der Berechtigte ihn zur Tatzeit überhaupt nicht, nicht mehr oder noch nicht zur Öffnung des betreffenden Schlosses bestimmt hat. |
| anderes Werkzeug (§ 243 StGB) | Anderes Werkzeug steht einem falschen Schlüssel gleich, wenn es auf den Mechanismus des Verschlusses (ordnungswidrig) einwirkt. |
| Sich-verborgen-Halten (§ 243 StGB) | Sich-verborgen-Halten liegt vor, wenn der Täter sich dem Gesehenwerden dadurch entzieht, dass er sich an einer Stelle, an der er nicht erwartet wird, unberechtigt aufhält. |
| Behältnis (§ 243 StGB) | Behältnis ist ein Raumgebilde, das der Aufnahme und Umschließung von Sachen dient, aber nicht zum Betreten durch Menschen bestimmt ist. |
| Verschlossen (§ 243 StGB) | Verschlossen ist ein Behältnis, wenn es durch einen technischen Verschluss oder auf andere Weise gegen den unmittelbaren Zugriff von außen gesichert ist. |

| Begriff | Definition |
|---|---|
| Schutzvorrichtung (§ 243 StGB) | Schutzvorrichtung ist jede künstliche Einrichtung, die (zumindest auch) dem Zweck dient, die Wegnahme einer Sache erheblich zu erschweren. |
| Gewerbsmäßig (§ 243 StGB) | Gewerbsmäßig handelt, wer sich aus wiederholter Begehung eine fortlaufende Einnahmequelle von nicht unerheblicher Dauer und einigem Umfang verschafft. |
| Kirche (§ 243 StGB) | Kirche ist ein dem Gottesdienst gewidmetes Gebäude. |
| dem Gottesdienst gewidmet (§ 243 StGB) | Dem Gottesdienst gewidmet ist eine Sache, mit oder an der religiöse Zeremonien vorgenommen werden. |
| allgemein zugänglich (§ 243 StGB) | Allgemein zugänglich ist eine Sammlung, wenn sie für einen nach Zahl und Individualität unbestimmten oder für einen zwar bestimmten, aber nicht durch persönliche Beziehungen innerlich verbundenen größeren Personenkreis geöffnet ist. |
| öffentlich ausgestellt (§ 243 StGB) | Öffentlich ausgestellt sind Sachen, wenn sie um ihrer Besichtigung willen allgemein zugänglich gemacht sind. |
| Hilflosigkeit (§ 243 StGB) | Hilflos ist, wer nicht aus eigener Kraft in der Lage ist, einem Gewahrsamsbruch wirksam zu begegnen. |
| Unglücksfall (§ 243 StGB) | Unglücksfall ist ein plötzliches äußeres Ereignis, das eine erhebliche Gefahr für Personen oder Sachen mit sich bringt oder zu bringen droht. |
| gemeine Gefahr (§ 243 StGB) | Gemeine Gefahr ist eine Situation, in der erheblicher Schaden an Leib oder Leben oder an bedeutenden Sachwerten für unbestimmt viele Personen wahrscheinlich ist. |
| Ausnutzen (§ 243 StGB) | Ausnutzen verlangt, dass der Täter die sich aus der fremden Bedrängnis ergebende Lockerung des Gewahrsams als Gelegenheit zur erleichterten Durchführung des Diebstahls ergreift. |
| Geringwertig (§ 243 StGB) | Geringwertig ist die Sache bei einer Wertgrenze von ca. 30 Euro. |
| **§ 244** | |
| Waffe (§ 244 StGB) | Waffe ist ein Gegenstand, der seiner Konstruktion nach zur Herbeiführung erheblicher Verletzungen allgemein bestimmt ist. |

| Begriff | Definition |
|---|---|
| gefährliches Werkzeug (§ 244 StGB) | Gefährliches Werkzeug ist ein Gegenstand, der aufgrund seiner waffenähnlichen Beschaffenheit und der konkreten Tatumstände vom Täter dazu bestimmt erscheint, erhebliche Verletzungen herbeizuführen oder (realisierbar) anzudrohen.<br>■ Definition der Rspr.: Ein Gegenstand, der nach seiner allgemeinen Beschaffenheit und der Art der konkreten Verwendung geeignet ist, erhebliche Verletzungen herbeizuführen (sehr str.). |
| Beisichführen (§ 244 StGB) | Der Täter führt die Waffe (bzw. das gefährliche Werkzeug) bei sich, wenn er über sie zu irgendeinem Zeitpunkt während des Tathergangs schnell und ungehindert verfügen kann. |
| sonstige Mittel (§ 244 StGB) | Sonstige Mittel sind Werkzeuge und Mittel aller Art, die der Täter zum Zweck der Anwendung oder Androhung von Gewalt gegen Personen mit sich führt. |
| Bande (§ 244 StGB) | Bande ist ein auf ausdrücklicher oder stillschweigender Vereinbarung beruhender Zusammenschluss von wenigstens drei Personen mit dem ernsthaften Willen, für eine gewisse Dauer künftig mehrere selbstständige, im Einzelnen noch unbestimmte Straftaten (eines bestimmten Deliktstyps) zu begehen. |
| Mitwirkung (§ 244 StGB) | Mitwirkung ist die Beteiligung von mindestens zwei Bandenmitgliedern bei der konkreten Tat. Beachte: Mindestens ein Mitglied muss der Täter sein; im Übrigen gelten allgemeine Beteiligungsregeln. |
| Wohnung (§ 244 StGB) | Wohnung ist ein abgeschlossener und überdachter Gebäudeteil, der einem oder mehreren Menschen auf Dauer als Unterkunft dient. |
| **§ 246** | |
| Zueignung (§ 246 StGB) | Zueignung ist die Inbesitznahme einer Sache mit dem Willen, sie nunmehr zumindest vorübergehend als eigene zu besitzen (Aneignung) und dem Eigentümer auf Dauer den ihm zustehenden Besitz vorzuenthalten (Enteignung). |
| Anvertraut (§ 246 StGB) | Eine Sache ist anvertraut, wenn dem Täter der Besitz an ihr (ausdrücklich oder konkludent) mit der Maßgabe eingeräumt wurde, die Herrschaft über sie im Sinne des Berechtigten auszuüben. |

| Begriff | Definition |
| --- | --- |
| **§ 247** | |
| häusliche Gemeinschaft (§ 247 StGB) | Häusliche Gemeinschaft ist ein auf dem freien und ernstlichen Willen seiner Mitglieder beruhendes Zusammenleben für eine gewisse Dauer. |
| **§ 248 a** | |
| Geringwertigkeit (§ 248a StGB) | Die Geringwertigkeit der Sache richtet sich nach dem (legalen) Verkehrswert; die Obergrenze ist bei ca. 30 Euro anzusetzen. |
| **§ 248 b** | |
| Kraftfahrzeug (§ 248b StGB) | Kraftfahrzeuge sind Fahrzeuge, die durch Maschinenkraft bewegt werden, ohne an Bahngleise gebunden zu sein (Abs. 4). |
| Fahrrad (§ 248b StGB) | Fahrräder sind radgebundene Fortbewegungsmittel, die mit den Füßen oder Händen bewegt werden. |
| Ingebrauchnahme (§ 248b StGB) | Ingebrauchnahme ist die bestimmungsgemäße Benutzung als Fortbewegungsmittel. |
| Unbefugt (§ 248b StGB) | Unbefugt ist die Ingebrauchnahme, wenn sie gegen den (ausdrücklichen oder mutmaßlichen) Willen des Berechtigten erfolgt. Beachte: Tatbestandsmerkmal! |
| Berechtigter (§ 248b StGB) | Berechtigter ist derjenige, dem das Recht auf den Besitz des Fahrzeugs zum Zwecke seines Gebrauchs zusteht. |
| **§ 248 c** | |
| Fremd (§ 248c StGB) | Fremd ist die elektrische Energie, wenn der Täter kein Recht zu ihrer Entnahme hat oder sie dem vereinbarten Zweck zuwiderlaufend benutzt. |
| elektrische Anlage oder Einrichtung (§ 248c StGB) | Eine elektrische Anlage oder Einrichtung ist eine Vorrichtung zur Erzeugung, Speicherung, Zusammenführung und/oder Übertragung elektrischen Stroms. |
| Entziehen (§ 248c StGB) | Entziehen bedeutet die einseitige Entnahme von Strom, die beim Berechtigten zu einem Verlust und beim Empfänger zu einem Zufluss an Energie führt. |

| Begriff | Definition |
|---|---|
| Leiter (§ 248c StGB) | Leiter sind technische Vorrichtungen, durch die Elektrizität aufgenommen und übertragen werden kann, insbesondere Kabel und sonstige Metallteile. |
| nicht zur ordnungsgemäßen Entnahme bestimmt (§ 248c StGB) | Nicht zur ordnungsgemäßen Entnahme bestimmt ist der Leiter, der vom Verfügungsberechtigten nicht zur Energieentnahme bestimmt ist. |

§ 249

| | |
|---|---|
| Gewalt (§ 249 StGB) | Gewalt ist körperlich wirkender Zwang durch die Entfaltung von Kraft oder durch sonstige physische Einwirkung, die nach ihrer Intensität und Wirkungsweise dazu geeignet ist, die freie Willensentschließung oder Willensbetätigung eines anderen zu beeinträchtigen. |
| Drohung (§ 249 StGB) | Drohung ist die Ankündigung einer als vom Täterwillen abhängig dargestellten Übelzufügung, die das Opfer als ernstgemeint versteht. |
| gegenwärtig (§ 249 StGB) | Die Gefahr ist gegenwärtig, wenn ihre Realisierung bei ungestörtem Verlauf der Dinge aus der Perspektive des Opfers als bevorstehend erscheint. |

§ 250

| | |
|---|---|
| schwere Gesundheitsschädigung (§ 250 StGB) | Eine schwere Gesundheitsschädigung ist anzunehmen, wenn das Opfer im Gebrauch seiner Sinne, seines Körpers oder seiner Arbeitskraft erheblich beeinträchtigt ist. |
| konkrete Gefahr (§ 250 StGB) | Die konkrete Gefahr einer solchen Gesundheitsschädigung ist eingetreten, wenn es für das Opfer nur noch vom nicht mehr beherrschbaren Zufall abhängt, ob seine Gesundheit schwer geschädigt wird oder nicht. |
| verwendet (§ 250 StGB) | Verwendet wird eine Waffe, wenn der Täter sie zur Gewalt oder zur Drohung mit Gewalt gebraucht. |
| schwere Misshandlung (§ 250 StGB) | Eine schwere Misshandlung verlangt zwar keine schwere Körperverletzung iSv § 226, wohl aber eine in der Intensität vergleichbare Beeinträchtigung der körperlichen Unversehrtheit oder des körperlichen Wohlbefindens. |
| Gefahr des Todes (§ 250 StGB) | Die Gefahr des Todes ist die durch die Nötigungshandlung unmittelbar herbeigeführte konkrete Todesgefahr. |

| Begriff | Definition |
|---|---|
| **§ 252** | |
| Betroffen (§ 252 StGB) | Betroffen ist der Täter, wenn er von einem Dritten schon wahrgenommen wurde oder demnächst bemerkt wird. |
| frische Tat (§ 252 StGB) | Der Täter ist auf frischer Tat betroffen, wenn aus den gesamten Umständen, in denen er sich befindet, auf einen (unbeendeten) Diebstahl geschlossen werden kann und Notrechte gegen ihn noch ergriffen werden dürfen. |
| Besitzerhaltungsabsicht (§ 252 StGB) | Besitzerhaltungsabsicht ist der zielgerichtete Wille des Täters, die – sei es in Wirklichkeit, sei es nach seiner Annahme – drohende Besitzentziehung zu verhindern. |
| **§ 253** | |
| Gewalt (§ 253 StGB) | Gewalt ist körperlich wirkender Zwang durch die Entfaltung von Kraft oder durch sonstige physische Einwirkung, die nach ihrer Intensität und Wirkungsweise dazu geeignet ist, die freie Willensentschließung oder Willensbetätigung eines anderen zu beeinträchtigen. (str.) |
| Drohung (§ 253 StGB) | Drohung ist die Ankündigung einer als vom Täterwillen abhängig dargestellten Übelzufügung, die das Opfer als ernstgemeint versteht. |
| Übel (§ 253 StGB) | Jeder Nachteil, der fallweise geeignet ist, das Opfer psychisch zu lenken. (str.) |
| Empfindlich (§ 253 StGB) | Das Übel ist insbesondere dann nicht empfindlich, wenn von dem Betroffenen unter den gegebenen Umständen erwartet werden kann und muss, dass er der Bedrohung in besonnener Selbstbehauptung standhält. (str.) |
| Vermögensverfügung (§ 253 StGB) | Eine Vermögensverfügung setzt zumindest voraus, dass das Verhalten des Genötigten willensgetragen ist und seiner Entscheidung unterliegt. (str.) |
| Vermögensnachteil (§ 253 StGB) | Siehe Vermögensschaden bei § 263 |
| Bereicherung (§ 253 StGB) | Jede günstigere Gestaltung der Vermögenslage durch Zugewinn oder Abwendung eines Verlustes. |
| Absicht (§ 253 StGB) | Ein finaler Wille, der auf den Erhalt der Bereicherung gerichtet sein muss. |
| Verwerflichkeit (§ 253 StGB) | Die sozialethische Missbilligung des für den erstrebten Zweck angewandten Mittels. (str.) |

| Begriff | Definition |
|---|---|
| Gewerbsmäßig (§ 253 StGB) | Siehe § 243 |
| Mitglied einer Bande (§ 253 StGB) | Siehe § 244 |

### §§ 255. 257

| | |
|---|---|
| Hilfe leisten (§ 255 StGB) | Hilfeleisten ist nach hM die objektive Förderung der Chancen des Vortäters, dass ihm Tatvorteile nicht zugunsten des Verletzten entzogen werden, wobei kein Sicherungserfolg einzutreten braucht. (str.) |

### § 259

| | |
|---|---|
| Erlangt (§ 259 StGB) | Erlangt ist eine Sache durch eine rechtswidrige Tat, wenn sie unmittelbar aus dieser stammt und der Vortäter an ihr eine rechtswidrige Besitzlage begründet hat. |
| Verschaffen (§ 259 StGB) | Sich oder einem Dritten ist die Sache verschafft, wenn der Täter im Einverständnis mit dem Vorbesitzer die selbstständige Verfügungsgewalt über die Sache für sich oder einen (gut- wie bösgläubigen) Dritten tatsächlich begründet hat. |
| Ankaufen (§ 259 StGB) | Das Ankaufen ist ein Unterfall des Verschaffens, so dass alle für das Verschaffen notwendigen Voraussetzungen erfüllt sein müssen. |
| Absetzen (§ 259 StGB) | Absetzen ist die entgeltliche (hM; str.) wirtschaftliche Verwertung des Tatobjekts durch Übertragung der Verfügungsmacht auf einen Dritten mit Einverständnis des Vorbesitzers durch den selbstständig (d.h. weisungsunabhängig) handelnden Täter, wobei ein Absatzerfolg eingetreten sein muss. |
| Absatzhilfe (§ 259 StGB) | Absatzhilfe ist die unselbstständige Unterstützung des gelungenen Absatzes des Vortäters |

### § 263

| | |
|---|---|
| Täuschung (§ 263 StGB) | Eine Täuschung ist eine Irreführung durch eine ausdrückliche oder konkludente Fehlinformation oder das pflichtwidrige Unterlassen der Aufklärung durch eine zutreffende Information über Tatsachen. |

| Begriff | Definition |
|---|---|
| konkludente Täuschung (§ 263 StGB) | Eine konkludente Erklärung ist eine Information, die mittelbar aus dem ausdrücklich formulierten Inhalt einer Tatsachenbehauptung erschlossen wird (sog. schlüssiges Miterklären). |
| Tatsachen (§ 263 StGB) | Tatsachen sind alle vergangenen und gegenwärtigen Sachverhalte (Ereignisse, Zustände), die objektiv bestimmbar und dem Beweis zugänglich sind. |
| Irrtum (§ 263 StGB) | Unter einem Irrtum ist jede positive Fehlvorstellung zu verstehen. (hM; str.) |
| Erregen (§ 263 StGB) | Ein Irrtum wird erregt, wenn eine (zuvor nicht bestehende) Fehlvorstellung durch Einflussnahme auf den Getäuschten (mit)bewirkt wird. |
| Vermögensverfügung (§ 263 StGB) | Als Vermögensverfügung ist jedes Verhalten (Tun oder Unterlassen) anzusehen, das unmittelbar zu einer Vermögensminderung führt. |
| Vermögensminderung (§ 263 StGB) | Unter einer Vermögensminderung ist jede Einbuße eines Vermögensgegenstandes zu verstehen. |
| Unmittelbarkeit (§ 263 StGB) | Unmittelbarkeit ist gegeben, wenn die Vermögensminderung vom Getäuschten selbst oder einem für ihn handelnden Dritten und nicht vom Täter oder einem für diesen handelnden Dritten vorgenommen wird. |
| Vermögen (§ 263 StGB) | Unter Vermögen ist die Summe aller Güter mit Marktwert, die einer Person in rechtlich schutzwürdiger Weise zugeordnet sind, zu verstehen (sog. juristisch-ökonomischer Vermögensbegriff). (hL; str.) |
| Vermögensschaden (§ 263 StGB) | Unter einem Vermögensschaden ist eine nicht durch ein Äquivalent kompensierte Vermögensminderung zu verstehen. |
| Stoffgleichheit (§ 263 StGB) | Stoffgleichheit ist gegeben, wenn der erstrebte Vorteil die Kehrseite der durch die Verfügung bedingten Vermögensminderung ist. |
| Gefährdungsschaden (§ 263 StGB) | Ein Gefährdungsschaden ist anzunehmen, wenn das Opfer seine Vermögensposition praktisch eingebüßt hat, während umgekehrt der Täter bereits den fraglichen Vorteil ohne ernsthaftes Hindernis realisieren kann. |

| Begriff | Definition |
|---|---|
| § 263a | |
| Daten (§ 263a StGB) | Daten sind codierte Informationen, die aufgrund einer (semantischen) Konvention durch Zeichen oder Funktionen (syntaktisch) dargestellt werden. |
| Datenverarbeitung (§ 263a StGB) | Als Datenverarbeitung sind alle technischen Vorgänge anzusehen, bei denen durch Aufnahme von Daten und ihre Verknüpfung nach Programmen Arbeitsergebnisse erzielt werden. |
| Programm (§ 263a StGB) | Ein Programm ist die in Form von Daten fixierte Steuerung der einzelnen Ablaufschritte der Datenverarbeitung. |
| Gestaltung (§ 263a StGB) | Gestaltet werden kann ein Programm sowohl durch seine Konzeption als auch durch nachträgliche Veränderung (Löschen, Hinzufügen, Überlagern) einzelner Ablaufschritte. |
| unrichtig (Programm) (§ 263a StGB) | Das Programm ist unrichtig, wenn es vom Willen des Vermögensinhabers, der die Datenverarbeitung betreibt oder betreiben lässt, unbefugt abweicht. |
| Verwendung (§ 263a StGB) | Daten werden verwendet, wenn sie in einen (beginnenden oder bereits laufenden) Datenverarbeitungsprozess eingegeben werden (sog. Inputmanipulationen). (hM; str. für Abs. 1 Alt. 3) |
| unrichtig (Daten) (§ 263a StGB) | Daten sind unrichtig, wenn die in ihnen codierte tatsächliche Information nicht der Wirklichkeit entspricht. |
| unvollständig (Daten) (§ 263a StGB) | Daten sind unvollständig, wenn die Tatsachen, über die sie in codierter Weise Informationen vermitteln, nicht (in dem für den Zweck der Datenverarbeitung maßgeblichen Umfang) hinreichend erkennbar sind. |
| Unbefugt (§ 263a StGB) | Eine Verwendung von Daten ist unbefugt, wenn im Falle einer Vornahme gegenüber einer Person eine ausdrückliche oder konkludente Täuschung bzw. eine Täuschung durch Unterlassen einer Aufklärungspflicht vorliegen würde (sog. täuschungsäquivalente Auslegung). (hM; str.) |
| unbefugte Einwirkung (§ 263a StGB) | Als unbefugte Einwirkung sind alle Eingriffe zu verstehen, infolge derer die Informationsverarbeitung inhaltlich in einer dem Willen des Berechtigten zuwiderlaufenden Weise beeinflusst wird. |

| Begriff | Definition |
|---|---|
| Beeinflussung des Ergebnisses (§ 263a StGB) | Das Ergebnis eines Datenverarbeitungsvorgangs ist beeinflusst, wenn es von dem Resultat abweicht, das bei einem ordnungsgemäßen Ablauf des Computers erzielt worden wäre. |

**§ 265a**

| | |
|---|---|
| Automat (§ 265a StGB) | Automaten sind Geräte, die selbsttätig aufgrund eines (mechanischen oder elektronischen) Steuerungssystems Funktionen erfüllen. |
| Erschleichen (§ 265a StGB) | Erschleichen ist das Erlangen einer Leistung unter Überwindung oder Umgehung einer den entgegenstehenden Willen des Leistenden sichernden Vorkehrung. |

**§ 266**

| | |
|---|---|
| Missbrauch (§ 266 StGB) | Missbrauch ist das Überschreiten des rechtlichen Dürfens im Rahmen des rechtlichen Könnens. |
| Vermögensbetreuungspflicht (§ 266 StGB) | Die Vermögensbetreuungspflicht hat als Hauptpflicht eine durch Eigenverantwortlichkeit und Selbstständigkeit geprägte Geschäftsbesorgung für einen anderen in einer nicht ganz unbedeutenden Angelegenheit zum Gegenstand. |

**§ 266b**

| | |
|---|---|
| Missbrauch (§ 266b StGB) | Missbrauch ist die Ausnutzung der Möglichkeit, den Aussteller zu einer Zahlung zu veranlassen, ohne dass die Voraussetzungen hierfür im Innenverhältnis erfüllt sind. |

**§ 290**

| | |
|---|---|
| Pfandleiher (§ 290 StGB) | Pfandleiher ist der Betreiber eines Pfandleihgeschäfts. |
| Ingebrauchnahme (§ 290 StGB) | Ingebrauchnahme ist jede Nutzung des Pfandgegenstands, die über dessen bloße Verwahrung hinausgeht. |
| Unbefugt (§ 290 StGB) | Die Ingebrauchnahme ist unbefugt, wenn sie ohne Einwilligung des Verpfänders erfolgt. |

| Begriff | Definition |
|---|---|
| **§ 303** | |
| Sache (§ 303 StGB) | Sachen sind körperliche Gegenstände unabhängig von ihrem Aggregatzustand iSv § 90 BGB. |
| Fremd (§ 303 StGB) | Eine Sache ist im Einklang mit den zivilrechtlichen Regeln fremd, wenn sie verkehrsfähig und nicht herrenlos ist und auch nicht im Alleineigentum des Täters steht. |
| Beschädigen (§ 303 StGB) | Eine Sache wird beschädigt, wenn ihr Zustand in nicht unerheblicher Weise nachteilig verändert wird. Die Veränderung ist nachteilig, wenn sie dem erkennbaren Erhaltungsinteresse des Eigentümers zuwiderläuft. |
| Zerstören (§ 303 StGB) | Eine Sache ist zerstört, wenn sie aufgrund der erfolgten Einwirkung vollständig vernichtet oder unbrauchbar geworden ist. |
| Veränderung des Erscheinungsbildes (§ 303 StGB) | Tathandlung kann jedes beliebige Verhalten sein, das den Erfolg, also die Veränderung des Erscheinungsbildes, herbeiführt. |
| nicht nur unerheblich (§ 303 StGB) | Nicht nur unerheblich sind regelmäßig solche Veränderungen, bei denen unmittelbar auf die Substanz der Sache selbst eingewirkt wird, wie dies namentlich bei Graffiti der Fall ist. |
| nicht nur vorübergehend (§ 303 StGB) | Nicht nur vorübergehend ist die Veränderung regelmäßig, wenn sie nicht mühelos mit einfachen Hausmitteln beseitigt werden kann, ohne dass dadurch weitere Beeinträchtigungen entstehen. |
| **§ 316a** | |
| Angriff (§ 316a StGB) | Ein Angriff ist ein auf die Verletzung der Güter Leib, Leben oder Entschlussfreiheit bezogenes Verhalten. |
| Kraftfahrzeuge (§ 316a StGB) | Kraftfahrzeuge sind alle mit Maschinenkraft bewegten Fahrzeuge, soweit sie nicht an Bahngleise gebunden sind. |
| Führer eines Kraftfahrzeuges (§ 316a StGB) | Führer eines Kraftfahrzeugs ist derjenige, der die mit dem Betrieb des Fahrzeugs verbundenen Verkehrsvorgänge bewältigt. |
| Mitfahrer (§ 316a StGB) | Mitfahrer ist jeder, der (mit oder gegen seinen Willen) mit dem Kraftfahrzeug befördert wird. |

| Begriff | Definition |
| --- | --- |
| Ausnutzen der besonderen Verhältnisse des Straßenverkehrs (§ 316a StGB) | Die besonderen Verhältnisse des Straßenverkehrs werden ausgenutzt, wenn das Gelingen des Angriffs dadurch gefördert wird, dass die Abwehrmöglichkeiten des Opfers durch dessen (aktive oder passive) Teilnahme am Straßenverkehr verringert sind. |

# Strafprozessrecht

| Tatbestandsmerkmal | Definition |
|---|---|
| **§ 4 StPO – Prinzipien der Einleitung und Durchführung des Ermittlungsverfahrens** | |
| Anfangsverdacht | Das Vorliegen konkreter tatsächlicher Anhaltspunkte, die nach der kriminalistischen Erfahrung die Begehung einer verfolgbaren Straftat als möglich erscheinen lassen. |
| Anklagegrundsatz (Akkusationsprinzip) | Die Eröffnung eines gerichtlichen Strafverfahrens setzt die Erhebung einer Anklage voraus. |
| Ermittlungsgrundsatz (Untersuchungsgrundsatz) | Im Ermittlungsverfahren haben Staatsanwaltschaft und Polizei das tatsächliche Geschehen von Amts wegen zu erforschen. Im gerichtlichen Verfahren hat das Gericht den Gegenstand der Anklage erschöpfend zu behandeln, ohne dabei an Anträge und Erklärungen der Verfahrensbeteiligten gebunden zu sein. |
| Legalitätsprinzip | Die Pflicht der Staatsanwaltschaft, bei einem Anfangsverdacht Ermittlungen aufzunehmen und bei hinreichendem Tatverdacht Anklage zu erheben.<br>Durchbrechung: Opportunitätseinstellungen (§§ 153 ff.). |
| Offizialmaxime | Die Einleitung von Strafverfahren obliegt grundsätzlich dem Staat.<br>Ausnahmen: Privatklagedelikte (§§ 374 ff.), Antragsdelikte, Ermächtigungsdelikte. |
| Strafantrag (im engeren Sinne) | Die ausdrückliche oder durch Auslegung zu ermittelnde Erklärung des nach dem Gesetz zum Strafantrag Befugten (§§ 77-77d StGB), dass er die Strafverfolgung wünsche. |
| Strafantrag (im weiteren Sinne) | Ein allgemeines Strafverfolgungsbegehren von Jedermann. |
| Strafanzeige | Die Wissensmitteilung über einen Sachverhalt mit der Anregung an die Strafverfolgungsbehörde zu prüfen, ob ein Ermittlungsverfahren einzuleiten ist. |
| **§ 5 StPO – Staatsanwaltschaft und Polizei** | |
| Devolutionsrecht | Das Recht der ersten Beamten der Staatsanwaltschaft bei den Oberlandesgerichten und den Landgerichten, bei allen Gerichten ihres Bezirks die Amtsverrichtungen der Staatsanwaltschaft selbst zu übernehmen. |

| Tatbestandsmerkmal | Definition |
|---|---|
| Substitutionsrecht | Das Recht der ersten Beamten der Staatsanwaltschaft bei den Oberlandesgerichten und den Landgerichten, bei allen Gerichten ihres Bezirks mit der Wahrnehmung der Amtsverrichtungen der Staatsanwaltschaft einen anderen als den zunächst zuständigen Beamten zu beauftragen. |

**§ 6 StPO – Der Beschuldigte**

| | |
|---|---|
| Angeklagter | Der Beschuldigte oder Angeschuldigte, gegen den die Eröffnung des Hauptverfahrens beschlossen ist. |
| Angeschuldigter | Der Beschuldigte, gegen den die öffentliche Klage erhoben ist. |
| Beschuldigter | Der Tatverdächtige, gegen den das Strafverfahren betrieben wird. |
| Vernehmung | Wenn der Vernehmende dem Beschuldigten in amtlicher Funktion gegenübertritt und in dieser Eigenschaft von ihm Auskunft verlangt. |

**§ 7 StPO – Der Verteidiger**

| | |
|---|---|
| Notwendige Verteidigung | Die Fälle, in denen das Gesetz zwingend die Mitwirkung eines Verteidigers vorsieht. |

**§ 8 StPO – Eingriffs- bzw. Zwangsmaßnahmen**

| | |
|---|---|
| Ähnliche Maßnahmen i.S.d. § 81b | Nur solche Maßnahmen, die der Feststellung der körperlichen Beschaffenheit dienen, ohne dass es einer körperlichen Untersuchung i.S.d. § 81a I bedarf. |
| Auf frischer Tat betroffen | Derjenige, der bei Begehung einer rechtswidrigen Tat oder unmittelbar danach am Tatort oder in dessen unmittelbarer Nähe gestellt wird. |
| Auf frischer Tat verfolgt | Wenn sich der Täter bereits vom Tatort entfernt hat, sichere Anhaltspunkte aber auf ihn als Täter hinweisen und seine Verfolgung zum Zweck seiner Ergreifung aufgenommen wird. |
| Beschlagnahme | Sie ist notwendig, wenn ein Gegenstand nicht freiwillig herausgeben wird und erfolgt dadurch, dass dieser in amtliche Verwahrung genommen oder sonst sichergestellt wird. |

| Tatbestandsmerkmal | Definition |
|---|---|
| Durchsuchung | Das Suchen nach Personen, Beweismitteln oder Einziehungs- oder Verfallsobjekten in Räumlichkeiten, beweglichen Sachen oder Personen. |
| Fluchtverdacht | Wenn nach allgemeiner Lebenserfahrung damit zu rechnen ist, dass der Betroffene sich der Verantwortung durch Flucht entziehen wird, wenn er nicht alsbald festgenommen wird. |
| Körperliche Untersuchung | Maßnahmen, die körperliche Beschaffenheiten oder Funktionen ohne körperlichen Eingriff feststellen. |
| Körperlicher Eingriff | Untersuchungen, die mit Verletzungen verbunden sind, selbst wenn diese noch so gering sind. |
| Längerfristige Observation | Eine planmäßig angelegte Beobachtung des Beschuldigten, die durchgehend länger als 24 Stunden dauert oder an mehr als zwei Tagen stattfindet (§ 163f I 1). |
| Polizeiliche Beobachtung | Die planmäßige Beobachtung einer Person oder eines Objekts zum Zweck der Erstellung eines vollständigen Bewegungsbildes eines Beschuldigten oder seiner Kontaktpersonen. |
| Sicherstellung | Oberbegriff für die Beschlagnahme und die sonstige Herstellung der staatlichen Gewalt über den als Beweismittel in Betracht kommenden Gegenstand. |
| Telekommunikation | Der technische Vorgang des Aussendens, Übermittelns und Empfangens von Nachrichten jeglicher Art in der Form von Zeichen, Sprache, Bildern oder Tönen mittels Telekommunikationsanlagen. |
| Wohnung | Alle nicht allgemein zugänglichen Räume, die dem Aufenthalt oder Wirken von Menschen dienen. |

### § 9 StPO – Haftbefehl und Untersuchungshaft

| | |
|---|---|
| Dringender Tatverdacht | Wenn nach dem bisherigen Ermittlungsstand eine hohe Wahrscheinlichkeit dafür besteht, dass der Beschuldigte als Täter oder Teilnehmer rechtswidrig und schuldhaft eine Straftat begangen hat. |
| Flucht | Wenn aufgrund bestimmter Tatsachen festgestellt wird, dass der Beschuldigte flüchtig ist oder sich verborgen hält. |
| Fluchtgefahr | Wenn eine höhere Wahrscheinlichkeit für die Annahme spricht, der Beschuldigte werde sich dem Strafverfahren entziehen, als für die Erwartung, er werde sich ihm stellen. |

| Tatbestandsmerkmal | Definition |
|---|---|
| Flüchtig | Flüchtig ist, wer sich von seinem bisherigen räumlichen Lebensmittelpunkt absetzt, um für Ermittlungsbehörden und Gerichte in dem gegen ihn laufenden Verfahren unerreichbar zu sein. |
| Untersuchungshaft | Die Inhaftierung eines noch nicht (oder noch nicht rechtskräftig) verurteilten Beschuldigten. |
| Verborgen | Wenn der Beschuldigte, um sich dem Strafverfahren zu entziehen, seinen Aufenthalt vor den Behörden verschleiert, also unangemeldet, unter falschem Namen oder an einem unbekannten Ort lebt oder in anderer Weise bewirkt, dass er für die Ermittlungsbehörden nicht auffindbar ist. |
| Verdunkelungsgefahr | Wenn das Verhalten des Beschuldigten den dringenden Verdacht begründet, er werde<br>a. Beweismittel vernichten, verändern, beiseiteschaffen, unterdrücken oder fälschen oder<br>b. auf Mitbeschuldigte, Zeugen oder Sachverständige in unlauterer Weise einwirken oder<br>c. andere zu solchem Verhalten veranlassen,<br>und wenn deshalb die Gefahr droht, dass die Ermittlung der Wahrheit erschwert werde (§ 112 II Nr. 3). |
| Wiederholungsgefahr | Wenn dringender Verdacht einer der in § 112a I abschließend aufgezählten Anlasstaten besteht und die Gefahr besteht, dass der Beschuldigte vor der Aburteilung wegen der Anlasstat weitere erhebliche Straftaten gleicher Art begehen wird (§ 112a I). |

**§ 10 StPO – Abschluss des Ermittlungsverfahrens**

| | |
|---|---|
| Hinreichender Tatverdacht | Die Wahrscheinlichkeit, dass dem Beschuldigten in einer künftigen Hauptverhandlung die Tat nachzuweisen und seine Verurteilung zu erwarten ist. |

**§ 14 StPO – Prozessvoraussetzungen**

| | |
|---|---|
| Amnestie | Die Niederschlagung noch nicht rechtskräftig abgeschlossener Strafverfahren durch ein Straffreiheitsgesetz. |
| Immunität | Die strafverfahrensrechtliche Unverfolgbarkeit des Abgeordneten. |

| Tatbestandsmerkmal | Definition |
|---|---|
| Verhandlungsfähigkeit | Die Fähigkeit des Beschuldigten, sich in verständlicher und verständiger Weise vor Gericht zu verteidigen und seine Belange vernünftig geltend zu machen. |

§ 15 StPO – Prozesshandlungen

| | |
|---|---|
| Prozesshandlung | Jede Betätigung des Gerichts, der Staatsanwaltschaft oder eines anderen Verfahrensbeteiligten, der vom Verfahrensrecht eine rechtliche Wirkung auf den Beginn oder den Verlauf des Prozesses zuerkannt wird. |

§ 18 StPO – Verfahrensprinzipien

| | |
|---|---|
| Beschleunigungsgrundsatz | Gebot der beschleunigten Durchführung des Strafverfahrens. |
| Fairnessprinzip | Das Strafverfahren muss fair und rechtsstaatlich betrieben werden. |
| Grundsatz der richterlichen Unabhängigkeit | Richter sind nur an Recht und Gesetz gebunden. |
| Grundsatz des gesetzlichen Richters | Wenn eine Straftat begangen wird, muss bereits im Vorhinein nach abstrakt-generellen Kriterien festgelegt sein, wer für das Urteil zuständig sein wird. |
| Grundsatz des rechtlichen Gehörs | Dem Betroffenen muss Gelegenheit gegeben werden, sich dem Gericht gegenüber zu den gegen ihn erhobenen Vorwürfen zu äußern und Anträge zu stellen, wobei das Gericht seine Ausführungen zur Kenntnis nehmen und in Erwägung ziehen muss. |
| Konzentrationsmaxime | Die Hauptverhandlung darf nicht über einen bestimmten Zeitraum hinaus unterbrochen werden. |
| Mündlichkeitsprinzip | Das Urteil darf nur auf dem mündlichen Inhalt der Hauptverhandlung beruhen. |
| Öffentlichkeitsgrundsatz | Der Öffentlichkeitsgrundsatz besteht darin, dass jedermann aus dem Publikum sich ohne besondere Schwierigkeit Kenntnis von Ort und Zeit der Verhandlung verschaffen kann und dass ihm im Rahmen der tatsächlichen Gegebenheiten der Zutritt eröffnet wird. |
| Unschuldsvermutung | Jedermann gilt solange als unschuldig, wie seine Schuld nicht durch eine rechtskräftige Entscheidung nachgewiesen ist. |

| Tatbestandsmerkmal | Definition |
|---|---|
| Verhältnismäßigkeitsprinzip im Strafverfahren | Eingriffe der Strafverfolgungsorgane in die Rechte von Privatpersonen sind nur insoweit zulässig, als sie einen legitimen Zweck mit einem legitimen Mittel verfolgen und das Mittel zur Erreichung des Zwecks geeignet, erforderlich und angemessen ist. |

**§ 19 StPO – Die Verständigung im Strafverfahren**

| | |
|---|---|
| Verständigung | Vereinbarungen, die die Verfahrensbeteiligten im Laufe eines Strafverfahrens treffen und sich hierbei entweder über die Art und Weise der Verfahrensgestaltung (verfahrensfördernde Verständigung) oder über das Verfahrensergebnis (verfahrensbeendende Verständigung) einigen. |

**§ 20 StPO – Umfang der Beweisaufnahme**

| | |
|---|---|
| Allgemeinkundige Tatsachen | Tatsachen, die dem verständigen Menschen regelmäßig bekannt sind oder über die er sich ohne Fachkenntnisse aus zuverlässigen Quellen informieren kann. |
| Erfahrungssätze | Allgemeine Regeln, die auf Tatsachen schließen lassen. |
| Gerichtskundige Tatsachen | Tatsachen, die der Richter im Zusammenhang mit seiner amtlichen Tätigkeit zuverlässig in Erfahrung gebracht hat. |
| Haupttatsachen | Tatsachen, die der unmittelbaren strafrechtlichen Subsumtion in Schuld-, Rechtsfolgen- oder Verfahrensfragen zugänglich sind. |
| Hilfstatsachen | Tatsachen, die der Beurteilung des Beweiswerts eines Beweismittels dienen. |
| Indiztatsachen | Tatsachen, die den Schluss auf eine Haupttatsache mittels eines Erfahrungssatzes erlauben. |
| Tatsachen | Vergangene oder gegenwärtige Vorgänge, Geschehnisse oder Zustände, die verifiziert oder falsifiziert werden können. |

**§ 21 StPO – Beweiserhebung**

| | |
|---|---|
| Anknüpfungstatsachen | Die Tatsachen, die der Gutachter seinem Gutachten zugrunde legt. |

| Tatbestandsmerkmal | Definition |
|---|---|
| Augenschein | Jede sinnliche Wahrnehmung durch Sehen, Hören, Riechen, Schmecken und Fühlen, soweit sie nicht einem anderen Beweismittel zuzuordnen ist. |
| Auskunftsverweigerungsrecht | Ein Zeuge darf die Auskunft auf solche Fragen verweigern, deren Beantwortung ihn selbst oder einen seiner Angehörigen gem. § 52 I der Gefahr aussetzen würde, wegen einer Straftat oder Ordnungswidrigkeit verfolgt zu werden (§ 55 I). |
| Befundtatsachen | Tatsachen, die der Sachverständige nur aufgrund seiner besonderen Sachkunde erkennen kann. |
| Beweiserhebungsverbote | Bestimmungen, die es verbieten, bestimmte Beweise oder Beweise in bestimmter Art und Weise zu erheben. |
| Beweismethodenverbot | Das Verbot bestimmter Vorgehensweisen zur Beweiserhebung. |
| Beweismittelverbot | Das Verbot, sich eines bestimmten Beweismittels zu bedienen. |
| Beweisthemaverbot | Das Verbot, über bestimmte Tatsachen Beweis zu erheben. |
| Freibeweisverfahren | Soweit nicht das Strengbeweisverfahren vorgeschrieben ist, sind die Strafverfolgungsorgane nicht an die gesetzlichen Beweismittel und die in den §§ 244 ff. vorgeschriebenen Formen der Beweiserlangung gebunden. |
| Informanten | Personen, die im Einzelfall bereit sind, gegen Zusicherung der Vertraulichkeit den Strafverfolgungsbehörden Informationen mitzuteilen. |
| Nichtöffentlich ermittelnde Polizeibeamte | Polizeibeamte, die kurzfristig verdeckt ermitteln. |
| Sachverständiger | Eine Person, die bezüglich der zu beweisenden Einzeltatsachen eine dem Richter fehlende besondere Sachkunde besitzt. |
| Sachverständiger Zeuge | Ein Zeuge, der Wahrnehmungen auf Grund besonderer Sachkunde gemacht hat. |
| Strengbeweisverfahren | Die Tatsachen, die in der Hauptverhandlung zur vollen Überzeugung des Gerichts feststehen müssen, um eine Entscheidung über Schuld und Rechtsfolgen zu treffen, sind mit den gesetzlich zugelassenen Beweismitteln festzustellen. |
| Urkunde im beweisrechtlichen Sinne | Jedes verlesbare Schriftstück. |

| Tatbestandsmerkmal | Definition |
|---|---|
| Verdeckte Ermittler | Beamte des Polizeidienstes, die unter einer ihnen verliehenen, auf Dauer angelegten, veränderten Identität (Legende) ermitteln (§ 110a II 1). |
| V-Leute | Personen, die zwar selbst keiner Strafverfolgungsbehörde angehören, bei der Strafverfolgung aber für einige Zeit unter Geheimhaltung unterstützend tätig werden. |
| Zeuge | Eine Person, die in einer nicht gegen sie selbst gerichteten Strafsache persönliche Wahrnehmungen von Tatsachen durch Aussage bekunden soll. |
| Zeuge vom Hörensagen | Ein Zeuge, der vom Tatgeschehen nur „vom Hörensagen“, also aus den Erzählungen anderer berichten kann. |
| Zeugnisverweigerungsrecht | Es entbindet den Zeugen von der Pflicht, überhaupt zur Sache auszusagen und einen Eid leisten zu müssen. |
| Zusatztatsachen | Tatsachen, die der Sachverständige während seiner gutachterlichen Tätigkeit festgestellt hat, ohne hierfür besonderer Sachkunde zu bedürfen. |

**§ 22 StPO – Beweisanträge**

| | |
|---|---|
| Beweisanregung | Ein Antrag, der nur die Art und Weise der Beweisaufnahme betrifft und im Regelfall darauf abzielt, ein vorhandenes Beweismittel zusätzlich in besonderer Weise zu verwenden. |
| Beweisantrag | Das von einem Prozessbeteiligten vorgebrachte ernsthafte Verlangen, Beweis über eine bestimmt bezeichnete Tatsache durch den Gebrauch eines bestimmt bezeichneten und zuverlässigen Beweismittels zu erheben. |
| Beweiserbieten | Der Hinweis auf die Möglichkeit einer Beweiserhebung, die der Prozessbeteiligte dem Gericht für den Fall anheimstellt, dass die Aufklärungspflicht zu ihr zwingt. |
| Beweisermittlungsantrag | Ein Antrag, der die Nachforschungen des Gerichts in eine bestimmte Richtung lenken soll und der Vorbereitung von Beweisanträgen dient, die der Antragsteller noch nicht stellen kann, weil er die Beweistatsache nicht kennt oder das Beweismittel nicht bestimmt bezeichnen kann. |
| Offenkundigkeit | Allgemein- oder Gerichtskundigkeit. |
| Schon erwiesene Tatsache | Eine Tatsache ist schon erwiesen, wenn sich das Gericht aus dem bisherigen Beweisergebnis bereits eine feste Überzeugung von der Tatsache gebildet hat. |

| Tatbestandsmerkmal | Definition |
|---|---|
| Tatsache ohne Bedeutung | Eine Tatsache ist für die Entscheidung ohne Bedeutung, wenn zwischen ihr und dem abzuurteilenden Vorgang kein Zusammenhang erkennbar ist oder die Tatsache trotz eines solchen Zusammenhangs selbst für den Fall ihres Erwiesenseins die Entscheidung in keiner Weise zu beeinflussen mag. |
| Unerreichbares Beweismittel | Ein Beweismittel ist unerreichbar, wenn zum einen alle seiner Bedeutung entsprechenden Bemühungen des Gerichts, es herbeizuschaffen, erfolglos geblieben sind und zum anderen keine begründete Aussicht besteht, dass es in absehbarer Zeit als Beweismittel herangezogen werden kann. |
| Unzulässigkeit der Beweiserhebung | Eine Beweiserhebung ist u.a. unzulässig, wenn das beantragte Beweismittel unter ein Beweiserhebungs- oder -verwertungsverbot fällt oder wenn die Beweiserhebung mit in der StPO nicht zugelassenen Beweismitteln beantragt wird. |
| Völlig ungeeignetes Beweismittel | Ein Beweismittel ist völlig ungeeignet, wenn sich ohne Rücksicht auf den bisherigen Verlauf der Beweisaufnahme sicher sagen lässt, dass aus dem angebotenen Beweismittel das angestrebte Ergebnis nicht abzuleiten ist. |

**§ 23 StPO – Beweisverwertung**

| | |
|---|---|
| Abwägungslehre | Die Beweisverwertung ist verboten, wenn eine Abwägung ergibt, dass die Individualinteressen des Beschuldigten gegenüber den Interessen einer effektiven Strafverfolgung überwiegen. |
| Grundsatz der freien Beweiswürdigung | Das Gericht entscheidet über das Ergebnis der Beweisaufnahme nach seiner freien, aus dem Inbegriff der Hauptverhandlung geschöpften Überzeugung (§ 261). |
| In dubio pro reo | Im Zweifel für den Angeklagten: Im Zweifel ist diejenige Entscheidung zu treffen, die für den Angeklagten die günstigsten Rechtsfolgen nach sich zieht. |
| Rechtskreistheorie | Die Beweisverwertung ist verboten, wenn aus Sicht der Revision die Verbotsverletzung den Rechtskreis des Revisionsführers wesentlich berührt. |
| Schutzzwecktheorie | Die Beweisverwertung ist verboten, wenn der Zweck des Beweiserhebungsverbots gerade darin besteht, ein verbotswidrig erlangtes Beweisergebnis von der Beweisverwertung auszuschließen. |

| Tatbestandsmerkmal | Definition |
|---|---|
| Selbständige Beweisverwertungsverbote | Beweisverwertungsverbote, die unabhängig davon bestehen, ob gegen ein Beweiserhebungsverbot verstoßen wurde. |
| Unselbständige Beweisverwertungsverbote | Beweisverwertungsverbote, die Folge der Verletzung eines Beweiserhebungsverbots sind. |

## § 24 StPO – Urteil und Urteilsfindung

| | |
|---|---|
| Prozessbegleitende Beschlüsse | Sie betreffen Fragen, die für den Fortgang und Verlauf des Strafverfahrens von Bedeutung sind. |
| Prozessurteil | Ein Urteil, das nicht auf die materielle Rechtslage eingeht, sondern nur die Verfahrenseinstellung aus den jeweiligen prozessualen Gründen ausspricht. |
| Sachurteil | Ein Urteil, mit dem das Gericht materiell-rechtlich über die Schuld des Angeklagten und die etwaigen Rechtsfolgen entscheidet. Es ist der materiellen Rechtskraft fähig und verbraucht die Strafklage. |
| Urteil | Eine in und aufgrund einer Hauptverhandlung ergehende formgebundene und mit besonderen Wirkungen versehene instanzabschließende Entscheidung des erkennenden Gerichts. |
| Verfügungen | Prozessbegleitende Anordnungen eines einzelnen Richters, für die das Gesetz keine Entscheidung des Gerichts vorsieht. |

## § 25 StPO – Prozessualer Tatbegriff und Rechtskraft

| | |
|---|---|
| Faktischer Tatbegriff der Rechtsprechung (Tat im prozessualen Sinne) | Nach der Rechtsprechung liegt eine prozessuale Tat vor, wenn das Geschehen bei natürlicher Betrachtungsweise einen einheitlichen geschichtlichen Lebensvorgang bildet, innerhalb dessen der Angeklagte einen Straftatbestand verwirklicht haben soll. |
| Formelle Rechtskraft | Sie besteht, wenn eine Entscheidung nicht (mehr) anfechtbar ist. |
| Materielle Rechtskraft | Sie besteht, wenn ein Urteil absolut formell rechtskräftig ist. Sie zieht den Strafklageverbrauch hinsichtlich der abgeurteilten prozessualen Tat nach sich. |

| Tatbestandsmerkmal | Definition |
|---|---|
| **§ 26 StPO – Besondere Verfahrensarten** | |
| Privatklage | Eine Ausnahme vom Offizialprinzip, nach der der Privatklageberechtigte die Möglichkeit hat, unabhängig von der Staatsanwaltschaft sein eigenes Recht selbst zu verfolgen. |
| Strafbefehlsverfahren | Ein schriftliches Verfahren, bei dem der Richter nach Aktenlage entscheidet. |
| Verletzter i.S.d. § 374 I | Verletzter ist derjenige, der durch die behauptete Tat, ihre tatsächliche Begehung unterstellt, unmittelbar beeinträchtigt ist. |
| **§ 27 StPO – Vollstreckungsverfahren** | |
| Strafvollstreckung | Das Verfahren, das sich an die rechtskräftige Sachentscheidung anschließt und das die Durchsetzung eines Straferkenntnisses zum Gegenstand hat. |
| Strafvollzug | Die Art und Weise der praktischen Durchführung des Freiheitsentzugs unter den organisatorischen Bedingungen der jeweiligen Institution. |
| **§ 28 StPO – Rechtsbehelfe, Grundlagen** | |
| Beschwer | Eine Beschwer ist gegeben, wenn der Rechtsmittelführer durch die gerichtliche Entscheidung, die auch in einem Unterlassen bestehen kann, in seinen rechtlichen Interessen - nicht nur subjektiv, sondern im Rechtssinne - unmittelbar beeinträchtigt ist. |
| Devolutiveffekt | Bei Einlegung eines Rechtsmittels wird eine noch nicht rechtskräftige gerichtliche Entscheidung vor einem Gericht höherer Ordnung erneut überprüft. |
| Förmliche Rechtsbehelfe | Ordentliche und außerordentliche Rechtsbehelfe, die an Frist- und Formvorschriften gebunden sind. |
| Formlose Rechtsbehelfe | Rechtsbehelfe, die an keine Frist- oder Formvorschriften gebunden sind. |
| Rechtsbehelfe | Prozessuale Befugnisse, die es Prozessbeteiligten oder Dritten ermöglichen, eine ihre Rechte oder rechtlich geschützten Interessen betreffende Entscheidung einer nochmaligen Überprüfung in sachlicher Hinsicht durch dieselbe oder eine höhere Instanz zuzuführen. |

| Tatbestandsmerkmal | Definition |
|---|---|
| Rechtsmittel | Ordentliche Rechtsbehelfe gegen noch nicht rechtskräftige Entscheidungen (Beschwerde, Berufung, Revision). |
| Suspensiveffekt | Der Eintritt der Rechtskraft und damit die Vollstreckbarkeit einer gerichtlichen Entscheidung werden verhindert (bei Berufung und Revision). |

### § 30 StPO – Berufung

| | |
|---|---|
| Annahme der Berufung | Eine Berufung wird angenommen, wenn sie nicht offensichtlich unbegründet ist (§ 313 II). |
| Berufung | Ein Rechtsmittel gegen amtsgerichtliche Strafurteile mit Devolutiv- und Suspensiveffekt, das eine zweite Tatsacheninstanz eröffnet. |

### § 31 StPO – Revision

| | |
|---|---|
| Revision | Ein Rechtsmittel mit Devolutiv- und Suspensiveffekt, das zu einer Überprüfung des angefochtenen Urteils auf Rechtsfehler führt. |
| Sachrüge | Eine Rüge der Verletzung des materiellen Strafrechts. |
| Sprungrevision | Verzicht des Rechtsmittelführers auf eine weitere Tatsacheninstanz unter Ausübung seines unechten Wahlrechts zwischen Berufung und Revision. |
| Verfahrensrüge | Eine Rüge der Verletzung einer Rechtsnorm über das Verfahren. |

### § 32 StPO – Beschwerde

| | |
|---|---|
| Beschwerde | Ein Rechtsmittel mit Devolutiveffekt, mit dem die Aufhebung oder Vornahme einer Entscheidung begehrt wird. |

### § 33 StPO – Wiederaufnahme

| | |
|---|---|
| Neue Tatsachen | Tatsachen sind neu, wenn das erkennende Gericht bei Abschluss der Urteilsberatung der Entscheidung keine prozessordnungsgemäße Kenntnis von ihnen hatte und sie daher nicht berücksichtigen konnte. |

| Tatbestandsmerkmal | Definition |
|---|---|
| Wiederaufnahme | Bei einer Wiederaufnahme erfolgt in engen Grenzen eine Durchbrechung der Rechtskraft, um rechtskräftige Entscheidungen, deren Bestand aus Gründen der Wahrheit, der Gerechtigkeit und der Rechtsbewährung unerträglich ist, beseitigen zu können. |

# Jugendstrafrecht

| Begriff | Definition |
|---|---|
| Ziel des Jugendstrafrechts (§ 2 Abs. 1) | Das Ziel des Jugendstrafrechts ist in § 2 Abs. 1 definiert. Verkürzt ist das Jugendstrafrecht als jugend-adäquates Präventionsstrafrecht zu bezeichnen, um den jugendlichen / heranwachsenden Beschuldigten von weiteren Straftaten abzuhalten |
| Bedingte Strafmündigkeit (§ 3) | Bei Jugendlichen muss die Verantwortlichkeit im Rahmen der Schuldprüfung gem. § 3 positiv festgestellt werden. |
| Warnschussarrest (§ 16a) | Die Kombination einer Bewährungsentscheidung gem. den §§ 21, 27 mit einem Arrest wird Warnschuss- oder Einstiegsarrest genannt. Trotz erheblicher Einwände in der Fachwelt hat der Gesetzgeber mit dem Gesetz zur Erweiterung der jugendgerichtlichen Handlungsmöglichkeiten vom 7.9.2012 diese Kombination – unter eingeschränkten Anwendungsvoraussetzungen – im § 16a erlaubt. |
| Ungehorsamsarrest (§§ 11 Abs. 3, 15 Abs. 3 S. 2, 3) | Wenn der Verurteilte schuldhaft Weisungen oder Auflagen nicht erfüllt, kann sogenannter Ungehorsamsarrest verhängt werden. In Abweichung von der herrschenden Meinung kommt diesem Arrest Ersatzfunktion zu, entsprechend der Ersatzfreiheitsstrafe gem. § 43 StGB. |
| Schädliche Neigungen (§ 17 Abs. 2, 1. Alt.) | Nach der Rechtsprechung sind schädliche Neigungen als Voraussetzung für die Anordnung einer Jugendstrafe erhebliche Charaktermängel, die ohne längere Gesamterziehung die Gefahr der Begehung weiterer Straftaten in sich bergen, die nicht nur gemeinlästig oder den Charakter von Bagatelldelikten haben. Nach der hier vertretenen Position muss eine persönlichkeitsspezifische Rückfallgefahr für erhebliche Straftaten bestehen. |
| Schwere der Schuld (§ 17 Abs. 2, 2. Alt.) | Für die Feststellung der Schwere der Schuld als weitere Voraussetzung für die Anordnung einer Jugendstrafe orientiert sich die Rechtsprechung an dem Erfolgsunrecht der Tat, wobei – begrenzend – die Jugendstrafe aus erzieherischen Gründen zum Wohl des Jugendlichen/Heranwachsenden erforderlich sein muss. Nach der hier vertretenen Position ist Voraussetzung, dass ein Verzicht auf Jugendstrafe für das Rechtsempfinden „schlechthin unverständlich" wäre. |
| Einheitsstrafe (§ 31) | In Abweichung zur Gesamtstrafenbildung im Erwachsenenstrafrecht (§§ 53, 54 StGB) wird bei Verurteilung mehrerer Straftaten gem. § 31 Abs. 1 auf eine einheitliche Sanktion erkannt. Gem. § 31 Abs. 2 werden auch unerledigte Sanktionen aus früheren Verurteilungen mit einbezogen. |

| Begriff | Definition |
| --- | --- |
| Diversion (§§ 45, 47) | Diversion bedeutet Umgehung des förmlichen Gerichtsverfahrens mit Abschluss durch ein Urteil. Zum Zwecke der Diversion hat der Gesetzgeber die Möglichkeiten der Verfahrenseinstellung erweitert (§§ 45, 47). |
| Vorbewährung (§§ 61-61b) | Unter Bezugnahme auf § 57 Abs. 1 S. 1, 2. Alt. wurde in der Rechtspraxis das Sanktionsinstitut „Vorbewährung" entwickelt, um mithilfe von Weisungen und Auflagen, z. T. mit Einsatz des Bewährungshelfers dem Verurteilten eine letzte Chance zu geben, dass die Jugendstrafe noch zur Bewährung ausgesetzt wird. Mit dem Gesetz zur Erweiterung der jugendgerichtlichen Handlungsmöglichkeiten vom 7.9.2012 wurde diese Praxis in den §§ 61-61b legalisiert. |
| Gleichstellung eines Heranwachsenden mit einem Jugendlichen (§ 105, Abs. 1 Nr. 1) | Nach der Rechtsprechung ist Voraussetzung, dass es sich bei dem Heranwachsenden um einen noch in der Entwicklung befindlichen, noch prägbaren Menschen handelt. Diese sich vom Wortlaut entfernende Definition lässt einen Bezug zu dem Entwicklungsstand eines Jugendlichen vermissen. Für die Anwendung des Erwachsenenstrafrechts muss somit eine Progression gegenüber 17-jährigen festgestellt werden. |
| Jugendverfehlung (§ 105 Abs. 1 Nr. 2) | Für die Feststellung einer Jugendverfehlung wird nicht auf einen Deliktstypus sondern auf jugendtypische Beweggründe (Leichtsinn, Geltungsbedürfnis, Unausgeglichenheit) abgestellt. Diese können auch bei schweren Gewalttaten vorliegen. |

## Wirtschaftsstrafrecht

| Tatbestandsmerkmal | Definition |
| --- | --- |
| **§ 299** | |
| Angestellter (§ 299 StGB) | Angestellter ist, wer in einem Dienstverhältnis zum Geschäftsherren steht und weisungsgebunden ist. |
| Annehmen (§ 299 StGB) | Annehmen bedeutet die tatsächliche Entgegennahme eines Vorteils. |
| Beauftragter (§ 299 StGB) | Beauftragter ist nach dem Wortlaut, wem eine Aufgabe zur Erledigung übertragen wurde. |
| Fordern (§ 299 StGB) | Unter Fordern versteht man das einseitige Verlangen einer Leistung. |
| Geschäftlicher Betrieb (§ 299 StGB) | Unter einem geschäftlichen Betrieb versteht man jede auf Dauer betriebene Tätigkeit im Wirtschaftsleben, die den Austausch von Leistung und Gegenleistung zum Gegenstand hat, ohne dass es auf eine Gewinnerzielungsabsicht ankommt. |
| Sich-Versprechen-Lassen (§ 299 StGB) | Der Täter lässt sich einen Vorteil versprechen, wenn er ein Angebot einer späteren Leistung annimmt. |
| Unrechtsvereinbarung (§ 299 StGB) | Vorteilsgeber und -nehmer müssen sich bei der Gewährung und Annahme des Vorteils für ein künftiges dienstliches Verhalten über die Art der vergüteten Dienste einig sein. |
| Vorteil (§ 299 StGB) | Jede Leistung, auf die der Amtsträger keinen Anspruch hat und die seine wirtschaftliche, rechtliche oder auch nur persönliche Lage objektiv verbessert. Auch Drittvorteile sind erfasst. |
| **§§ 331, 333** | |
| Amtsträger (§§ 331, 333 StGB) | Amtsträger i.S.d. § 11 Abs. 1 Nr. 2c ist derjenige, der in einer staatlich gelenkten Organisation Aufgaben der Eingriffs- oder Leistungsverwaltung (z.B. Daseinsvorsorge) aufgrund längerfristiger Tätigkeit oder organisatorischer Eingliederung in die Behörden- oder Unternehmensstruktur wahrnimmt. |
| Dienstausübung (§§ 331, 333 StGB) | Dem Bereich der Dienstausübung unterfallen alle Tätigkeiten, die zu den dienstlichen Obliegenheiten gehören und in amtlicher Eigenschaft vorgenommen werden. |
| Dienstherrengenehmigung (§§ 331, 333 StGB) | Nach h.M. ein Rechtfertigungsgrund. |

| Tatbestandsmerkmal | Definition |
|---|---|
| Tathandlungen i.S.d. §§ 331, 333 | Siehe § 299 |
| Unrechtsvereinbarung (§§ 331, 333 StGB) | Siehe § 299 |
| **§ 335** | |
| Fortgesetzte Annahme von Vorteilen, § 335 Abs. 2 Nr. 2 | Vorausgesetzt wird eine mindestens dreimalige Vorteilsannahme. |
| Vorteil großen Ausmaßes, § 335 Abs. 2 Nr. 1 | Je nach Auffassung ab 10.000 EUR, 25.000 EUR oder 50.000 EUR. |
| **§ 143 MarkenG** | |
| Geschäftliche Bezeichnungen, § 143 Abs. 1 Nr. 4 und 5 MarkenG | Hierunter versteht man Unternehmenskennzeichen (Firma, besondere Bezeichnung eines Geschäftsbetriebes) und Werktitel (Bezeichnung von Druckschriften, Film-, Ton- und Bühnenwerken oder Computerprogrammen). |
| Gewerbsmäßigkeit, § 143 Abs. 2 MarkenG | Setzt voraus, dass sich der Täter durch wiederholte Kennzeichenverletzung eine fortlaufende Einnahmequelle von einigem Umfang und einiger Dauer verschaffen will. |
| Handeln im geschäftlichen Verkehr | Jede wirtschaftliche Tätigkeit auf dem Markt, die kein rein privates, amtliches oder geschäftsinternes Verhalten ist und der Förderung eines eigenen oder fremden Geschäftszwecks zu dienen bestimmt ist. |
| Widerrechtliche Benutzung der Marke oder der geschäftlichen Bezeichnung | Ist zu bejahen wenn,<br>■ der Benutzer nicht Rechtsinhaber ist und für seine Benutzung keine Zustimmung vom Berechtigten nachweisen kann<br>■ der Benutzer eine Lizenz besitzt, jedoch die darin erlaubte Produktionsmenge überschreitet und die Überschussproduktion selbst vermarktet<br>■ die Benutzung nicht durch die Schutzschranken der §§ 20–25 MarkenG erlaubt ist. |
| **§ 16 UWG** | |
| Angaben (§ 16 UWG) | Behauptung von Tatsachen, also vergangener oder gegenwärtiger Geschehnisse oder Zustände. |

| Tatbestandsmerkmal | Definition |
|---|---|
| Irreführend (§ 16 UWG) | Es genügt die Eignung zur Irreführung. Sie liegt vor, wenn die Gefahr besteht, bei einem nicht unerheblichen Teil des mit der Werbung angesprochenen Verkehrskreises Fehlvorstellungen hervorzurufen, die für den Entschluss, die beworbene Ware oder Dienstleistung zu kaufen bzw. in Anspruch zu nehmen, von maßgeblicher Bedeutung sind. |
| Öffentliche Bekanntmachungen (§ 16 UWG) | Öffentliche Bekanntmachungen sind Mitteilungen, die von einem unbestimmten Personenkreis wahrgenommen werden können. |
| Unwahr (§ 16 UWG) | Unwahr ist eine Angabe, wenn die ihr durch Auslegung zu entnehmende Tatsachenbehauptung einen objektiven Widerspruch zur Realität aufweist. |
| Vorteile, § 16 Abs. 2 | Gemeint sind besondere Vermögenswerte. Jene, die nicht geeignet sind, zur Teilnahme am System progressiver Kundenwerbung zu motivieren, sind ausgeschlossen. |
| Werben (§ 16 UWG) | Äußerung der Angaben zu Zwecken des Wettbewerbs im geschäftlichen Verkehr. |
| **§ 17 UWG** | |
| Anvertraut (§ 17 UWG) | Ist ein Geheimnis dem Täter dann, wenn es ihm unter Umständen zugänglich gemacht wird, die erkennen lassen, dass er es vertraulich behandeln, also wahren soll. |
| Anwendung technischer Mittel, § 17 Abs. 2 Nr. 1 a | Unter technischen Mitteln werden alle im weitesten Sinne der Technik zuzurechnenden Vorrichtungen wie z.B. Abhör- und Ablichtungsgeräte oder Fotoapparate erfasst. |
| Bei einem Unternehmen beschäftigte Person (§ 17 UWG) | Als bei einem Unternehmen beschäftigt ist jeder anzusehen, der aufgrund eines Dienstverhältnisses für dieses tätig ist. Ein Arbeitsverhältnis ist nicht erforderlich. |
| Berechtigtes wirtschaftliches Interesse (§ 17 UWG) | Zu bejahen, wenn die Preisgabe des Geheimnisses Nachteile im Wettbewerb für das Unternehmen befürchten lässt. |
| Geheim (§ 17 UWG) | Eine unternehmensbezogene Tatsache ist geheim, wenn der Personenkreis, der sie kennt oder Zugang zu ihr hat, aufgrund seiner Überschaubarkeit und Begrenztheit ein allgemeines Bekanntwerden nicht erwarten lässt. |

| Tatbestandsmerkmal | Definition |
|---|---|
| Geheimhaltungswille (§ 17 UWG) | Genereller Wille des Unternehmers zur Wahrung aller Geheimnisse, an deren Geheimhaltung ein berechtigtes Interesse besteht. |
| Geschäfts- oder Betriebsgeheimnis (§ 17 UWG) | Ein Geschäfts- oder Betriebsgeheimnis ist eine Tatsache, die einen Bezug zur wirtschaftlichen Tätigkeit eines Unternehmens aufweist, tatsächlich geheim ist und der Unternehmer bezüglich der Tatsache ein berechtigtes wirtschaftliches Geheimhaltungsinteresse sowie einen erkennbaren Geheimhaltungswillen hat. |
| Im Rahmen des Dienstverhältnisses (§ 17 UWG) | Das Dienstverhältnis muss für die Zugänglichkeit des Geheimnisses ursächlich sein. |
| Mitteilen (§ 17 UWG) | Mitteilen i.S.d. § 17 Abs. 1 UWG bedeutet, einem anderen – während der Geltungsdauer des Dienstverhältnisses oder i.R. vertraglicher Verpflichtungen – in dem Maße die Kenntnis oder die Möglichkeit der Kenntnisnahme von dem Geheimnis zu verschaffen, dass er es in irgendeiner Form ausnutzen oder weitergeben kann. |
| Sachen, in denen das Geheimnis verkörpert ist, § 17 Abs. 2 Nr. 1 c | Sachen, in denen das Geheimnis verkörpert ist, sind wiedergebende körperliche Gegenstände sowie Gegenstände, durch deren Analyse das Geheimnis erkannt werden kann. |
| Sichern des Geheimnisses, § 17 Abs. 2 | Sich gesichert hat der Täter ein Geheimnis, wenn er sich eine Sache verschafft, in der das Geheimnis für eine gewisse Dauer verkörpert ist oder wenn er selbst eine solche Verkörperung herstellt. |
| Sichverschaffen, § 17 Abs. 2 | Der Täter verschafft sich ein Geheimnis, wenn er durch eigenes Handeln eine solche hinreichende Kenntnis von diesem erlangt hat, dass er es weitergeben kann. |
| Unbefugt i.S.d. § 17 Abs. 1 | Bezeichnet das allgemeine Deliktsmerkmal der Rechtswidrigkeit. |
| Unbefugt i.S.d. § 17 Abs. 2 Nr. 2 | Unbefugt i.S.d. § 17 Abs. 2 Nr. 2 ist ein Tatbestandsmerkmal, dass nach e.A. als rechtswidriges Verhalten und nach a.A. als unredliches, gegen die guten Sitten verstoßendes Verhalten, angesehen wird. |
| Verkörperte Wiedergabe des Geheimnisses, § 17 Abs. 2 Nr. 1 b | Eine verkörperte Wiedergabe des Geheimnisses stellt der Täter her, wenn er es in irgendeiner Form vergegenständlicht, so dass es damit festgehalten wird und weitergegeben werden kann. |
| Verwerten, § 17 Abs. 2 Nr. 2 | Verwerten meint jede wirtschaftliche Nutzung des Geheimnisses. |

| Tatbestandsmerkmal | Definition |
|---|---|
| Wegnahme, § 17 Abs. 2 Nr. 1 c | Bruch fremden und Begründung neuen Gewahrsams i.S.d. § 242 StGB. |

**§ 18 UWG**

| | |
|---|---|
| Anvertraut (§ 18 UWG) | Anvertraute Tatobjekte dürfen nicht offenkundig sein. Um Geheimnisse muss es sich jedoch nicht handeln. |
| Mitteilen (§ 18 UWG) | Siehe § 17 UWG |
| Verwerten (§ 18 UWG) | Siehe § 17 UWG |
| Vorlage (§ 18 UWG) | Eine Vorlage ist ein Gegenstand, der dazu bestimmt ist, bei der Herstellung neuer Sachen in der Weise als Vorbild zu dienen, dass seine Benutzung die beabsichtigte Ausführung erst ermöglicht. |
| Vorschriften technischer Art (§ 18 UWG) | Vorschriften technischer Art sind Anweisungen oder Lehren, die sich auf technische Vorgänge im weitesten Sinne beziehen. |

**§ 19 UWG**

| | |
|---|---|
| Annahme des Erbietens (§ 19 UWG) | Annahme des Erbietens bedeutet die Erklärung des Einverständnisses damit, dass ein anderer, der sich zuvor zur Begehung der Tat bereiterklärt hat, sie ausführt. |
| Sichbereiterklären (§ 19 UWG) | Sichbereiterklären ist die Erklärung, die Tat oder eine Anstiftung dazu begehen zu wollen. |
| Verabredung (§ 19 UWG) | Verabredung ist die Erklärung der Willenseinigung zur mittäterschaftlichen Begehung einer Tat oder Anstiftung. |

**Art. 101 AEUV**

| | |
|---|---|
| Unternehmen (Art. 101 AEUV) | Unternehmen sind natürliche oder juristische Personen sowie rechtsfähige Personengesellschaften, die sich selbstständig im weitesten Sinne wirtschaftlich betätigen, indem sie als Anbieter oder Nachfrager von Waren oder Dienstleistungen gegen Entgelt am Wirtschaftsleben beteiligt sind. |
| Unternehmensvereinigung (Art. 101 AEUV) | Eine Unternehmensvereinigung ist jeder beliebig strukturierter Zusammenschluss mehrerer Unternehmen, der unter anderem zur Wahrnehmung der Mitgliederinteressen herbeigeführt wurde. Darunter kann jede verbandsmäßige Organisation von Unternehmen fallen, ohne dass es auf die gewählte Rechtsform oder die Art und Weise des Zu-Stande-Kommens ankommt. |

| Tatbestandsmerkmal | Definition |
|---|---|
| Vereinbarung (Art. 101 AEUV) | Eine Vereinbarung ist jede Verständigung über eine wettbewerbsbeschränkende Praxis. |
| Beschluss (Art. 101 AEUV) | Ein Beschluss ist jeder Gesamtwille, der im Wege des organisationsrechtlich vorgesehenen Verfahrens zustande kommt und für die Mitglieder der Unternehmensvereinigung faktisch verbindlich ist. |
| Wettbewerbsbeschränkung (Art. 101 AEUV) | Eine Wettbewerbsbeschränkung liegt vor, wenn wenigstens eines der beteiligten Unternehmen seine wirtschaftliche Handlungsfreiheit am Markt einschränkt. Davon wiederum ist auszugehen, wenn zwar im Rechtssinne eine unternehmerische Entschließungsfreiheit besteht, der Gebrauch dieser Freiheit aber – wegen vertraglicher oder anderweitiger Bindungen – zu wirtschaftlichen Nachteilen führt. |
| Bezwecken (Art. 101 AEUV) | Bezweckt ist eine Wettbewerbsbeschränkung, wenn das fragliche Verhalten typischerweise Nachteile für den Wettbewerb auf dem relevanten Markt hat. |
| **Art. 102 AEUV** | |
| Marktbeherrschende Stellung (Art. 102 AEUV) | Ein Unternehmen beherrscht den relevanten Markt, wenn es auf diesem relevanten Markt als Anbieter oder Nachfrager keine Wettbewerber hat, keinem wesentlichen Wettbewerb ausgesetzt ist oder eine überragende Marktstellung im Verhältnis zu seinen Wettbewerbern innehat. |
| Missbräuchliches Ausnutzen (Art. 102 AEUV) | Missbräuchlich ausgenutzt wird eine marktbeherrschende Stellung, wenn sie ohne sachlichen Grund für ein wettbewerbsschädliches Verhalten instrumentalisiert wird. Dies kann sowohl auf Anbieter- als auch Nachfrageseite geschehen. |

# Öffentliches Recht

# Staatsorganisationsrecht

| Begriff | Definition |
|---|---|
| Absolute Mehrheit | Die absolute Mehrheit umfasst die Mehrheit der Mitglieder des Abstimmungsgremiums. |
| Allgemeinheit der Wahl | Eine Wahl wird allgemein genannt, wenn das gesamte politisch berechtigte Volk an ihr teilnehmen darf. Sie gilt sowohl für das aktive als auch passive Wahlrecht. |
| Annexkompetenz | Annexkompetenzen knüpfen an bestehende Kompetenzen an, sie gehen in die Tiefe von Sachmaterien, weil es notwendig sein kann, dass ein und derselbe Gesetzgeber eine bestimmte Materie im Zusammenhang mit einer anderen regelt, etwa um Konsistenz und Gleichheit zu gewährleisten. |
| Anwendungsvorrang | Anwendungsvorrang bedeutet, dass im Falle einer Normkollision eine ebenfalls einschlägige Norm in ihrer Anwendung durch die vorrangige anzuwendende Norm verdrängt wird. Der Anwendungsvorrang unterscheidet sich vom Geltungsvorrang dadurch, dass die zurücktretende Norm nicht nichtig, sondern nur unangewendet auf den Kollisionsfall bleibt. |
| Anwesenheitsmehrheit | Die Anwesenheitsmehrheit ist die Mehrheit der bei einer Entscheidung anwesenden Personen, unabhängig von der Gesamtzahl der Stimmberechtigten. |
| Ausschließliche Gesetzgebungskompetenz | Ausschließliche Gesetzgebungskompetenz des Bundes bedeutet, dass die Länder auf den jeweiligen Sachgebieten von jeglicher Gesetzgebungszuständigkeit ausgeschlossen sind, es sei denn, dass sie durch Bundesgesetz ermächtigt werden. |
| Bundestreue | Die Bundestreue stellt eine Pflicht für Bund und Länder zu gegenseitiger Rücksichtnahme und Unterstützung dar, um die Belange der jeweils anderen Seite zu wahren. |
| Diskontinuität | Weil Demokratie Herrschaft auf Zeit ist, entwertet der in der Neuwahl zum Ausdruck kommende aktuelle Volkswille die bis dahin auf der vorangegangenen Wahl beruhende Legitimation der Volksvertretung. Dies beschreibt den Grundsatz der Diskontinuität des Parlaments, bei der zwischen der sachlichen, personellen und institutionellen Dimension unterschieden wird.<br><br>Die sachliche Diskontinuität bezieht sich auf alle Beschlussvorlagen und besagt, dass die Anträge, Eingaben und dergleichen, die am Ende der Wahlperiode nicht abgeschlossen sind, erledigt sind. |

| Begriff | Definition |
|---|---|
| | Die personelle Diskontinuität erfasst die Abgeordneten, die mit Ende der Wahlperiode ihr Mandat verlieren.<br>Die institutionelle Diskontinuität betrifft schließlich die Organe des Bundestages, etwa den Bundestagspräsidenten und die Ausschüsse und Fraktionen, die mit dem Bundestag ihre konkrete Existenz verlieren. |
| Einheit der Verfassung | Bei der Auslegung einer Verfassungsnorm muss beachtet werden, dass sie nicht im Widerspruch zu anderen Verfassungsnormen steht. Dabei ist es geboten, beide Verfassungsnormen zu derjenigen Entfaltung kommen zu lassen, die in der Situation des Konflikts mit einem gegenläufigen Prinzip noch möglich ist. |
| Enquetekommission | Enquetekommissionen sind Gremien des Parlaments, die (regelmäßig für einen längeren Zeitraum) zur Vorbereitung von umfangreichen und gesellschaftlich bedeutenden Sachkomplexen eingerichtet werden und denen neben Abgeordneten auch parlamentsexterne Personen, wie Sachverständige, als Mitglieder angehören. Dies unterscheidet sie von den ständig eingerichteten Pflicht- und den in Einzelfällen ad-hoc eingerichteten Untersuchungsausschüssen. |
| Formelles Gesetz | Formelle Gesetze sind Hoheitsakte, die das parlamentarische Gesetzgebungsverfahren durchlaufen haben. Sie werden daher auch Parlamentsgesetze genannt. |
| Fraktionen | Fraktionen sind freiwillige Vereinigungen von Abgeordneten im Parlament, die i.d.R. derselben Partei angehören. |
| Freies Mandat | Das freie Mandat der Abgeordneten ist die rechtliche Freiheit der Abgeordneten, nach eigener Überzeugung abstimmen zu dürfen, siehe Art. 38 Abs. 1 S. 2 GG. |
| Freiheit der Wahl | Die Freiheit der Wahl schützt die Wahlentscheidung vor Zwang oder sonstiger unzulässiger Beeinflussung. |
| Freiheitliche demokratische Grundordnung (FDGO) | Das Bundesverfassungsgericht definiert die freiheitliche demokratische Grundordnung i.S.d. Art. 21 Abs. 2 GG als eine Ordnung, die unter Ausschluss jeglicher Gewalt- und Willkürherrschaft eine rechtsstaatliche Herrschaftsordnung auf der Grundlage der Selbstbestimmung des Volkes nach dem Willen der jeweiligen Mehrheit und der Freiheit und Gleichheit darstellt. Zu den grundlegenden Prinzipien zählt das Gericht die im GG konkretisierten Menschenrechte, die Volkssouveränität, die Gewaltenteilung, die Verantwortlichkeit der Regierung, die Gesetzmäßigkeit der Verwaltung, die Unabhängigkeit der Gerichte, das Mehrheitsprinzip und die Chancengleichheit |

| Begriff | Definition |
|---|---|
| | für alle politischen Parteien mit dem Recht auf verfassungsmäßige Ausübung einer Opposition.<br>Eine Legaldefinition mit der Aufzählung dieser Merkmale findet sich in § 4 Abs. 2 BVerfSchG. |
| Funktionale Selbstverwaltung | Neben der kommunalen Selbstverwaltung (Art. 28 Abs. 2 GG) wird auch in weiteren Bereichen die Erledigung der Verwaltungsaufgaben in die Hände der Betroffenen gelegt – man spricht insoweit von einer funktionalen Selbstverwaltung. Beispiele sind etwa die Anwaltskammern oder die Handwerkskammern, auch die soziale Selbstverwaltung (z.B. der Krankenkassen). |
| Geheimheit der Wahl | Die Geheimheit der Wahl gewährleistet die Nichtidentifizierbarkeit eines einzelnen Wählers bezogen auf die von ihm abgegebene Stimme. |
| Gesetzgebungskompetenz kraft Natur der Sache | Gesetzgebungskompetenzen kraft Natur der Sache sind Ergänzungen der Kompetenzrechtkataloge der Art. 73, 74 GG. Dabei geht es um Materien, die einer einzelstaatlichen Gesetzgebung a priori entrückt sind und daher zwingend im Interesse des Gesamtstaates nur und allein vom Bund geregelt werden können. |
| Gesetzgebungskompetenz kraft Sachzusammenhangs | Gesetzgebungskompetenz kraft Sachzusammenhangs verlangt, dass ein Sachbereich vernünftigerweise nicht geregelt werden könnte, ohne auf eine Kompetenz des an sich zuständigen, jeweils anderen Gesetzgebers überzugreifen. Voraussetzung der Inanspruchnahme der Kompetenzen ist, dass der für die Hauptregelung zuständige Gesetzgeber von seiner Kompetenz Gebrauch gemacht hat und, hieran anknüpfend, auf eine ihm sonst nicht zugewiesene Kompetenz übergreift. |
| Gleichheit der Wahl | Die Gleichheit der Wahl umfasst die Zählwert- und die Erfolgswertgleichheit.<br>Erstere bedeutet: Jede Stimme hat den gleichen Wert. Stimme ist gleich Stimme.<br>Der Erfolgswert einer Stimme bezieht sich auf die Wählermacht, die Mandatsverteilung im Parlament mitzubestimmen, man kann auch von der mandatsverschaffenden Kraft sprechen. |
| Haushaltsgesetzgebung | Der von der Regierung entworfene Haushaltsplan ist vom Parlament durch ein Haushaltsgesetz festzustellen. Der vom Parlament beschlossene Haushaltsplan enthält die Ermächtigung an die Regierung, für die in ihm benannten Zwecke Ausgaben vorzunehmen. |

| Begriff | Definition |
|---|---|
| Homogenitätsklausel | Art. 28 Abs. 1 GG gibt den Ländern als wesentliche Grundprinzipien der staatlichen Ordnung auch pflichtige Inhalte für ihre interne Ordnung auf. Insofern müssen die Länder den gleichen Grundprinzipien wie der Bund folgen, man nennt deswegen Art. 28 Abs. 1 GG auch die Homogenitätsklausel des Grundgesetzes. |
| Immunität | Das Immunitätsrecht schützt den Begünstigten für die Dauer des gehaltenen Amtes davor, wegen einer mit Strafe bedrohten Handlung ohne Genehmigung des Bundestages zur Verantwortung gezogen zu werden, es sei denn, dass er bei Begehung der Tat oder im Laufe des folgenden Tages festgenommen wird. Es ist ein Verfolgungshindernis.<br><br>Immunität genießen die Abgeordneten (Art. 46 Abs. 2–4 GG), aber auch der Bundespräsident (Art. 60 Abs. 4, 46 Abs. 2–4 GG). |
| Indemnität | Der Grundsatz der Indemnität meint die außerparlamentarische Verantwortungsfreiheit des Bundestagsabgeordneten für seine innerparlamentarische Tätigkeit. Die Indemnität nach Art. 46 Abs. 1 GG ist ein persönlicher Verfolgungsausschlussgrund. |
| Input-Legitimation | Herrschaft bedarf der Legitimation. Die Input-Legitimation beruht auf der demokratischen Bestimmung der Inhalte der staatlichen Entscheidungen, jedenfalls der wesentlichen Entscheidungen. |
| Kernbereich exekutiver Eigenverantwortung | Der Kernbereich exekutiver Eigenverantwortung stellt einen grundsätzlich nicht ausforschbaren Initiativ-, Beratungs- und Handlungsbereich der Regierung dar. Dazu zählen die noch nicht abgeschlossenen Vorgänge, insbesondere die interne Willensbildung der Regierung und die diese vorbereitenden Maßnahmen im Ressort- und Kabinettsbereich. |
| Kompetenz-Kompetenz | Die Kompetenz-Kompetenz ist ein Hauptelement staatlicher Souveränität. Sie bedeutet die Entscheidungsbefugnis des Staates selbst über die ihm zukommenden Zuständigkeiten. Den Gegenpart bilden übertragene, von fremder Hand festgelegte Kompetenzen. |
| Konkurrierende Gesetzgebungskompetenz | Konkurrierende Gesetzgebungskompetenz bedeutet nicht, dass sich Bund und Länder nebeneinander bestehende Gesetzgebungskompetenzen teilen. Vielmehr sind die Länder grundsätzlich nur zuständig, „solange und soweit“ der Bund nicht von seiner Gesetzgebungskompetenz Gebrauch gemacht hat, Art. 72 Abs. 1, 2 GG. Ein |

| Begriff | Definition |
|---|---|
| | Bundesgesetz auf einem dieser Bereiche sperrt also in seinem Regelungsfeld die Landesgesetzgeber. |
| Konstruktives Misstrauensvotum | Durch das konstruktive Misstrauensvotum kann der Bundestag aus eigener Initiative dem Bundeskanzler das Vertrauen entziehen. Der Misstrauensausspruch ist dabei „konstruktiv", da er nach Art. 67 GG nur Erfolg hat, wenn gleichzeitig die Wahl eines neuen Kanzlers erfolgt. |
| Materielles Gesetz | Unter materiellen Gesetzen versteht man alle abstrakt-generellen Regelungen unter Einschluss untergesetzlicher Rechtsnormen, etwa Rechtsverordnungen oder Satzungen. |
| Mehrheitswahlsystem | Die Mehrheitswahl ist ein Wahlsystem, bei der das Wahlgebiet – jedenfalls im Idealtypus – in so viele Wahlkreise aufgeteilt wird, wie Parlamentssitze zu vergeben sind. Derjenige Kandidat erringt das Parlamentsmandat, der in seinem Wahlkreis obsiegt. Hierbei gibt es zwei Varianten, die relative Mehrheitswahl und die absolute Mehrheitswahl. Bei der relativen Mehrheitswahl geht der Parlamentssitz an denjenigen Kandidaten, der unter allen Kandidaten die meisten Stimmen auf sich vereinigen konnte, auch wenn sein Stimmenanteil unter 50 % liegt. Bei der absoluten Mehrheitswahl erringt man nur ein Mandat, wenn man eine absolute Mehrheit der Stimmen erreicht. Geschieht dies beim ersten Wahlgang nicht, findet zwischen den beiden erfolgreichsten Kandidaten eine Stichwahl statt. |
| Mitgliedermehrheit | Bei der Mitgliedermehrheit ist nicht die Mehrheit der abgegebenen Stimmen ausschlaggebend, sondern die Mehrheit der Abstimmungsberechtigten. |
| Negatives Stimmgewicht | Unter dem negativen Stimmgewicht versteht man den Effekt, dass der Zuwachs von Wählerstimmen für eine Partei zu einem Weniger an Mandaten führen kann. Das BVerfG sieht darin eine Verletzung der Gleichheit und Unmittelbarkeit der Wahl. |
| Öffentlichkeit der Wahl | Dieser Wahlrechtsgrundsatz verlangt, dass die verschiedenen Etappen des Wahlverfahrens von den Bürgern kontrolliert werden können. |
| Output-Legitimation | Herrschaft bedarf der Legitimation. Diese Legitimation kann auch aus der Leistungsfähigkeit des Staates bei der Bewältigung der sich ihm stellenden Aufgaben folgen. |
| Parallele Gesetzgebungskompetenz | Art. 72 Abs. 3 GG enthält eine neue, durch die Bundesstaatsreform eingefügte Variante der konkurrierenden Gesetzgebung: die Abweichungsgesetzgebung oder parallele Gesetzgebungskompetenz des Bundes und der |

| Begriff | Definition |
|---|---|
| | Länder. Diese erlaubt es den Ländern auf den in Art. 74 Abs. 1 Nr. 28–33, 72 Abs. 3 S. 1 Nr. 1–6 GG in Bezug genommenen Sachgebieten eigene, von Bundesgesetzen verschiedene, Regelungen zu treffen. |
| Politische Parteien | Politische Parteien sind Spezialzweckorganisationen zur Wahrnehmung der institutionalisierten demokratischen Einflussmöglichkeiten auf die staatliche Entscheidungsfindung. Eine Legaldefinition findet sich in § 2 PartG. |
| pouvoir constituant und pouvoir constitué | Pouvoir constituant meint die verfassunggebende Gewalt des Volkes. Sie stellt die sinnfälligste Ausübung der Volkssouveränität dar.<br>Die durch die Verfassung geschaffene und normierte Staatsgewalt wird als pouvoir constitué bezeichnet. Das ist die Form der Staatlichkeit nach Erlass einer Verfassung. |
| Praktische Konkordanz | Falls gleichrangige Verfassungsnormen kollidieren, tritt nicht eine Norm hinter die kollidierende zurück, vielmehr muss nach einer Lösung gesucht werden, die für beide Seiten den möglichst schonenden Ausgleich darstellt. Es geht dabei um eine Zuordnung der beteiligten Rechtsgüter unter Anschauung der konkreten Situation: um die Herstellung einer bedingten Vorrangrelation. |
| Qualifizierte Mehrheit | Eine qualifizierte Mehrheit stellt höhere Mehrheitserfordernisse dar, die dann verlangt werden, wenn eine Entscheidung erschwert werden soll. Ein Beispiel ist die für eine Verfassungsänderung erforderliche Zwei-Drittel-Mehrheit (Art. 79 Abs. 2 GG). |
| Ratifikation | Ratifikation ist eine völkerrechtliche Erklärung an eine andere Vertragspartei, an den Vertrag gebunden zu sein. Durch den Austausch der Ratifikationsurkunden wird der Vertrag völkerrechtlich wirksam und bindet die Bundesrepublik an dessen Inhalt. |
| Relative Mehrheit | Relative Mehrheit ist die Mehrheit der abgegeben Stimmen. |
| Überhangmandate | Falls eine Partei mehr Direktmandate errungen hat, als ihr nach dem Verhältnis der Zweitstimmen zukommen, so bleiben ihr diese Mandate als Überhang erhalten. Um die Gleichheit und Unmittelbarkeit der Wahl sicherzustellen, wird dieser Überhang nach geltendem Wahlrecht (§ 6 Abs. 5 S. 2 BWahlG 2013) durch die Erhöhung der Gesamtzahl der Sitze des Bundestages ausgeglichen (Ausgleichsmandate). |

| Begriff | Definition |
|---|---|
| Unmittelbarkeit der Wahl | Die Unmittelbarkeit der Wahl soll den unverfälschten Einfluss der Wähler auf die personelle Zusammensetzung des Parlamentes sicherstellen. Zwischen die Entscheidung der Wähler und die personelle Zusammensetzung des Parlaments darf daher keine weitere politische Willensentscheidung treten. |
| Verfassung als Gerechtigkeitsreserve | Das Verfassungsrecht ist durch den Anspruch gekennzeichnet, die Gerechtigkeit der Rechtsordnung zu gewährleisten. Zwar steht das Recht insgesamt in der gesellschaftlichen Praxis unter der Erwartung, gerecht zu sein. In der Stufenordnung des Rechts wird der Gerechtigkeitsanspruch aber in besonderem Maße auf das Verfassungsrecht projiziert, und zwar besonders auf die dort positivierten Prinzipien. Freiheit und Gleichheit, Grundrechte, Demokratie Sozialstaatlichkeit u.Ä. stellen Gerechtigkeitsversprechen dar. |
| Verhältniswahlsystem | Die Verhältniswahl ist ein Wahlsystem, bei der das ganze Wahlgebiet als ein Wahlkreis verstanden wird, in dem die politischen Parteien ihre Kandidaten auf einer Liste präsentieren und mit dieser um die Gunst der Wähler konkurrieren. Die Sitze im Parlament werden vergeben entsprechend dem Stimmanteil an der Gesamtzahl der gültigen Stimmen, den die Parteien erhalten. Man spricht daher auch von einem „Proportionalsystem“ oder von der „Proporzwahl“. |
| Vertrauensfrage | Die Vertrauensfrage stellt einen Antrag des Bundeskanzlers an den Bundestag nach Art. 68 GG dar, ihm das Vertrauen auszusprechen. Es geht politisch und legitimatorisch um eine Erneuerung der Wahlentscheidung für den Bundeskanzler durch den Bundestag. |
| Volkssouveränität | Mit dem Begriff der Volkssouveränität wird der Kern der Demokratie bezeichnet. Unter der Geltung der Volkssouveränität soll die Basis der politischen Herrschaft in den Beherrschten selbst liegen, also im Volk nach Art. 20 Abs. 2 S. 1 GG.<br><br>In personeller Hinsicht verlangt die Volkssouveränität, dass alle Positionen, die öffentliche Gewalt ausüben, in ununterbrochener Legitimationskette auf das Volk zurückgeführt werden können.<br><br>In der sachlichen Dimension verlangt die Volkssouveränität, dass die anstehenden Sachentscheidungen durch das Volk selbst getroffen werden. Das Grundgesetz kennt diese Form der politischen Entscheidung nur in ganz eingeschränktem Maße. |

| Begriff | Definition |
|---|---|
| | In der zeitlichen Dimension der Volkssouveränität heißt Demokratie: Regierung auf Zeit. |
| Vorbehalt des Gesetzes | Der Vorbehalt des Gesetzes verlangt, dass eine staatliche Aktivität eine Rechtsgrundlage in Gestalt eines Gesetzes hat. |
| Vorrang der Verfassung | Die Durchsetzungskraft der Verfassung gegenüber allen anderen (innerstaatlichen) Rechtsnormen bezeichnet man als Vorrang der Verfassung. Steht eine Norm des einfachen Rechts, das heißt eine solche unterhalb der Verfassung, im Widerspruch zur Verfassung, so ist diese ipso iure, also ohne Weiteres, nichtig. |
| Vorrang des Gesetzes | Im Bereich des einfachen (d.h. nicht auf Verfassungsebene gewährleisteten) Rechts genießt das Gesetz den Vorrang vor nachrangigen Normen, wie etwa Verordnungen und Satzungen. |
| Wahlprüfung | Der Begriff der Wahlprüfung meint die Kontrolle der Gültigkeit der Wahl im Hinblick auf aufgetretene Wahlfehler in einem eigenen Verfahren. Sie ist in Art. 41 GG und im Wahlprüfungsgesetz geregelt. |
| Wesentlichkeitstheorie | Nach der vom Bundesverfassungsgericht entwickelten Wesentlichkeitstheorie müssen alle wesentlichen Entscheidungen vom unmittelbar demokratisch legitimierten Parlament selbst getroffen werden. |
| Zitierrecht | Gemäß Art. 43 Abs. 1 GG können der Bundestag und seine Ausschüsse jedes Mitglied der Bundesregierung herbeizitieren und Stellungnahmen zu bestimmten Punkten verlangen. |

# Grundrechte

| Merkmal | Definition |
|---|---|
| Abstammung (Art. 3 Abs. 3) | Abstammung ist die Beziehung einer Person zu ihren Vorfahren. |
| Allgemein zugängliche Quelle (Art. 5 Abs. 1 S. 1) | Allgemein zugänglich sind solche Quellen, die nicht nur objektiv geeignet, sondern auch dazu bestimmt sind, die Allgemeinheit zu informieren. |
| Allgemeine Gesetze (Art. 5 Abs. 2) | Allgemeine Gesetze sind solche, die sich weder gegen die Meinungsfreiheit an sich noch gegen bestimmte Meinungen richten, sondern dem Schutz eines schlechthin, ohne Rücksicht auf eine bestimmte Meinung, zu schützenden Rechtsguts dienen. Nach der Wechselwirkungslehre ist im Rahmen der Verhältnismäßigkeitsprüfung das allgemeine Gesetz seinerseits im Lichte des Art. 5 Abs. 1 GG auszulegen, d. h. in seiner beschränkenden Wirkung selbst wieder zu beschränken. |
| Allgemeines Persönlichkeitsrecht (Art. 2 i. V. m. Art. 1, jeweils Abs. 1) | Das allgemeine Persönlichkeitsrecht ist das Recht, seine Identität zu definieren, zu entwickeln und darzustellen. |
| Angemessenheit (Verhältnismäßigkeit i.e.S.) | Auf der Stufe der Angemessenheit sind in einem ersten Schritt Mittel und Zweck abstrakt zu betrachten, dann sind sie jeweils konkret zu bewerten. In einem dritten Schritt sind die betroffenen Rechtsgüter gegeneinander abzuwägen. Dabei sind Beschränkungen der Kontrolldichte zu beachten. |
| Asyl (Art. 16a Abs. 1) | Das Asylrecht gewährt einen Schutz für politisch Verfolgte, wobei einerseits nur die speziell politische Verfolgung und nicht der Schutz vor anderer Not umfasst ist, andererseits politische Verfolgung eine bestimmte Intensität der Diskriminierung voraussetzt. |
| Aufgrund eines Gesetzes | Die Variante „aufgrund eines Gesetzes“ ermöglicht einen Eingriff in Vollzug des Gesetzes. |
| Behinderung (Art. 3 Abs. 3) | Behinderungen sind dauerhafte, nicht altersbedingte, erhebliche Funktionsbeeinträchtigungen körperlicher, geistiger oder seelischer Art. |
| Beruf (Art. 12 Abs. 1) | Beruf ist jede auf Erwerb gerichtete Tätigkeit, die auf Dauer angelegt ist und der Schaffung und Erhaltung einer Lebensgrundlage dient. |

| Merkmal | Definition |
|---|---|
| Berufsausübungsregelung (Art. 12 Abs. 1) | Berufsausübungsregeln sind solche, die nicht den Zugang, sondern nur die Art und Weise der Ausübung eines Berufes betreffen. Sie können unter Gesichtspunkten der Zweckmäßigkeit gerechtfertigt sein, d. h. wenn sie einem Gemeinwohlbelang in verhältnismäßiger Weise dienen. |
| Berufsregelnde Tendenz (Art. 12 Abs. 1) | Eine berufsregelnde Tendenz liegt vor, wenn eine staatliche Regelung auf eine Berufsregelung abzielt oder sich auf die Tätigkeit zumindest unmittelbar auswirkt. |
| Briefgeheimnis (Art. 10 Abs. 1) | Briefgeheimnis ist die Vertraulichkeit schriftlicher Fixierungen individueller Informationsinhalte zum Zwecke der Kommunikation. |
| Deutschen-Grundrechte | Deutschen-Grundrechte gelten nur für Menschen, die im Besitz der deutschen Staatsangehörigkeit sind (Deutsche i. S. d. Art. 116 Abs. 1 GG). |
| Durch Gesetz | Die Variante „durch Gesetz“ lässt zu, dass bereits das Gesetz unmittelbar in ein Grundrecht eingreift. |
| Durchsuchungen (Art. 13 Abs. 2) | Die Durchsuchung zeichnet sich dadurch aus, dass der Staat gegen den Willen des Betroffenen die Wohnung nicht nur betritt, sondern dort nach bestimmten Sachen oder Personen sucht, die dort verborgen sein könnten. |
| Ehe (Art. 6 Abs. 1) | Ehe ist der auf Dauer angelegte, grundsätzlich unauflösliche Bund zwischen zwei verschiedengeschlechtlichen Partnern, an dessen Schließung der Staat beteiligt wird. |
| Eigentum (Art. 14 Abs. 1) | Eigentum ist funktionellrechtlich zu verstehen als materielle Grundlage privater Freiheitsentfaltung. Formell betrachtet ist dies die Summe der Befugnisse, die das Recht dem Eigentümer zuweist. Unter Art. 14 GG umfasst dies alle privatrechtlichen vermögenswerten Rechte, d. h. nicht nur absolute, dingliche, sondern auch relative, schuldrechtliche Ansprüche, soweit sie für den Inhaber frei nutzbar bzw. verfügbar sind und auch das Besitzrecht des Wohnraummieters. Subjektive öffentliche Rechte werden ausnahmsweise erfasst, soweit sie auf Leistung beruhen. |
| Enteignung (Art. 14 Abs. 3) | Eine Enteignung entzieht eine konkret-individuelle Rechtsposition ganz oder teilweise. Die Enteignung muss dem Gemeinwohl dienen und nach der Rechtsprechung auf die Erfüllung öffentlicher Aufgaben gerichtet sein. |
| Erforderlichkeit | Ein Mittel ist erforderlich, wenn es kein milderes Mittel gibt, das alle relevanten Zwecke mindestens ebenso wirksam erreichen könnte. |

| Merkmal | Definition |
|---|---|
| Erweiterter Eingriff | Beim erweiterten Eingriff sind die vier Kriterien nicht kumulativ erfüllt, es reicht aus, wenn wenigstens eines davon vorliegt. Es ist also jedes staatliche Handeln umfasst, dass Grundrechtsträger in ihren Grundrechten beeinträchtigt. |
| Erziehung (Art. 6 Abs. 2) | Die Erziehung ist die Sorge für die seelische und geistige Entwicklung, die Bildung und die Ausbildung der Kinder. |
| Familie (Art. 6 Abs. 1) | Die Familie ist die Lebensgemeinschaft zwischen Eltern (bzw. einem Elternteil) und Kind(ern). Idealerweise fallen die häusliche Lebensgemeinschaft einerseits und die Familienbande als verwandtschaftliche Beziehung andererseits zusammen, zwingend ist dies aber nicht (str.). |
| Fernmeldegeheimnis (Art. 10 Abs. 1) | Das Fernmeldegeheimnis schützt die Vertraulichkeit unkörperlicher Kommunikationsakte mit Mitteln der Telekommunikation. |
| Film (Art. 5 Abs. 1 S. 2) | Film ist ein körperliches Trägermedium für bewegte Bilder, die für einen unbestimmten Personenkreis aufgenommen werden. |
| Forschung und Lehre (Art. 5 Abs. 3 S. 1) | Forschung und Lehre sind als Unterfall der Wissenschaftsfreiheit auf wissenschaftliche (nicht notwendig eigene) Erkenntnisse bezogen. |
| Freie Entfaltung der Persönlichkeit (Art. 2 Abs. 1) | Die freie Entfaltung der Persönlichkeit umfasst als Auffanggrundrecht die „allgemeine Handlungsfreiheit" im umfassenden Sinne, nämlich jede Form menschlichen Verhaltens. |
| Freiheit der Person (Art. 2 Abs. 2 S. 2) | Die Freiheit der Person umfasst die körperliche Bewegungsfreiheit, d. h. die Freiheit, einen beliebigen Ort aufzusuchen, sich dort aufzuhalten oder ihn zu verlassen. (zur Freiheitsbeschränkung und -entziehung → Schrankenbestimmungen). |
| Freiheitsbeschränkung (Art. 104 Abs. 1) | Freiheitsbeschränkungen sind Beschränkungen der Bewegungsfreiheit, die nicht auf einen bestimmten, engen Raum fixiert sind, deren physische Zwanghaftigkeit sich aber aus der tatsächlichen oder potentiellen, zeitlich vorhersehbaren Anwendung sofortigen unmittelbaren Zwangs ergibt. |
| Freiheitsentziehung (Art. 104 Abs. 2) | Freiheitsentziehungen sind zwanghafte Beschränkungen der Bewegungsfreiheit auf einen bestimmten, eng begrenzten Raum. |

| Merkmal | Definition |
|---|---|
| Freizügigkeit (Art. 11 Abs. 1) | Die Freizügigkeit schützt die Wahl des persönlichen Aufenthaltsortes im Inland, soweit und solange die jeweilige Ortswahl der Begründung eines Lebenskreises dient, das Recht auf Ein- und Auswanderung unter Mitnahme seiner persönlichen Habe. |
| Friedlich (Art. 8 Abs. 1) | Friedlich ist eine Versammlung in Anknüpfung an §§ 5 Nr. 3, 13 Abs. 1 Nr. 2 VersG, wenn sie ohne tätliche Gewalt verläuft. |
| Geeignetheit | Geeignet ist ein Mittel bereits dann, wenn es einem Zweck überhaupt dient, ihm also in irgendeiner Weise förderlich ist (Zwecktauglichkeit). |
| Gesetz | Mit Gesetz i. S. d. Art. 1 – 19 GG ist jeweils ein Parlamentsgesetz gemeint. |
| Gesetzesvorbehalt | Gesetzesvorbehalt ist ein im Verfassungstext ausdrücklich normierter ausdrücklicher Vorbehalt, dass ein bestimmtes Grundrecht durch Gesetz oder aufgrund eines Gesetzes eingeschränkt werden darf; danach steht also das betroffene Grundrecht gegebenenfalls unter einem „Gesetzesvorbehalt" als Schranke. |
| Gesetzlicher Richter (Art. 101 Abs 1) | Die Zuständigkeit des „gesetzlichen" Richters muss abstrakt-generell ex ante festgelegt sein. Die Anwendbarkeit erstreckt sich auf Entscheidungsträger aller staatlichen Fachgerichte einschließlich der ehrenamtlichen Mitglieder, aber auch die Richter der Verfassungsgerichte und des EuGH. Die nichtstaatlichen Schiedsgerichte hingegen sind nicht erfasst. |
| Gewissen (Art. 4 Abs. 1) | Das Gewissen ist die innere moralische Steuerung des Einzelnen in den Kategorien „Gut und Böse", soweit sie der Einzelne als für sich verpflichtend empfindet. |
| Glaube (Art. 4 Abs. 1) | Glaube ist die religiöse Überzeugung des Einzelnen bzw. einer Religionsgemeinschaft, einen transzendenten Bezug zu haben. |
| Gleichheit vor dem Gesetz (Art. 3 Abs. 1) | Die Gleichheit vor dem Gesetz umfasst als allgemeines Gleichbehandlungsgebot die Gleichheit bei der Anwendung des Rechts, aber auch bei jeder Form der Rechtssetzung. |
| Heimat (Art. 3 Abs. 3) | Heimat meint die örtliche Herkunft bzw. Ansässigkeit. |
| Herkunft (Art. 3 Abs. 3) | Das Merkmal Herkunft meint die soziale Verwurzelung und Zugehörigkeit und schützt gegen die Bevorzugung oder Benachteiligung bestimmter Gesellschaftsschichten. |

| Merkmal | Definition |
|---|---|
| Informationelle Selbstbestimmung (Art. 2 i. V. m. Art. 1, jeweils Abs. 1) | Die informationelle Selbstbestimmung als Ausprägung des allgemeinen Persönlichkeitsrechts schützt vor fremdbestimmter Speicherung, Nutzung und Weitergabe persönlichkeitsrelevanter Daten. |
| Inhalts- und Schrankenbestimmung (Art. 14 Abs. 1) | Inhalts- und Schrankenbestimmungen sind abstrakt-generelle Regelungen, durch die sowohl der Eigentumsbegriff determiniert werden als auch in den Schutzbereich der Eigentumsfreiheit eingegriffen werden kann. Sie müssen verhältnismäßig sein. |
| Institutionelle Garantie | Eine institutionelle Garantie gewährleistet öffentlich-rechtliche Einrichtungen. |
| Institutsgarantie | Eine Institutsgarantie gewährleistet privatrechtliche Rechtsinstitute. |
| Junktimklausel (Art. 14 Abs. 3) | Die Junktimklausel sagt aus, dass die Entschädigung für Enteignungen in demselben Gesetz wie die Enteignung selbst geregelt sein muss. |
| Klassischer Eingriff | Der so genannte klassische Eingriff zeichnet sich durch vier Elemente aus: Erstens handelt der Staat imperativ (d. h. ge- oder verbietend), zweitens rechtsförmlich und bewirkt dadurch drittens unmittelbar und viertens final eine Grundrechtsbeeinträchtigung. |
| Koalition (Art. 9 Abs. 3) | Koalitionen sind Vereinigungen, die der Wahrung und Förderung der Arbeits- und Wirtschaftsbedingungen dienen. |
| Körperliche Unversehrtheit (Art. 2 Abs. 2 S. 1) | Die körperliche Unversehrtheit umfasst die Freiheit von physischer und psychischer Krankheit und die körperliche Integrität, nicht jedoch das bloße geistige oder soziale Wohlbefinden. |
| Kunst (Art. 5 Abs. 3 S. 1) | Kunst ist ein sinnlich-ästhetisches Mittel („Zeichen“) in einem Kommunikationsprozess, dem verschiedene Bedeutungen zukommen können. Dem Wesenscharakter der Kunst entspricht nur ein offener, also weder materialer noch formaler Kunstbegriff (str.). |
| Lauschangriff (Art. 13 Abs. 3 – 6) | Ein Lauschangriff stellt sich als akustische Überwachung von Wohnungen mit technischen Mitteln dar. |
| Leben (Art. 2 Abs. 2 S. 1) | Das Leben umfasst den Zeitraum von der Befruchtung der Eizelle bis zum Herz- und Hirntod. |

| Merkmal | Definition |
| --- | --- |
| Meinung (Art. 5 Abs. 1 S. 1) | Meinung ist weit zu verstehen und umfasst Werturteile (soweit sie nicht verächtlich sind) sowie Tatsachenbehauptungen (sofern diese nicht erwiesen unrichtig sind (str.)). |
| Menschenrechte | Menschenrechte sind diejenigen Grundrechte des Grundgesetzes, die unabhängig von der Staatsangehörigkeit gelten und allen Menschen gleichwertigen Schutz gewähren.<br>Hiervon zu unterscheiden sind die Menschenrechte i. S. d. Art. 1 Abs. 2 GG, welche die in völkerrechtlichen Verträgen oder vergleichbaren Dokumenten garantierten Rechte bezeichnen, die für alle Menschen gelten. Diese können in ihrem Schutz über den des Grundgesetzes hinausgehen oder auch dahinter zurückbleiben (Bsp. EMRK). |
| Menschenwürde (Art. 1 Abs. 1) | Nach der Objektformel ist die Menschenwürde betroffen, wenn der konkrete Mensch zum Objekt, zu einem bloßen Mittel, zur vertretbaren Größe herab gewürdigt wird. Zur Lösung von Fällen ist diese Formel durch Fallgruppen (insbesondere Deklassierung von Gruppen, Herabwürdigung oder Erniedrigung von Personen) zu konkretisieren (str.). |
| Mittelbare Diskriminierung (Art. 3 Abs. 3) | Mittelbare Diskriminierungen sind Ungleichbehandlungen, die typischerweise die geschützte Personengruppe treffen. |
| Objektive Berufszugangsregelung (Art. 12 Abs. 1) | Objektive Berufszugangsregelungen sind solche, die nicht von subjektiven, sondern von objektiven, vom Betroffenen nicht beeinflussbaren Kriterien abhängen. Solche Eingriffe sind nur gerechtfertigt, wenn sie zur Abwehr nachweisbarer oder höchstwahrscheinlicher schwerer Gefahren für ein überragend wichtiges Gemeinschaftsgut zwingend geboten sind. |
| Pflege (Art. 6 Abs. 2) | Die Pflege ist die Sorge für das körperliche Wohl der Kinder. |
| Postgeheimnis (Art. 10 Abs. 1) | Postgeheimnis beinhaltet nach der Postreform nur noch einen Schutzauftrag an die Post- und Telekommunikationsbehörden. |
| Praktische Konkordanz | Die praktische Konkordanz ist bei Grundrechten ohne Gesetzesvorbehalt als modifizierte, besonders strenge Form der Verhältnismäßigkeit zu prüfen. Als legitime Zwecke kommen hierbei nur Rechtsgüter mit Verfassungsrang in Betracht. Bei der Abwägung stehen sich zwei gleichwertige Ziele bzw. Zwecke gegenüber. |

| Merkmal | Definition |
|---|---|
| Presse (Art. 5 Abs. 1 S. 2) | Presse ist als körperliches, nicht notwendig gedrucktes Trägermedium zu verstehen. |
| Rasse (Art. 3 Abs. 3) | Erfasst werden von diesem Diskriminierungsverbot alle gruppenspezifischen Stigmatisierungen, soweit die Zugehörigkeit zu einer solchen Gruppe vererbbar sein soll. |
| Rechtliches Gehör (Art. 103 Abs. 1) | Der Schutz des rechtlichen Gehörs umfasst das Recht auf Information im Prozess, das Recht auf Äußerung im Prozess sowie das Recht auf Berücksichtigung der Äußerung in der Gerichtsentscheidung. |
| Rechtserkenntnisquelle | Eine Rechtserkenntnisquelle ist ein Rechtsmaßstab, der als solcher nicht bindend bzw. nicht unmittelbar anwendbar ist, sie kann aber zur Interpretation, des relevanten Prüfungsmaßstabes ergänzend herangezogen werden. |
| Religionsausübung (Art. 4 Abs. 2) | Religionsausübung kann in jeder Form, d. h. nicht nur in Wort und Schrift, sondern auch in der Lebensführung (z. B. im Tragen symbolischer Kleidungsstücke) zum Ausdruck gebracht werden (nach h. M. sind Art. 4 Abs. 1 und 2 GG ein einheitliches Grundrecht). |
| Rundfunk (Art. 5 Abs. 1 S. 2) | Rundfunk ist ein nichtkörperliches Trägermedium von Informationen, die für einen unbestimmten Personenkreis spezifisch aufbereitet werden. |
| Schule (Art. 7 Abs. 4) | Schule ist eine Bildungseinrichtung, in der dauerhaft und programmatisch zusammenhängend verschiedene Fächer unterrichtet werden. |
| Sprache (Art. 3 Abs. 3) | Mit dem Merkmal Sprache ist die spezifische kulturelle Verbundenheit zur Muttersprache einschließlich der Dialekte gemeint. |
| Subjektive Berufszugangsregelung (Art. 12 Abs. 1) | Subjektive Berufszugangsregelungen sind solche, die die Berufswahl von der persönlichen Qualifikation des Anwärters abhängig machen. Solche Eingriffe sind nur gerechtfertigt, wenn sie dem Schutz überragender Gemeinschaftsgüter in verhältnismäßiger Weise dienen. |
| Unmittelbare Diskriminierung (Art. 3 Abs. 3) | Unmittelbare Diskriminierung ist die explizite Anknüpfung an eines der Merkmale des Art. 3 Abs. 3 GG. |
| Unter freiem Himmel (Art. 8 Abs. 2) | Unter freiem Himmel ist eine Versammlung, wenn der Raum zu den Seiten hin offen und damit für jedermann zugänglich ist. |

| Merkmal | Definition |
| --- | --- |
| Vereinigung (Art. 9 Abs. 1) | Vereinigung i. S. d. GG ist in Anlehnung an § 2 Abs. 1 VereinsG „ohne Rücksicht auf die Rechtsform jede Vereinigung, zu der sich eine Mehrheit (d. h. mindestens zwei) natürlicher oder juristischer Personen für längere Zeit (d. h. über eine Versammlung i. S. d. Art. 8 Abs. 1 GG hinausgehend) zu einem gemeinsamen Zweck freiwillig zusammengeschlossen und einer organisierten Willensbildung unterworfen hat (bzw. sich entsprechend zu institutionalisieren beabsichtigt)". |
| Verfassungsmäßige Ordnung (Art. 9 Abs. 2) | Die verfassungsmäßige Ordnung umfasst andererseits die verfassungsrechtlich konstituierte, d. h. freiheitlich-demokratische Ordnung. |
| Verfassungsmäßige Ordnung (Art. 2 Abs. 1) | Die verfassungsmäßige Ordnung umfasst einerseits die Gesamtheit der Normen, die formell und materiell mit der Verfassung in Einklang stehen. |
| Verhältnismäßigkeit | Die Verhältnismäßigkeit bezeichnet die Relation zwischen Mittel und Zweck. Das Mittel muss zur Erreichung des Zwecks geeignet, erforderlich und angemessen sein. |
| Versammlung (Art. 8 Abs. 1) | Versammlung ist das örtliche Zusammentreffen von mindestens zwei Menschen zum Zweck der (nach der Rechtsprechung notwendig: politischen) Kommunikation oder des gemeinschaftlichen Erlebens (str). |
| Vertraulichkeit informationstechnischer Systeme (Art. 2 i. V. m. Art. 1, jeweils Abs. 1) | Die Vertraulichkeit informationstechnischer Systeme stellt ebenfalls eine Erweiterung des allgemeinen Persönlichkeitsrechts dar und betrifft den Schutz der Nutzung des Personalcomputers (PC) und anderer technischer Instrumente mit entsprechenden Funktionen. |
| Vorbehalt des Gesetzes | Vorbehalt des Gesetzes ist der allgemein, d. h. für alle Grundrechte unabhängig von ihren Schrankenbestimmungen geltende rechtsstaatliche Grundsatz, dass Grundrechtseingriffe – soweit die Verfassung diese überhaupt zulässt – jedenfalls auf einer gesetzlichen Grundlage beruhen müssen; danach stehen alle Grundrechtseingriffe unter einem Vorbehalt des Gesetzes als Schranken-Schranke. |
| Waffen (Art. 8 Abs. 1) | Waffen i. S. d. Art. 8 Abs. 1 GG sind objektiv gefährliche Gegenstände, die keine sinnvolle, gewaltfreie Verwendung im Rahmen der Versammlung erwarten lassen. |
| Weltanschauung (Art. 4 Abs. 1) | Weltanschauung ist ein nichtreligiöser Sinnstiftungsentwurf. |

| Merkmal | Definition |
|---|---|
| Wesentlichkeitstheorie | Nach der Wesentlichkeitstheorie müssen Eingriffe und Leistungen, die „wesentlich für die Verwirklichung der Grundrechte" sind, vom Parlament selbst bestimmt werden. |
| Wissenschaft (Art. 5 Abs. 3 S. 1) | Wissenschaft ist der ernsthafte, methodisch planmäßige Versuch eines Beitrages zur Ermittlung objektivierbarer Wahrheit, der publiziert wird und intersubjektiv nachprüfbar ist und der sich damit der Kritik und gegebenenfalls Falsifizierung stellt. |
| Wohnung (Art. 13 Abs. 1) | Wohnung umfasst alle Räume, die dem Rückzug in die Privatheit und der Informationshoheit Privater dienen, d. h. gegebenenfalls auch Geschäftsräume, soweit sie der Öffentlichkeit nicht offenstehen. |
| Zensur (Art. 5 Abs. 1) | Zensur ist ein Präventivvorbehalt in Gestalt der Vorzensur, d. h. der Vorbehalt staatlicher Prüfung vor der Kommunikation. |
| Zwangsarbeit (Art. 12 Abs. 3) | Zwangsarbeit ist jeder staatliche Zwang zu arbeiten (str.). |

## Religionsverfassungsrecht

| Begriff | Definition |
|---|---|
| Anstaltseelsorge (Art. 140 GG i.V.m. Art. 141 WRV) | Bereichsspezifisches religiöses Wirken der Religionsgemeinschaften in staatlichen Einrichtungen (Bundeswehr, Strafvollzugsanstalten, Krankenhäusern ...). |
| Bekenntnisfreiheit (Art. 4 GG, Abs. 1 und 2) | Recht, die eigene religiöse Überzeugung in vielfältiger Form nach außen zu tragen. |
| Glaubensfreiheit (Art. 4 GG, Abs. 1 und 2) | Recht der Bildung und Beibehaltung einer inneren religiösen Vorstellung. |
| Kooperationslehre | Staat und Religionsgemeinschaften kooperieren auf der Grundlage einer freundlichen Trennung. |
| Kooperationsmodell | Bei grundsätzlicher Trennung von Staat und Religion positive Haltung des Staates gegenüber der Religion bei vielfältigem Zusammenwirken. |
| Koordinationslehre | Staat und Religionsgemeinschaften stehen zueinander im Verhältnis einer gleichberechtigten Partnerschaft. |
| Konfessionsgebundenes Staatsamt (Art. 140 GG, Abs. 1; i.V.m. Art. 137) | Staatsamt, das in einem unlösbaren Zusammenhang zur Religion bzw. einem religiösen Bekenntnis steht. |
| Neutralitätsgebot (Art. 4 GG, Abs. 1 und 2) | Verbot einer staatlichen Beeinflussung, Identifikation und Bewertung von Religion. |
| Paritätsgebot (Art. 4 GG, Abs. 1 und 2) | Gebot der rechtlichen Gleichordnung und Gleichbehandlung aller Bürger und Religionsgemeinschaften. |
| Religion (Art. 4 GG, Abs. 1 und 2; Art. 140 GG) | System von Aussagen mit sinnstiftendem, ganzheitlichem, d.h. umfassendem und metaphysischem, d.h. auf Transzendenz bezogenem Charakter. |
| Religionsausübung (Art. 4 GG, Abs. 1 und 2) | Alle Handlungen, die von einer religiösen Überzeugung motiviert sind. |
| Religionsfreiheit, Eingriff (Art. 4 GG, Abs. 1 und 2) | Jede dem Staat zurechenbare Maßnahme, die dem Einzelnen ein Verhalten, das vom Schutzbereich umfasst ist, ganz oder teilweise unmöglich macht. |

| Begriff | Definition |
|---|---|
| Religionsfreiheit, individuelle (Art. 4 GG, Abs. 1 und 2) | Recht des Individuums, seine Religion einzeln auszuüben. |
| Religionsfreiheit, kollektive (Art. 4 GG, Abs. 1 und 2) | Recht der gemeinschaftlichen Religionsausübung. |
| Religionsfreiheit, korporative (Art. 4 GG, Abs. 1 und 2; Art. 140 GG, Abs. 3; i.V.m. Art. 137 WRV) | Religionsfreiheit der Religionsgemeinschaften; identisch mit dem Selbstbestimmungsrecht der Religionsgemeinschaften. |
| Religionsfreiheit, negative (Art. 4 GG, Abs. 1 und 2) | Recht, keinen Glauben auszubilden, den eigenen Glauben nicht zu bekennen und/oder nicht auszuüben. |
| Religionsfreiheit, Schutzpflichtendimension (Art. 4 GG, Abs. 1 und 2) | Verpflichtung des Staates, sich schützend und fördernd vor die Religion zu stellen, d.h. die Bedingungen der Möglichkeit von Religionsfreiheit zu sichern. |
| Religionsgemeinschaft (Art. 4 GG, Abs. 1 und 2; Art. 140 GG) | Ein „die Angehörigen eines und desselben Glaubensbekenntnisses – oder mehrerer verwandter Glaubensbekenntnisse – für ein Gebiet... zusammenfassender Verband zu allseitiger Erfüllung der durch das gemeinsame Bekenntnis gestellten Aufgaben" (Anschütz). |
| Religionsgut (Art. 140 GG, Abs. 2; i.V.m. Art. 138) | Eigentum oder andere Rechte von Religionsgemeinschaften, die einer religiösen Zweckbestimmung unterliegen. |
| Religionsunterricht (Art. 7 GG, Abs. 3) | Ein „auf Wissensvermittlung gerichtetes, an den höheren Schulen sogar wissenschaftliches Fach..., das in die Lehre eines Bekenntnisses einführt, vergleichenden Hinweisen offen bleibt und zugleich Gelegenheit bietet, mit dem Schüler grundsätzliche Lebensfragen zu erörtern" (BVerfGE 74, 244 (253)). |
| Religionsverfassungsrecht | Gesamtheit der Normen, die das Verhältnis des Staates zur Religion regeln. |

| Begriff | Definition |
|---|---|
| Religionsverfassungsrechtliche Verträge (Art. 4 GG, Abs. 1 und 2; Art. 140 GG) | Vereinbarungen zwischen dem Staat und den Religionsgemeinschaften zur Regelung der gemeinsamen Beziehungen (Konkordate, Staatskirchenverträge). |
| Staatsleistungen (Art. 140 GG, Abs. 1; i.V.m. Art. 138 WRV) | Vermögenswerte Rechtspositionen der Religionsgemeinschaften, die auf Dauer angelegt sind und in den säkularisationsbedingten Beziehung zum Staat begründet sind. |
| Staatskirchenmodell | Institutionelle und funktionelle Verbindung von Staat und einer Religionsgemeinschaft. |
| Steuer, religionsgemeinschaftliche/Kirchensteuer (Art. 140 GG, Abs. 5; i.V.m. Art. 137 WRV) | (Möglicher) Mitgliedsbeitrag der Religionsgemeinschaften mit dem Status einer Körperschaft des öffentlichen Rechts in Gestalt einer echten Steuer, die zumeist vom Staat gegen Entgelt für die Religionsgemeinschaften eingetrieben wird. |
| Theologische Fakultäten (Art. 4 GG, Abs. 1 und 2) | Fakultäten für Theologie als konfessionsgebundener Wissenschaft an staatlichen Universitäten. |
| Trennungsgebot (Art. 140 GG, Abs. 1; i.V.m. Art. 137) | Grundsätzliches Verbot institutioneller und funktioneller Verbindungen von Staat und Religionsgemeinschaften. |
| Trennungsmodell | Religion ist konsequent in den privaten Bereich verwiesen ohne Verbindung zum Staat. |

# Allgemeines Verwaltungsrecht

| Begriff | Definition |
|---|---|
| Allgemeinverfügung (§ 35 S. 2 VwVfG) | Die Allgemeinverfügung ist „ein Verwaltungsakt, der sich an einen nach allgemeinen Merkmalen bestimmten oder bestimmbaren Personenkreis richtet (**adressatenbezogen**) oder die öffentlich-rechtliche Eigenschaft einer Sache (**sachbezogen**) oder ihre Benutzung durch die Allgemeinheit (**benutzungsregelnd**) betrifft". Es handelt sich um eine **konkret-generelle** Regelung. |
| Angemessenheit (Verhältnismäßigkeit i.e.S.) | Angemessen ist das Mittel, wenn das mit ihm verfolgte (öffentliche) Ziel in seiner Wertigkeit **nicht außer Verhältnis** zur Intensität des Eingriffs steht. |
| Anstalt | Bei Anstalten handelt es sich um zu Rechtspersonen erhobene Bestände an sachlichen und persönlichen Mitteln, die in der Hand eines Trägers der öffentlichen Verwaltung einem besonderen öffentlichen Zweck dauernd zu dienen bestimmt sind. Der öffentliche Zweck besteht hauptsächlich darin, bestimmte Leistungen zur Verfügung zu stellen. Deshalb werden Anstalten im Gegensatz zu Körperschaften nicht von Mitgliedern getragen, sondern haben **Nutzer**. |
| Anwendungsvorrang | Im Gegensatz zum Geltungsvorrang bei (höherrangigem) nationalem Recht genießt das **Europäische Unionsrecht** im Kollisionsfall lediglich Anwendungsvorrang. Die deutsche Vorschrift, die mit einer gemeinschaftsrechtlichen Regelung nicht in Einklang steht, ist nicht nichtig, sondern nur im Einzelfall nicht anwendbar. |
| Auflage (§ 36 Abs. 2 Nr. 4 VwVfG) | Die Auflage ist eine Nebenbestimmung, durch die dem Begünstigten ein Tun, Dulden oder Unterlassen vorgeschrieben wird. Im Unterschied zur Befristung, Bedingung und zum Widerrufsvorbehalt begründet die Auflage eine eigenständige, zusätzliche Verpflichtung, die **selbstständig vollstreckbar** ist. |
| Aufschiebende Wirkung (§ 80 Abs. 1 S. 1 VwGO) | Widerspruch und Anfechtungsklage haben aufschiebende Wirkung. Dies bedeutet nach h.M. (**Vollziehbarkeitstheorie**), dass der Verwaltungsakt nicht vollziehbar, also zunächst nicht mit Zwangsmitteln o.Ä. durchsetzbar ist (Suspensiveffekt). |
| Außenwirkung (§ 35 S. 1 VwVfG) | Die Maßnahme muss **außerhalb der Verwaltung** Wirkung zeitigen, indem sie erweiternd, einschränkend, feststellend oder sonst regelnd in die Rechtsposition von verwaltungsexternen Personen eingreift → Abgrenzung: innerdienstliche Weisung. |

| Begriff | Definition |
|---|---|
| Bedingung (§ 36 Abs. 2 Nr. 2 VwVfG) | Bei der Bedingung hängt der Eintritt oder der Wegfall einer Vergünstigung oder Belastung von dem ungewissen Eintritt eines künftigen Ereignisses ab. Die Ungewissheit kann sich sowohl auf den Zeitpunkt des Eintritts des Umstandes als auch darauf beziehen, ob das Ereignis überhaupt stattfinden wird. Soll das Ereignis zur Folge haben, dass die Vergünstigung oder Belastung (erst dann) eintritt, handelt es sich um eine **aufschiebende** Bedingung. Soll hingegen die Begünstigung oder Belastung im Gefolge des Ereignisses wegfallen, liegt eine **auflösende** Bedingung vor. |
| Befristung (§ 36 Abs. 2 Nr. 1 VwVfG) | Die Befristung ist eine Nebenbestimmung, welche die zeitliche Geltungsdauer des Verwaltungsaktes (**aufschiebend** oder **auflösend**) begrenzt. |
| Behörde (§§ 1 Abs. 4, 35 S. 1 VwVfG) | Behörde ist „jede Stelle, die Aufgaben der öffentlichen Verwaltung wahrnimmt" (**funktioneller** Behördenbegriff). |
| Beliehene | Beliehene sind natürliche oder juristische Personen des Privatrechts, denen durch Gesetz oder aufgrund eines Gesetzes einzelne **hoheitliche Aufgaben** zur Wahrnehmung **im eigenen Namen** übertragen worden sind. |
| Berechtigtes Interesse (§ 43 Abs. 1, 1. Alt. VwGO) | Das (Feststellungs-)Interesse muss auf vernünftigen Erwägungen beruhen und kann **rechtlicher**, **wirtschaftlicher** oder **ideeller** Art sein. An (als)baldiger Feststellung besteht ein Interesse, wenn die gerichtliche Beantwortung der streitigen Rechtsfrage zum gegenwärtigen Zeitpunkt erforderlich ist. |
| Eigentum (Art. 14 Abs. 1 GG) | Zum verfassungsrechtlich geschützten Eigentum zählen alle **privatrechtlich** anerkannten vermögenswerten Rechte, nicht jedoch das Vermögen als solches. **Öffentlich-rechtliche** vermögenswerte Rechte sind schützenswerte Eigentumspositionen, wenn sie auf nicht unerheblichen Eigenleistungen des Bürgers beruhen. |
| Einzelfallregelung (§ 35 S. 1 VwVfG) | Dies erfordert eine **konkret-individuelle** Regelung. Wird ein bestimmter Sachverhalt hinsichtlich Zeit, Ort und sonstiger Umstände geregelt, liegt eine konkrete Regelung vor. Wenn sich eine Maßnahme an einen bestimmten (objektiv feststehenden) Adressaten richtet, ist sie individuell → Abgrenzung: Rechtsnorm, Allgemeinverfügung. |
| Enteignung (Art. 14 Abs. 3 GG) | Nach Auffassung des BVerfG ist eine Enteignung die vollständige oder teilweise Entziehung einer konkreten, nach Art. 14 Abs. 1 S. 2 GG ausgeformten vermögens- |

| Begriff | Definition |
|---|---|
| | werten Rechtsposition durch einen gezielten (finalen) hoheitlichen Rechtsakt (entweder in Gestalt eines formellen Gesetzes oder aufgrund eines Gesetzes, Art. 14 Abs. 3 GG), sog. **enger Enteignungsbegriff**. Die Entziehung muss zudem einen Vorgang hoheitlicher Güterbeschaffung zur Erfüllung öffentlicher Aufgaben darstellen. → Abgrenzung: Inhalts- und Schrankenbestimmung. |
| Erforderlichkeit | Erforderlichkeit liegt vor, wenn es **kein milderes Mittel** gibt, das den Erfolg mit gleicher Sicherheit und vergleichbarem Aufwand herbeiführen würde. |
| Ermessen (§ 40 VwVfG) | Auf Rechtsfolgenseite der Norm kommt der Behörde ein Entscheidungsspielraum zu. Das Ermessen kann sich darauf beziehen, **ob** die Verwaltung überhaupt tätig wird (**Entschließungsermessen**) und **wie** sie tätig wird (**Auswahlermessen** hinsichtlich Maßnahme und Adressat). |
| Ermessensausfall | Ermessensausfall (bzw. Ermessensnichtgebrauch) liegt vor, wenn die Behörde von dem ihr eingeräumten Ermessen überhaupt **keinen Gebrauch** gemacht hat – etwa weil sich die Behörde irrig in ihrer Entscheidung für gebunden hielt. |
| Ermessensfehlgebrauch | Von Ermessensfehlgebrauch/Ermessensmissbrauch spricht man, wenn der Behörde bei der Abwägung ein **Fehler** unterläuft (z.B. unvollständige Tatsachenermittlung, Fehlgewichtung, sachfremde Erwägungen). |
| Ermessensreduzierung auf Null | Dies ist der Fall, wenn von den im Gesetz vorgesehenen Handlungsmöglichkeiten im Einzelfall nur eine rechtlich zulässige übrig bleibt, und zwar regelmäßig aus Gründen höherrangigen Rechts. Dann ist allein diese eine Entscheidung ermessensfehlerfrei möglich – und die Wahl einer Handlungsalternative wäre fehlerhaft. Dergestalt wird aus der Ermessensbetätigung der Verwaltung **faktisch** eine **gebundene Entscheidung.** |
| Ermessens-überschreitung | Um den Fehler der Ermessensüberschreitung handelt es sich, wenn die Behörde zwar erkennt, dass ihr Ermessen eingeräumt ist und auch alle Handlungsvarianten erfasst, sie aber irrtümlich oder bewusst annimmt, dass ihr gesetzlich ein **größerer Entscheidungsspielraum** zusteht als dies tatsächlich der Fall ist. |
| Fortsetzungsfeststellungsinteresse | Es liegt vor bei **Wiederholungsgefahr** (wenn es konkret möglich erscheint, dass sich der Streitfall unter vergleichbaren tatsächlichen und rechtlichen Umständen in absehbarer Zeit erneut ereignen wird), **Rehabilitationsinteresse** (von der angegriffenen Maßnahme geht eine dis- |

| Begriff | Definition |
|---|---|
| | kriminierende Wirkung aus) und **Präjudizwirkung** (Kläger verfolgt Staatshaftungsanspruch). |
| Formelles Gesetz (Art. 76 ff. GG) | Als formelle Gesetze werden die Rechtsnormen bezeichnet, die von der **Legislative** in dem verfassungsrechtlich vorgeschriebenen Gesetzgebungsverfahren erlassen worden sind (Parlamentsgesetze). Es handelt sich um die vom Bundestag und den Landtagen erlassenen einfachgesetzlichen Normen. |
| Geeignetheit | Geeignetheit i.S.d. Verhältnismäßigkeitsgrundsatzes liegt vor, wenn das angestrebte Ziel mit dem eingesetzten Mittel **gefördert** oder (gar) erreicht werden kann. |
| Geltungsvorrang | Geltungsvorrang bedeutet, dass im Kollisionsfall (Rechtsnormen widersprechen einander) das **ranghöhere** das rangniedere Recht bricht. Der Regelung auf niedrigerer Stufe kommt dann keine Geltung (mehr) zu. |
| Gemeingebrauch (z.B. § 7 Abs. 1 S. 1 FStrG) | Gemeingebrauch bedeutet, dass jedermann die öffentliche Sache im Rahmen der **Widmung ohne besondere Zulassung** benutzen darf. |
| Gewohnheitsrecht | Gewohnheitsrecht entsteht durch längere und gleichmäßige **Übung** und muss von der Überzeugung der Beteiligten getragen sein, dass diese Übung rechtlich geboten ist. |
| Hoheitlich (§ 35 S. 1 VwVfG) | Hoheitlich meint ein **einseitiges** Gebrauchmachen von Befugnissen des öffentlichen Rechts. |
| Inhalts- und Schrankenbestimmung (Art. 14 Abs. 1 S. 2 GG) | Inhalts- und Schrankenbestimmungen stellen **abstrakte und generelle Regelungen** dar, mit denen der Gesetzgeber die Rechtsstellung des Eigentümers ausformt → Abgrenzung: Enteignung. |
| Körperschaft | Bei Körperschaften des öffentlichen Rechts handelt es sich um **mitgliedschaftlich** verfasste und vom Wechsel der Mitglieder unabhängige Organisationen. Sie werden durch Gesetz oder aufgrund eines Gesetzes eingerichtet, um bestimmte öffentliche Aufgaben i.d.R. mit hoheitlichen Verwaltungsmitteln (Hoheitsbefugnissen) und unter staatlicher Aufsicht zu erfüllen. |
| Maßnahme (§ 35 S. 1 VwVfG) | Als Maßnahme einer Behörde gilt jegliches Handeln mit **Erklärungsgehalt**, das ihr zurechenbar ist. |
| Materielles Gesetz | Gesetze im materiellen Sinne sind **untergesetzliche** Rechtsnormen, die durch die Verwaltung erlassen werden: Rechtsverordnungen, Satzungen. |

| Begriff | Definition |
|---|---|
| Nichtverfassungsrechtliche Streitigkeit (§ 40 Abs. 1 S. 1 VwGO) | Abgrenzung von der verfassungsrechtlichen Streitigkeit: Letztere liegt nur bei sog. **doppelter Verfassungsunmittelbarkeit** vor (h.M.), d.h., wenn die Streitigkeit unmittelbar aus der Verfassung folgende Rechte und Pflichten zum Gegenstand hat (materielles Element) und von am Verfassungsleben unmittelbar beteiligten Parteien (formelles Element) ausgetragen wird. |
| Öffentlich-rechtliche Streitigkeit (§ 40 Abs. 1 S. 1 VwGO) | Nach der **modifizierten Subjektstheorie** (auch Sonderrechtstheorie, h.M.) ist eine Norm öffentlich-rechtlich, wenn sie einen Hoheitsträger als solchen berechtigt oder verpflichtet, sich also ausschließlich an den Staat oder einen sonstigen Träger hoheitlicher Gewalt in eben dieser Funktion richtet. |
| Öffentlich-rechtlicher Vertrag (§ 54 S. 1 VwVfG) | Ein öffentlich-rechtlicher Vertrag ist eine **Vereinbarung** auf dem Gebiet des **öffentlichen Rechts**, mit dem Inhalt, ein Rechtsverhältnis zu begründen, zu ändern oder aufzuheben. |
| Organ | Hierbei handelt es sich um nichtrechtsfähige Verwaltungsstellen, durch welche die Verwaltungsträger ihre **Aufgaben erfüllen**. |
| Parlamentsvorbehalt | Für alle **wesentlichen Entscheidungen** ist ein formelles Gesetz notwendig (Wesentlichkeitstheorie des BVerfG). „Wesentlich" sind zunächst die zur Verwirklichung der Grundrechte bedeutsamen Angelegenheiten. Auch Maßnahmen, die keine unmittelbare Grundrechtsrelevanz aufweisen, aber grundlegende Entscheidungen für das Gemeinwesen darstellen, können ein formelles Gesetz erfordern. |
| Realakt (schlicht-hoheitliches Handeln) | Realakte sind nicht auf einen Rechtserfolg, sondern auf einen **tatsächlichen Erfolg** gerichtet. |
| Rechtsverordnung | Rechtsverordnungen stellen (materielle) abstrakt-generelle Rechtsnormen dar, die von **Exekutivorganen** zur Regelung staatlicher Angelegenheiten erlassen werden → Abgrenzung VA, Satzung. |
| Reformatio in peius (Verböserung) | Diese liegt vor, wenn der mit dem Widerspruch angegriffene Verwaltungsakt in seiner **belastenden** Wirkung durch den Widerspruchsbescheid verstärkt wird. |
| Regelung (§ 35 S. 1 VwVfG) | Eine **Regelung** liegt vor, wenn die Maßnahme nach ihrem objektiven Sinngehalt auf die Begründung, Änderung, Aufhebung, aber auch verbindliche Festlegung von Rechten und Pflichten oder eines Rechtsstatus gerichtet |

| Begriff | Definition |
|---|---|
| | ist, kurz: Ein Verwaltungsakt muss unmittelbar auf die Herbeiführung einer Rechtsfolge zielen → Abgrenzung: Realakt. |
| Regelungsanordnung (§ 123 Abs. 1 S. 2 VwGO) | Sie ist einschlägig, wenn der Antragsteller seinen **Rechtskreis erweitern**, also seine Rechtsposition verbessern möchte. |
| Satzung | Öffentlich-rechtliche Satzungen sind (materielle) Rechtsvorschriften, die von einer dem Staat zugeordneten juristischen Person des öffentlichen Rechts im Rahmen der ihr gesetzlich verliehenen **Autonomie** mit Wirkung für die ihr angehörenden Personen erlassen werden. |
| Schutznormtheorie (h.M.) | Danach liegt ein subjektiv-öffentliches Recht vor, wenn die (zwischen Verwaltung und Bürger im Streite stehende) Bestimmung nicht nur dem öffentlichen Interesse dient, sondern **auch den Einzelnen schützen** will. |
| Sicherungsanordnung (§ 123 Abs. 1 S. 1 VwGO) | Die Sicherungsanordnung ist statthaft, wenn der Antragsteller seine Rechte durch **Beibehaltung** eines bestehenden Zustands wahren will, und ermöglicht ausschließlich sichernde Maßnahmen. |
| Sondernutzung | Es handelt sich um über den **Gemeingebrauch hinausgehende** und damit regelmäßig erlaubnispflichtige Nutzungen öffentlicher Sachen. |
| Spruchreife | Spruchreife setzt voraus, dass das Gericht nach Klärung der Sach- und Rechtslage eine abschließende Entscheidung über das Klagebegehren treffen kann. Hieran fehlt es, wenn der Verwaltung ein gerichtlich nicht voll überprüfbarer **Beurteilungs- oder Ermessensspielraum** eingeräumt und dieser (im Einzelfall) nicht auf Null reduziert ist. |
| Stiftung | Unter Stiftungen des öffentlichen Rechts versteht man organisatorisch eigenständige und rechtsfähige Institutionen zur Verwaltung eines von einem Stifter übergebenen Bestandes an Vermögenswerten für einen **bestimmten Zweck**. Stiftungen haben weder Mitglieder noch Nutzer, sondern Nutznießer, sog. Destinatäre. |
| Subjektiv-öffentliches Recht (§ 42 Abs. 2 VwGO) | Das subjektiv-öffentliche Recht ist die **einem Bürger zuerkannte Rechtsmacht**, vom Staat zur Verfolgung eigener Interessen ein bestimmtes Verhalten verlangen zu können → prozessuale Bedeutung: Klagebefugnis. |

| Begriff | Definition |
|---|---|
| Subvention | Bei Subventionen handelt es sich um **vermögenswerte Zuwendungen** eines Trägers öffentlicher Verwaltung an Privatpersonen. |
| Unbestimmter Rechtsbegriff | Generalklauselartige Formulierungen, die der Auslegung und Interpretation bedürfen und i.d.R. voll gerichtlich überprüfbar sind (**kein Beurteilungsspielraum**). |
| Verhältnismäßigkeitsgrundsatz | Der Verhältnismäßigkeitsgrundsatz verlangt, dass eine hoheitliche Maßnahme **geeignet**, **erforderlich** und **angemessen** ist, den mit ihr verfolgten legitimen Zweck zu erreichen. |
| Verlorener Zuschuss | Dabei handelt es sich um **nicht zurückzuzahlende Subventionen**. Derartige Subventionsverhältnisse sind gänzlich öffentlich-rechtlich ausgestaltet. Die Subvention wird durch Verwaltungsakt bewilligt und daraufhin ausbezahlt. |
| Verwaltungshelfer | Dieser handelt nicht selbstständig, sondern nimmt bloße Hilfstätigkeiten **im Auftrag und nach Weisung** der ihn betrauenden Behörden wahr. Sein Handeln wird unmittelbar der Behörde und dem entsprechenden Hoheitsträger zugerechnet, für die er tätig wird. (Bsp. Schülerlotse) → Abgrenzung: Beliehener. |
| Verwaltungsträger | Verwaltungsträger sind grds. – eine Ausnahme bildet der Beliehene – **juristische Personen des öffentlichen Rechts**, die öffentliche Aufgaben wahrnehmen. |
| Verwaltungsvorschrift | Verwaltungsvorschriften sind generell-abstrakte Regelungen einer Behörde an eine nachgeordnete Stelle oder eines Vorgesetzten an die ihm unterstellten Verwaltungsbediensteten, z.B.: **norminterpretierende** (bestimmen die Auslegung und Anwendung von Rechtsnormen, insb. bei unbestimmten Rechtsbegriffen), **normkonkretisierende** (standardisieren unbestimmte Rechtsbegriffe, insb. des technischen Sicherheitsrechts), **ermessenslenkende** (bestimmen, in welcher Weise von dem der Verwaltung eingeräumten Ermessen Gebrauch gemacht werden soll), **gesetzesvertretende** (werden erlassen, wenn für bestimmte, normierungsbedürftige Bereiche gesetzliche Regelungen fehlen) Verwaltungsvorschriften. |
| Vorbehalt des Gesetzes | Ein Tätigwerden der Verwaltung ist nur dann rechtmäßig, wenn die Verwaltung gesetzlich zu eben diesem Handeln **ermächtigt** wird (kein Handeln ohne Gesetz). |
| Vorrang des Gesetzes | Das Verwaltungshandeln darf **nicht gegen** gesetzliche Vorschriften verstoßen (kein Handeln gegen Gesetz). |

| Begriff | Definition |
|---|---|
| Widmung | Die Widmung ist ein besonderer Rechtsakt (z.B. VA, Satzung, Rechtsverordnung), durch den die **öffentliche Sachherrschaft** begründet und der **öffentliche Zweck**, dem die Sache dienen soll, bestimmt wird. |
| Zusage | Die – gesetzlich nicht geregelte – Zusage ist eine einseitige, **verbindliche Willenserklärung einer Behörde**, in Zukunft eine bestimmte Handlung vorzunehmen oder diese zu unterlassen. Der in einer Zusage enthaltende Bindungswille unterscheidet diese von der Auskunft, mit der die Behörde nur informieren will. |
| Zusicherung (§ 38 Abs. 1 VwVfG) | Als Unterfall der Zusage beinhaltet die Zusicherung die **verbindliche Absichtserklärung**, einen bestimmten **Verwaltungsakt** zu erlassen oder zu unterlassen. Während mit der Zusage irgendeine verwaltungsrechtliche Tätigkeit versprochen wird, erfasst die Zusicherung nur ein Handeln durch Verwaltungsakt. |

# Kommunalrecht

| Begriff | Definition |
|---|---|
| Allzuständigkeit | Grundsatz, wonach (mit Ausnahme von Brandenburg und Niedersachsen) die Gemeindevertretung grundsätzlich zur Entscheidung berufen ist, sofern das Gemeinderecht nicht etwas anderes bestimmt. |
| Angelegenheiten der örtlichen Gemeinschaft | diejenigen Bedürfnisse und Interessen, die in der örtlichen Gemeinschaft wurzeln oder auf sie einen spezifischen Bezug haben, die also den Gemeindeeinwohnern gerade als solchen gemeinsam sind, indem sie das Zusammenleben und -wohnen der Menschen in der (politischen) Gemeinde betreffen. |
| Anschluss- und Benutzungszwang | durch Satzung begründeter Zwang für Angehörige einer Kommune, sich an eine öffentliche Einrichtung (z. B. an die Wasserversorgung) anzuschließen (Anschlusszwang) und/oder diese Einrichtung auch tatsächlich ausschließlich zu benutzen (Benutzungszwang). Kann mit entsprechenden Verwaltungsakten durchgesetzt werden. |
| Aufgabenübertragungsverbot | verfassungsrechtlicher Grundsatz (Art. 84 Abs. 1 S. 7, 85 Abs. 1 S. 2 GG), wonach durch Bundesgesetz Gemeinden und Gemeindeverbänden Aufgaben nicht übertragen werden dürfen. |
| Aufwandsteuern | Steuern, die auf die in der Vermögens- und Einkommensverwendung für den persönlichen Lebensbedarf zum Ausdruck kommende besondere wirtschaftliche Leistungsfähigkeit zielen, welche durch den Gebrauch von Gütern, das Halten eines Gegenstandes oder die Inanspruchnahme von Dienstleistungen vermutet wird. |
| Ausschüsse | beratende oder beschließende Gruppen von Mitgliedern der Gemeindevertretung, die regelmäßig für einzelne Aufgabengebiete eingerichtet werden. |
| Befangenheit (persönliche Beteiligung) | mangelnde Fähigkeit (der Mitglieder der Gemeindevertretung), eine unabhängige Entscheidung zu treffen, da diese den Mitgliedern selbst oder bestimmten anderen Personen einen unmittelbaren Vor- oder Nachteil bringen kann. |
| Beigeordnete (zweite und dritte Bürgermeister, Stadträte und leitende Beamte auf Zeit) | kommunale Wahlbeamte (mit Ausnahme von Niedersachsen), die für Aufgabengebiete der Kommunalverwaltung selbstständig zuständig sind und zudem als allgemeine Stellvertreter des Bürgermeisters fungieren. |

| Begriff | Definition |
|---|---|
| Beiträge | Geldleistungen, die für die Möglichkeit der Inanspruchnahme von öffentlichen Einrichtungen erhoben werden und der Finanzierung ihrer Herstellung, Anschaffung und Erweiterung dienen. |
| Benutzungsgebühren | Geldleistungen für die – nicht zwingend willentliche – Inanspruchnahme öffentlicher Einrichtungen, die die tatsächliche Inanspruchnahme betreffen und der fortlaufenden Kostendeckung dienen. |
| Beschlussfähigkeit | Zustand der Gemeindevertretung, bei dem eine bestimmte Anzahl von Mitgliedern der Gemeindevertretung anwesend ist. |
| Bürgerbegehren | Verfahren, das einem Bürgerentscheid vorausgeht und auf dessen Durchführung gerichtet ist. |
| Bürgerentscheid | Entscheidung der Gemeindebürger anstelle der Gemeindevertretung (die nach dem Gemeinderecht einiger Bundesländer auch ohne vorangegangenes Bürgerbegehren auf Veranlassung der Gemeindevertretung herbeigeführt werden kann). |
| Bürgermeister | Verwaltungsorgan der Gemeinde, das (außer in Hessen) die Gemeindeverwaltung leitet, regelmäßig für die Angelegenheiten der laufenden Verwaltung und darüber hinaus für die Vorbereitung, den Vollzug und die Kontrolle von Beschlüssen der Gemeindevertretung zuständig ist und gesetzlicher Vertreter der Gemeinde ist. |
| Eigenbetriebe | wirtschaftliche Unternehmen ohne eigene Rechtspersönlichkeit. |
| Eigener Wirkungskreis (= weisungsfreie Angelegenheiten) | kommunale Aufgaben, bei deren Erfüllung der Kommune ein Selbstverwaltungsrecht zukommt und bei denen sie nur der Rechtsaufsicht des Staates unterliegt. Bei Gemeinden identisch mit den Angelegenheiten der örtlichen Gemeinschaft. Abzugrenzen vom übertragenenen Wirkungskreis (= Pflichtaufgaben nach Weisung). |
| Eigengesellschaften | wirtschaftliche Unternehmen in Pivatrechtsform, deren Anteile sich vollständig in der Hand der Kommune befinden. |
| Einrichtungen | nichtwirtschaftliche Unternehmen der Kommunen. |
| Fachaufsicht | staatliche Aufsicht über die Rechtmäßigkeit (einschließlich der Ermessensfehler) und die Zweckmäßigkeit des Handelns einer Kommune; gegen fachaufsichtliche Einzelfallentscheidungen bzw. Weisungen ist die Anfechtungsklage regelmäßig unstatthaft. |

| Begriff | Definition |
|---|---|
| Finanzausgleich | Weiterleitung eines von der Landesgesetzgebung zu bestimmenden Hundertsatzes vom Länderanteil am Gesamtaufkommen der Gemeinschaftsteuern an die Gemeinden und Gemeindeverbände auf der Grundlage des Art. 106 Abs. 7 S. 1 GG sowie eines Aufkommens der Landessteuern nach Art. 106 Abs. 7 S. 2 GG. |
| Fraktionen | freiwillige Zusammenschlüsse von Mitgliedern der Gemeindevertretung, die sich auf der Grundlage grundsätzlicher politischer Übereinstimmung zu möglichst gleichgerichtetem Wirken bilden. |
| Freiwillige Aufgaben | kommunale Aufgaben des eigenen Wirkungskreises, bei denen die Kommune frei in der Entscheidung darüber ist, ob sie sich der Aufgabe annimmt, und wie sie dies tut. |
| Gebietskörperschaften | mitgliedschaftlich strukturierte juristische Personen des öffentlichen Rechts, bei denen sich die Mitgliedschaft nach der Ansässigkeit in einer bestimmten ortsbezogenen Gemeinschaft richtet (Gegensatz zu Personalkörperschaften, bei denen die Mitgliedschaft von bestimmten persönlichen Eigenschaften abhängt). |
| Gebühren | Geldleistungen, die aus Anlass individuell zurechenbarer, öffentlicher Leistungen dem Gebührenschuldner durch eine öffentlich-rechtliche Norm oder sonstige hoheitliche Maßnahme auferlegt werden und dazu bestimmt sind, in Anknüpfung an diese Leistung deren Kosten ganz oder teilweise zu decken. |
| Gemeindeangehörige | nicht nur Gemeindebürger, sondern alle natürlichen Personen, die einen Wohnsitz im Gemeindegebiet haben. |
| Gemeindebezirke | rechtlich unselbstständige Untergliederungen der Gemeinden (Stadtbezirke kreisfreier oder anderer Städte, Ortschaften der Gemeinden). |
| Gemeindebürger | diejenigen, die in ihrer Gemeinde das Recht besitzen, an den Gemeindewahlen teilzunehmen. |
| Gemeindehoheiten | Rechte der Gemeinde, die deren Selbstverwaltungsrecht, in örtlichen Angelegenheiten in besonderer Weise ausformen. Im einzelnen: Gebietshoheit, Personalhoheit, Organisationshoheit, Planungshoheit, Finanz- und Abgabenhoheit, Kulturhoheit und Satzungshoheit. |
| Gemeindelasten | von der Gemeinde festgelegte öffentliche Abgaben- (Gebühren, Beiträge sowie örtliche Verbrauchs- und Auf- |

| Begriff | Definition |
|---|---|
| | wandssteuern nach den Kommunalabgabengesetzen) und Dienstpflichten (z. B. Hand- und Spanndienste). |
| Gemeindeverbände | kommunale Gebietskörperschaften oberhalb der Gemeindeebene (insbesondere Landkreise), die für ihr Gebiet alle ihnen gesetzlich zugewiesenen Aufgaben erfüllen; abzugrenzen von (vorwiegend) vertraglich begründeten Kooperationsformen kommunaler Gebietskörperschaften zur Erledigung einer begrenzten Zahl an Aufgaben (z. B. Verwaltungsgemeinschaften). |
| Gemeindevertretung (Stadtverordnetenversammlung, Gemeinderat, Stadtrat, Rat) | aus allgemeinen, unmittelbaren, freien, gleichen und geheimen Wahlen hervorgegangene Volksvertretung auf Gemeindeebene im Sinne des Art. 28 Abs. 1 S. 2 GG. |
| Gleichartigkeitsverbot | Gebot im Sinne des Art. 105 Abs. 2a GG, wonach Steuern nicht denselben Belastungsgrund haben dürfen wie eine Bundessteuer, sich also in Gegenstand, Bemessungsgrundlage, Erhebungstechnik und wirtschaftlicher Auswirkung von den Bundessteuern unterscheiden müssen. |
| Gruppen | Zusammenschlüsse von Mitgliedern der Gemeindevertretung, die nicht als Fraktionen bezeichnet werden. |
| Hauptausschuss (in Brandenburg und Niedersachsen) | Organ der Gemeinde (neben der Gemeindevertretung und dem Bürgermeister), dass den Grundsatz der Allzuständigkeit der Gemeindevertretung durchbricht und über diejenigen Angelegenheiten entscheidet, die nicht in die Zuständigkeit der Gemeindevertretung fallen und für die nicht der Bürgermeister zuständig ist. |
| Haushaltssicherungskonzept | Maßnahme zur Haushaltskonsolidierung, mit der im Rahmen einer geordneten Haushaltswirtschaft die künftige, dauernde Leistungsfähigkeit der Gemeinde erreicht werden soll. |
| Inkompatibilität | Grundsatz, wonach Mitglieder der Gemeindevertretung nicht gleichzeitig andere Funktionen wahrnehmen können. |
| Kommunalunternehmen | wirtschaftliche sowie nichtwirtschaftliche Unternehmen in der Rechtsform einer rechtsfähigen Anstalt des öffentlichen Rechts. |
| Kommunalverfassungsstreit | organschaftliche Streitigkeit zwischen zwei Organen einer Kommune (sog. Interorganstreit; z. B. Gemeinderat gegen Bürgermeister) oder zwischen einem Organ einer Kommune und einem Organmitglied (sog. Intraorganstreit; z. B. Gemeinderatsmitglied gegen Gemeinderat). |

| Begriff | Definition |
|---|---|
| Konnexitätsprinzip | aufgabenbezogener und finanzkraftunabhängiger Mehrbelastungsausgleich der Gemeinden und Gemeindeverbände. |
| Kreistag | aus allgemeinen, unmittelbaren, freien, gleichen und geheimen Wahlen hervorgegangene Volksvertretung auf Kreisebene im Sinne des Art. 28 Abs. 1 S. 2 GG. |
| Kreisumlage | Umlage der kreisangehörigen Gemeinden zur Deckung des für die Aufgabenwahrnehmung notwendigen Finanzbedarfs der Kreise. |
| Kumulieren | Möglichkeit der Wahlberechtigten, mehrere Stimmen auf einen Wahlbewerber zu vereinigen. |
| Landrat | Organ der Kreise und (mit Ausnahme von Niedersachsen, Sachsen und Sachsen-Anhalt) untere staatliche Verwaltungsbehörde (Organleihe). |
| laufende Angelegenheiten | kommunale Angelegenheiten, die für die Kommune keine grundsätzliche Bedeutung haben und keine erheblichen Verpflichtungen erwarten lassen und die deshalb das monokratische Organ (z. B. der Bürgermeister) in eigener Zuständigkeit erledigen darf. |
| Magistrat (Gemeindevorstand) | hessisches Verwaltungsorgan der Gemeinde, das im Gegensatz zu den übrigen Bundesländern kollegial strukturiert ist und vom Bürgermeister als Vorsitzendem und den Beigeordneten gebildet wird. |
| öffentliche Einrichtungen | alle personellen und sachlichen Mittel in der Verfügungsgewalt der Kommune, deren Unterhaltung, Durchführung oder Errichtung im öffentlichen Interesse liegt, die für die Nutzung durch die Allgemeinheit gewidmet (durch kommunale Satzung oder Allgemeinverfügung) und dieser tatsächlich zur Verfügung gestellt werden. Öffentliche Einrichtungen sind abzugrenzen von Verwaltungseinrichtungen (z. B. Rathaus) und Einrichtungen in Gemeingebrauch (z. B. Straßen). |
| Öffentlichkeit | Grundsatz, wonach Sitzungen der Gemeindevertretung für jedermann während der gesamten Sitzung als Zuhörer zugänglich sein müssen. |
| Panaschieren | Möglichkeit der Wahlberechtigten, mehrere Stimmen auf unterschiedliche Wahlbewerber zu verteilen. |
| Pflichtaufgaben | kommunale Aufgaben des eigenen (= weisungsfreie Pflichtaufgaben) oder des übertragenen Wirkungskreises (= Pflichtaufgaben nach Weisung), zu deren Erledigung eine Kommune gesetzlich verplichtet ist; die Nichterfül- |

| Begriff | Definition |
|---|---|
| | lung einer Pflichtaufgabe ist ein Rechtsverstoß, weshalb die Erfüllung rechtsaufsichtlich erzwungen werden kann. |
| Randnutzung | Nebenleistungen im Rahmen der wirtschaftlichen Betätigung der Gemeinden, die üblicherweise zusammen mit der Hauptleistung angeboten werden (oder als unternehmensfremde Geschäfte eine Ergänzung oder Abrundung der einem öffentlichen Zweck dienenden Hauptleistung darstellen) und den öffentlichen Hauptzweck nicht beeinträchtigen oder der Ausnutzung bestehender, sonst brachliegender Kapazitäten dienen. |
| Rathausparteien | Wählervereinigungen, die ausschließlich auf kommunaler Ebene tätig werden. |
| Rechtsaufsicht | Staatsaufsicht lediglich über die Rechtmäßigkeit (einschließlich der Ermessensfehler des Handelns einer Kommune; gegen rechtsaufsichtliche Einzelfallentscheidungen ist die Anfechtungsklage regelmäßig statthaft. |
| Regiebetriebe | kommunale Unternehmen, die als Einrichtungen innerhalb der allgemeinen Gemeindeverwaltung betrieben werden. |
| Satzung | von einer Kommune erlassene Rechtsnorm, die – soweit sie in Grundrechte eingreift – einer formell-gesetzlichen Grundlage bedarf; regelmäßig nur im eigenen Wirkungskreis zulässig. |
| Selbstverwaltung | Recht der Kommunen, für ihr Gebiet Angelegenheiten in eigener Verantwortung (d. i. insbesondere mit eigener Behördenstruktur) und in eigenem Namen zu erledigen. |
| Übertragener Wirkungskreis (= Pflichtaufgaben nach Weisung) | ursprünglich staatliche Aufgaben, zu deren Erledigung eine Kommune durch Gesetz verpflichtet wurde und bei deren Erledigung sie den fachaufsichtlichen Weisungen des Staates unterliegt; abzugrenzen vom eigenen Wirkungskreis (= weisungsfreie Aufgaben). |
| Verbrauchsteuern | Warensteuern, die den Verbrauch vertretbarer, regelmäßig zum baldigen Verzehr oder kurzfristigen Verbrauch bestimmter Güter des ständigen Bedarfs belasten. |
| Vertretungsverbot | Grundsatz, wonach Mitglieder der Gemeindevertretung Ansprüche oder Interessen anderer gegen die Gemeinde nicht geltend machen dürfen, es sei denn, dass sie als gesetzliche Vertreter handeln. |
| Verwaltungsgebühren | Geldleistungen als Gegenleistung für besondere Amtshandlungen oder sonstige Tätigkeiten. |

| Begriff | Definition |
|---|---|
| Widmung | rechtlich nicht formalisierter Rechtsakt, durch den die Zweckbestimmung einer öffentlichen Einrichtung festgelegt und ihre Benutzung durch die Allgemeinheit geregelt wird. |
| Wirtschaftsbetätigung | Betrieb von Unternehmen (mit Ausnahme von Brandenburg und Hessen), die als Hersteller, Anbieter oder Verteiler von Gütern oder Dienstleistungen am Markt tätig werden (mit Ausnahme von Bayern), sofern die Leistung ihrer Art nach auch von einem Privaten mit der Absicht der Gewinnerzielung erbracht werden könnte. |
| Zweckverbände | Körperschaften des öffentlichen Rechts, die von Gemeinden im Rahmen der interkommunalen Kooperation zur gemeinsamen Aufgabenwahrnehmung gebildet werden und an denen neben wenigstens einer Gemeinde auch andere Körperschaften des öffentlichen Rechts sowie natürliche oder juristische Personen des Privatrechts beteiligt werden können. |

Kommunalrecht
Von PD Dr. Andreas Engels und
PD Dr. Daniel Krausnick
2015, 341 S., brosch., 26,– €,
ISBN 978-3-8329-6387-3
(NomosLehrbuch)

## Polizei- und Ordnungsrecht

| Tatbestandsmerkmal | Definition |
|---|---|
| abstrakte Gefahr | Sachlage, in der bei abstrakt-genereller Betrachtung nach allgemeiner Lebenserfahrung oder den Erkenntnissen fachkundiger Stellen bestimmte Verhaltensweisen oder Zustände typischerweise zu einer **konkreten Gefahr** führen können. |
| Androhung | Erklärung der Gefahrenabwehrbehörde, dass bei Nichtbefolgung einer Verfügung ein bestimmtes Zwangsmittel angewandt werde. |
| Aufenthaltsverbot | an eine Person gerichtetes Verbot, für eine bestimmte Zeit einen bestimmten örtlichen Bereich zu betreten oder sich dort aufzuhalten. |
| Durchsuchung (von Personen) | planmäßiges und zielgerichtetes Suchen nach verborgenen Gegenständen am Körper einer Person, in ihrer Kleidung oder anderen am Körper getragenen Sachen. |
| Durchsuchung (von Sachen) | planmäßiges und zielgerichtetes Suchen an und in körperlichen Gegenständen, die der Adressat nicht am Körper trägt. |
| Durchsuchung (von Wohnungen) | planmäßiges und zielgerichtetes Suchen nach Personen oder Sachen in einer **Wohnung** mit dem Ziel, etwas aufzuspüren, was der Inhaber von sich aus nicht offenlegen oder herausgeben will. |
| Erheben (von Daten) | das Beschaffen von Daten über den Betroffenen. |
| erhebliche Gefahr | Gefahr für ein bedeutendes Rechtsgut, insbesondere Leben, Gesundheit, körperliche Unversehrtheit, Freiheit oder bedeutende Vermögenswerte. |
| erkennungsdienstliche Maßnahmen | Maßnahmen zur Erfassung äußerer körperlicher Eigenschaften, wie z.B. Abnahme von Finger- und Handflächenabdrücken, Aufnahme von Fotografien, Feststellung äußerer körperlicher Merkmale und Messungen. |
| Ersatzvornahme | Vornahme einer vertretbaren Handlung durch die Gefahrenabwehrbehörde oder einen Dritten anstelle des gefahrenabwehrrechtlich Verantwortlichen. |
| Gefahr im Verzug | Sachlage, in der der in allernächster Zeit bevorstehende Eintritt eines Schadens zu erwarten ist, wenn nicht anstelle der zuständigen Behörde sofort eine andere Behör- |

| Tatbestandsmerkmal | Definition |
|---|---|
| | de (oder Person) tätig bzw. wenn nicht von rechtlichen Verfahrensvorgaben abgewichen wird. |
| (konkrete) Gefahr | Sachlage, in der mit hinreichender Wahrscheinlichkeit (oder mit Sicherheit) bei ungehindertem Fortgang der Ereignisse ein Schaden für die jeweils geschützten Rechtsgüter (meist **öffentliche Sicherheit** bzw. **öffentliche Ordnung**) eintreten wird oder in der ein Schaden bereits eingetreten ist. |
| gegenwärtige Gefahr | Gefahrenlage, bei der der Eintritt des Schadens bereits begonnen hat oder mit an Sicherheit grenzender Wahrscheinlichkeit zeitlich unmittelbar bevorsteht. |
| Gewahrsam | Aufrechterhaltung der Festnahme im Rahmen eines in Ausübung hoheitlicher Gewalt hergestellten Rechtsverhältnisses. |
| Ingewahrsamnahme | kurzfristige Freiheitsentziehung; Akt der Festnahme. |
| latente Gefahr | Sachlage, die zunächst keine Gefahr darstellt, jedoch später durch eine Veränderung der tatsächlichen Gegebenheiten die Gefahrenschwelle überschreitet (bzw. überschreiten kann). |
| Löschen (von Daten) | das dauerhafte Unkenntlichmachen gespeicherter personenbezogener Daten. |
| Nutzen (von Daten) | jede Verwendung personenbezogener Daten, soweit es sich nicht um Verarbeitung handelt. |
| Öffentliche Ordnung | die Gesamtheit der (im Rahmen der verfassungsmäßigen Ordnung liegenden) ungeschriebenen Regeln für das Verhalten des Einzelnen in der Öffentlichkeit, deren Beachtung nach den jeweils herrschenden Anschauungen als unerlässliche Voraussetzung für ein gedeihliches menschliches Zusammenleben erachtet wird. |
| Öffentliche Sicherheit | die Unverletzlichkeit der objektiven Rechtsordnung, der subjektiven Rechte und Rechtsgüter des Einzelnen und des Bestandes und der Funktionsfähigkeit des Staates und anderer Träger hoheitlicher Gewalt, ihrer Einrichtungen und Veranstaltungen. |
| Platzverweisung | Gebot an eine Person, einen bestimmten Ort für eine vorübergehende Zeit zu verlassen bzw. für vorübergehende Zeit geltendes Verbot, einen bestimmten Ort zu betreten. |

| Tatbestandsmerkmal | Definition |
|---|---|
| Sicherstellung | Beendigung der tatsächlichen Gewalt des Eigentümers oder eines sonstigen Berechtigten über eine (bewegliche oder unbewegliche) Sache und Begründung neuer tatsächlicher Gewalt durch die Gefahrenabwehrbehörde oder einen Beauftragten. |
| Speichern (von Daten) | das Erfassen, Aufnehmen oder Aufbewahren personenbezogener Daten auf einem Datenträger zum Zwecke ihrer weiteren Verarbeitung oder Nutzung. |
| Sperren (von Daten) | das Kennzeichnen gespeicherter personenbezogener Daten, um ihre weitere Verarbeitung oder Nutzung einzuschränken. |
| Übermitteln (von Daten) | das Bekanntgeben gespeicherter oder durch Datenverarbeitung gewonnener personenbezogener Daten an einen Dritten in der Weise, dass a) die Daten an den Dritten weitergegeben werden oder b) der Dritte zur Einsicht oder zum Abruf bereitgehaltene Daten einsieht oder abruft. |
| Unmittelbare Ausführung | Vornahme einer Maßnahme durch die Polizei, wenn deren Zweck durch Inanspruchnahme der gefahrenabwehrrechtlich Verantwortlichen nicht oder nicht rechtzeitig erreicht werden kann. |
| Unmittelbarer Zwang | (Erzwingung einer Handlung, Duldung oder Unterlassung gegen den Willen des Betroffenen durch) Einwirkung auf Personen oder Sachen mit körperlicher Gewalt, ihren Hilfsmitteln oder mit Waffen. |
| Verändern (von Daten) | das inhaltliche Gestalten gespeicherter personenbezogener Daten. |
| Verarbeiten (von Daten) | das **Speichern**, **Verändern**, **Übermitteln**, **Sperren** oder **Löschen** personenbezogener Daten. |
| Versammlung | örtliche Zusammenkunft mehrerer (mindestens dreier) Menschen zur gemeinschaftlichen, auf die Teilhabe an der öffentlichen Meinungsbildung gerichteten Erörterung oder Kundgabe. |
| Vorladung | Aufforderung an eine Person, bei der Behörde oder an einem anderen Ort zu erscheinen, um sachdienliche Angaben zu machen oder um **erkennungsdienstliche Maßnahmen** durchzuführen. |

| Tatbestandsmerkmal | Definition |
|---|---|
| Wohnung | umfasst die Wohn- und Nebengebäude, Arbeits-, Betriebs- und Geschäftsräume sowie anderes befriedetes Besitztum. |

# Umweltrecht

| Begriff | Definition |
| --- | --- |
| Abfall | Abfälle sind alle Stoffe und Gegenstände, derer sich ihr Besitzer entledigt, entledigen will oder entledigen muss (§ 3 Abs. 1 S. 1 KrWG). |
| Abfallverwertung | Abfallverwertung ist jede Maßnahme, deren Hauptzweck auf die Nutzung der stofflichen Eigenschaften der Abfälle gerichtet ist, um die Abfälle einem sinnvollen Zweck zuzuführen, indem sie andere Stoffe ersetzen, die ansonsten zur Erfüllung einer bestimmten Funktion verwendet worden wären. |
| Anthropozentrischer Umweltschutz | Nach der Vorstellung vom anthropozentrischen Umweltschutz entspringt die Pflicht zur Erhaltung der natürlichen Lebensgrundlagen aus der Verantwortung für das Wohl der lebenden und zukünftigen Menschen. |
| Altlasten | Altlasten sind<br>■ stillgelegte Abfallbeseitigungsanlagen sowie sonstige Grundstücke, auf denen Abfälle behandelt, gelagert oder abgelagert worden sind (Altablagerungen),<br>■ Grundstücke stillgelegter Anlagen und sonstiger Grundstücke, auf denen mit umweltgefährdenden Stoffen umgegangen worden ist, ausgenommen Anlagen, deren Stilllegung einer Genehmigung nach dem Atomgesetz bedarf (Altstandorte),<br>durch die schädliche Bodenveränderungen oder sonstige Gefahren für den Einzelnen oder die Allgemeinheit hervorgerufen werden. |
| Altlastverdächtige Fläche | Altlastverdächtige Flächen sind gem. § 2 Abs. 6 BBodSchG Altablagerungen und Altstandorte, bei denen der Verdacht schädlicher Bodenveränderungen oder sonstiger Gefahren für den Einzelnen oder die Allgemeinheit besteht. |
| Ausschlusswirkung | Auf Grund von § 75 Abs. 2 S. 1 VwVfG sind mit Unanfechtbarkeit des Planfeststellungsbeschlusses alle privatrechtlichen oder öffentlich-rechtlichen Ansprüche auf Unterlassung, Beseitigung oder Änderung des Vorhabens ausgeschlossen. |
| AWZ | Die AWZ bildet nach Art. 55 SRÜ ein jenseits des Küstenmeeres gelegenes und an dieses angrenzende Gebiet und erstreckt sich bis zu 200 sm von der Basislinie entfernt. Dem Küstenstaat werden durch Art. 56 Abs. 1 SRÜ in dieser Zone funktional begrenzte Hoheitsrechte |

| Begriff | Definition |
| --- | --- |
| | wie die Ausbeutung der Ressourcen oder wissenschaftliche Meeresforschung zugewiesen. |
| Belästigung i.S.d. Umweltverfassungsrechts | Belästigungen sind unerhebliche Beeinträchtigungen rechtlich geschützter Güter, hier der Grundrechte. Sie dürfen dem Einzelnen zugemutet werden, soweit sie sozial adäquat sind. |
| Bewirtschaftungspläne | Die wasserrechtlichen Bewirtschaftungspläne gem. § 83 WHG stellen die oberste Planungsstufe dar. Ein Bewirtschaftungsplan ist für jede Flussgebietseinheit (§ 3 Nr. 15 WHG) aufzustellen, um eine einheitliche Betrachtungsweise vom Oberlauf bis zum Unterlauf zu gewährleisten. Aufgabe eines Bewirtschaftungsplans ist, alle vorhandenen, die Gewässer beschreibenden Daten zu bündeln sowie alle relevanten Ziele der Gewässerbewirtschaftung aufzuführen. Sie dienen mithin der informatorischen Grundlage der Gewässerbewirtschaftung. |
| Boden | Boden i.S.d. Bundes-Bodenschutzgesetzes (§ 2 Abs. 1 BBodSchG) – und darüber hinaus des Bodenschutzrechts überhaupt – ist die oberste, sichtbare, überbaute oder nicht überbaute Schicht der Erde. Auf die Bodenart (Humus, Gestein etc.) kommt es nicht an. Zum Boden gehören deshalb auch die besonderen Flächen auf der Erdkruste, wie Felsböden, Geröll, Sandböden, Dünen, Torfmoore. Umfasst sind auch die flüssigen und gasförmigen Bodenbestandteile, allerdings nicht das Grundwasser und die Gewässerbetten. Letzteres wird vom Regime des Wasserhaushaltsgesetzes und der Landeswassergesetze erfasst. |
| Bodenveränderung | Der Begriff der Bodenveränderung ist weit zu verstehen und umfasst stoffliche Einträge ebenso wie die Flächenversiegelung und Veränderungen der Bodenphysik. |
| Cradle-to-Grave-Prinzip | Das Cradle-to-Grave-Prinzip beinhaltet die Kontrolle bestimmter Problemstoffe von ihrer Produktion bis zu ihrer Beseitigung. |
| Direkte Verhaltenssteuerung | Direkte Verhaltenssteuerung liegt vor, wenn eine Rechtsnorm oder eine administrative Maßnahme einzelnen Personen zwingend ein bestimmtes Handeln (oder Unterlassen) abverlangt. |
| Eingriff in Natur und Landschaft | Ein Eingriff ist jede Beeinträchtigung von Natur und Landschaft einschließlich der Veränderung von Gestaltung und Nutzung von Grundflächen, die die Leistungs- und Funktionsfähigkeit des Naturhaushalts erheblich beeinträchtigen können. |

| Begriff | Definition |
|---|---|
| Emissionen | Emissionen sind die von einer Anlage ausgehenden<br>■ Luftverunreinigungen,<br>■ Geräusche,<br>■ Erschütterungen,<br>■ Licht,<br>■ Wärme,<br>■ Strahlen und<br>■ ähnlichen Erscheinungen<br>(§ 3 Abs. 3 BImSchG). |
| Energieverbrauchsrelevante Produkte | Energieverbrauchsrelevante Produkte sind Produkte, die mit Energie betrieben werden und Produkte, die selbst keine Energie verbrauchen, aber während ihrer Nutzung den Verbrauch von Energie beeinflussen. Sie dürfen nur in den Verkehr gebracht werden, wenn diese u.a. die gesetzlich verankerten Anforderungen an die umweltgerechte Gestaltung erfüllen, um langfristig energieineffiziente Produkte vom Markt zu verdrängen. |
| Enteignungs-vorwirkung | Unbeschadet der Ausschlusswirkung sind oftmals fremde Rechte, vornehmlich von Grundstückseigentümern, durch die Realisierung des Vorhabens betroffen. Die entsprechenden Festsetzungen im Planfeststellungsbeschluss berechtigen dann zur Enteignung nach Maßgabe der jeweils einschlägigen landesrechtlichen Enteignungsgesetze. |
| Eröffnungskontrollen | Die Eröffnungskontrollen dienen der Überprüfung von Vorhaben auf etwaige Umweltbeeinträchtigungen, bevor es hierzu kommt. |
| EU-Emissionshandel | Der auf einem cap and trade-System beruhende EU-Emissionshandel ist ein Instrument zur unionsweiten Treibhausgasreduktion, bei dem die Menge zulässiger Emissionen bestimmter Treibhausgase gedeckelt wird (cap) und die Emissionsrechte, übersetzt in Zertifikate, auf einem hierfür geschaffenen Markt gehandelt werden können (trade). Nach diesem System Verpflichtete haben für jede Tonne Ausstoß spezifischer Gase eine entsprechende handelbare Emissionsberechtigung (Zertifikat) nachzuweisen. Der Handel soll dazu führen, dass die technischen Emissionsreduktionsmaßnahmen an den kostengünstigsten Standorten ergriffen werden. |
| Flächenrecycling | Flächenrecycling ist die nutzungsbezogene Wiedereingliederung vormals industriell oder gewerblich genutzter Grundstücke, die ihre bisherige Funktion und Nutzung verloren haben, mittels planerischer, umwelttechnischer |

| Begriff | Definition |
|---|---|
| | und wirtschaftspolitischer Maßnahmen in den Wirtschafts- und Naturkreislauf. Es ergibt sich sowohl aus dem bauplanungsrechtlichen Gebot als auch aus dem Grundsatz der nutzungsbezogenen Sanierung aus § 4 Abs. 4 BBodSchG. |
| Freiraumthese | Nach der Freiraumthese darf die Belastbarkeit der Natur nicht völlig ausschöpft werden, um ein weiteres Wachstum der menschlichen Gesellschaft und Wirtschaft zu ermöglichen und um wenig belastete Freiräume zur Regeneration des Umweltsystems zu erhalten. |
| Gefahrenabwehr- bzw. Schutzprinzip | Nach dem Gefahrenabwehr- bzw. Schutzprinzip sind Umweltgefahren abzuwehren. |
| Gemeinlastprinzip | Eine Begrenzung des Verursachergedankens stellt das Gemeinlastprinzip dar, wonach die Kosten zur Bereinigung oder Verminderung von Umweltschäden der Allgemeinheit, also dem Steuerzahler, auferlegt werden. |
| Gentechnisch veränderter Organismus | Dies ist nach § 3 Nr. 3 GenTG ein Organismus, mit Ausnahme des Menschen, dessen genetisches Material in einer Weise verändert worden ist, wie sie unter natürlichen Bedingungen durch Kreuzen oder natürliche Rekombination nicht vorkommt. |
| Gestaltungswirkung | Es werden nach § 75 Abs. 1 S. 2 VwVfG alle öffentlichrechtlichen Beziehungen zwischen dem Träger des Vorhabens und den Planbetroffenen rechtsgestaltend geregelt. |
| Gestattungswirkung | Gestattungswirkung bedeutet, dass durch den Planfeststellungsbeschluss die Zulässigkeit des Vorhabens einschließlich der notwendigen Folgemaßnahmen an anderen Anlagen festgestellt wird, und zwar im Hinblick auf alle von ihm berührten öffentlichen Belange. |
| Grundsatz der Nachhaltigkeit | Unter dem Grundsatz der Nachhaltigkeit sind die sozialen und wirtschaftlichen Ansprüche an den Raum mit seinen ökologischen Funktionen in Einklang zu bringen sowie zu einer dauerhaften, großräumig ausgewogenen Ordnung zu führen. |
| Grüne Gentechnik | Grüne Gentechnik wird auch „Umweltgentechnik" genannt. Hierbei handelt es sich um die Anwendung gentechnischer Verfahren in der Pflanzen- und Tierzüchtung und die Nutzung gentechnisch veränderter Pflanzen und sonstiger Organismen in der Landwirtschaft und im Lebensmittelsektor. |

| Begriff | Definition |
|---|---|
| Hoheitliche Planung | Hoheitliche Planung bedeutet die vom Einzelfall unabhängige, zukunftsgerichtet gestaltende Steuerung staatlicher Aufgabenbereiche. |
| Ignoranztheorie | Mit der Ignoranztheorie wird das Vorsorgeprinzip begründet, wonach die langfristige Wirkung von umweltrelevanten Maßnahmen nie genau vorhergesagt werden kann, Umweltbeeinträchtigungen vielmehr in einem gewissen Maße immer auftreten. Angesichts dessen sei es sinnvoll und notwendig, Eingriffe in die Umwelt durchweg auf das technisch mögliche und zumutbare Maß zu reduzieren. |
| Immissionen | Immissionen sind gem. § 3 Abs. 2 BImSchG auf Menschen, Tiere, Pflanzen, den Boden, das Wasser, die Atmosphäre sowie Kultur- und Sachgüter einwirkende<br>■ Luftverunreinigungen,<br>■ Geräusche,<br>■ Erschütterungen,<br>■ Licht,<br>■ Wärme,<br>■ Strahlen und<br>■ ähnliche Umwelteinwirkungen. |
| Instrumente des Umweltrechts | Instrumente des Umweltrechts sind Planungsinstrumente, Instrumente direkter Verhaltenssteuerung (Ge- und Verbote), Instrumente indirekter Verhaltenssteuerung (z.B. Einspeisevergütung) und staatliche Eigenvornahme (z.B. Sammeln umwelterheblicher Daten). |
| Integrationsprinzip | Unter dem Integrationsprinzip versteht man die Abkehr vom sektoralen zum gesamtheitlichen, insbesondere die Wechselwirkungen zwischen den Umweltmedien erfassenden (Umwelt-)Schutz. |
| Integrierte Vorhabengenehmigung | Die integrierte Vorabgenehmigung, die bislang rechtlich nicht verankert ist, beinhaltet eine einheitliche und umfassende Entscheidung über die Zulassung eines Vorhabens. Grundpflichten der genehmigungsbedürftigen Vorhaben richten sich zwecks Gewährleistung eines hohen Schutzniveaus für Mensch und Umwelt insgesamt u.a. auf die Vermeidung schädlicher Umweltveränderungen und sonstiger Gefahren, erheblicher Nachteile und erheblicher Beeinträchtigungen für die Allgemeinheit wie für die Nachbarschaft, auf Vorsorge gegen jene Belastungen, auf die Vermeidung, Verwertung und Beseitigung von Abfällen, auf eine sparsame Verwendung von Wasser sowie eine entsprechende und zugleich effiziente Ver- |

| Begriff | Definition |
|---|---|
| | wendung von Energie, insbesondere durch Abwärmenutzung. |
| Integrierter Umweltschutz | Integrierter Umweltschutz findet sich dort, wo entweder der Umweltschutz mit anderen (gegenläufigen) Aufgabenstellungen und Zielen konkurriert (etwa Raumordnungsrecht, Recht der Bauleitplanung: Umweltschutz als ein Planungsziel oder abwägungserheblicher Belang neben anderen Aufgaben) oder aber mit (gleichgerichteten) Zielen konvergiert (bspw. Recht der Technischen Sicherheit, Arbeitsschutzrecht, Gesundheitsrecht) – hier ergänzen Umweltschutzaspekte die anderen Schutzziele Gesundheit, Arbeitssicherheit etc., sie konkurrieren nicht mit ihnen. |
| Kausaler Umweltschutz | Kausaler Umweltschutz will eine effektive Minderung der Umweltgefährdung erreichen, indem er bei der Emission gefährlicher Stoffe – gleichsam „an der Quelle" – ansetzt und den Umgang mit ihnen reglementiert. |
| Klagebefugnis | Die Klagebefugnis verlangt, dass der Kläger geltend machen kann, in seinen Rechten verletzt zu sein. Nach seinem Vortrag muss es möglich erscheinen, dass er in einem subjektiven Recht verletzt ist. |
| Klimaschutzrecht | Das Klimaschutzrecht ist die Summe derjenigen Rechtsnormen, die das Klima vor anthropogenen Einwirkungen schützen sollen. Dazu zählen z. B. Regelungen, die auf die Vermeidung des Austritts von Treibhausgasen in die Atmosphäre gerichtet sind, wie etwa jene, die die Abscheidung und Speicherung von Kohlendioxid, sog. Carbon Capture and Storage (CCS), steuern oder Maßnahmen des Geoengineerings. |
| Koexistenzzweck | Gem. § 1 Nr. 2 bezweckt das Gentechnikgesetz, die Möglichkeit zu gewährleisten, dass Produkte, insbesondere Lebens- und Futtermittel, konventionell, ökologisch oder unter Einsatz gentechnisch veränderter Anbauformen erzeugt und in den Verkehr gebracht werden können. |
| Kompensationsmodell | Das Zertifikatsmodell ist eine Abwandlung des Kompensationsmodells. Bei Letzterem geht es um die Zuweisung von austauschbaren Emissionskontingenten. Hiernach können mehrere Unternehmen in einem begrenzten Gebiet zu einem Betriebsverbund zusammengefasst werden. Innerhalb des Verbundes dürfen einzelne Betriebe über ihre Befugnis hinausgehend emittieren, wenn hierfür andere Unternehmen ihre in der Wirkung gleichen Schadstoffemissionen entsprechend einschränken und so die |

| Begriff | Definition |
|---|---|
| | erhöhte Emission kompensieren. Eine Neuansiedlung emittierender Anlagen ist in diesem System ebenfalls nur unter Rückführung der von bestehenden Einrichtungen ausgehenden Emissionen möglich. |
| Kooperationsprinzip | Dem Kooperationsprinzip zufolge ist Umweltschutz die Aufgabe aller gesellschaftlichen Kräfte, nicht allein diejenige des Staates. Angesichts dessen ist eine Zusammenarbeit der staatlichen und gesellschaftlichen Kräfte in umweltrelevanten Willensbildungs- und Entscheidungsprozessen vonnöten, wobei dem Staat wegen seiner Verpflichtung auf das Gemeinwohlinteresse und seiner Durchsetzungsinstrumente eine leitende, zumindest aber federführende Funktion zukommt. Durch eine solche „Ko-Operation" kann sich der Staat einerseits Sachverstand aus dem gesellschaftlich-privaten Bereich sichern und zum anderen durch beständige Information der Beteiligten die Akzeptanz und damit die Wirksamkeit umweltpolitischer Entscheidungen verbessern. |
| Kreislaufwirtschaft | Der Begriff Kreislaufwirtschaft ist eine Wortschöpfung des deutschen Gesetzgebers. In Ermangelung einer gesetzlichen Definition erschloss sich der Inhalt des Begriffs vorrangig über die Grundsätze der Kreislaufwirtschaft, die gem. § 6 Abs. 1 KrWG primär in der Abfallvermeidung und sekundär in der Abfallverwertung liegen. Entsprechend wird die Kreislaufwirtschaft durch § 3 Abs. 19 KrWG als Vermeidung und Verwertung von Abfällen definiert. |
| Landschaftsplanung | Landschaftsplanung ist sektorale und querschnittsorientierte Fachplanung für den Bereich des Naturschutzes, der Landschaftspflege und der Erholungsvorsorge, die als ökologisch orientiertes räumliches Nutzungskonzept dem Vorsorgeprinzip Rechnung trägt. Sie erfolgt auf überörtlicher Ebene durch Landschaftsprogramme und Landschaftsrahmenpläne; auf kommunaler Ebene durch Landschaftspläne und Grünordnungspläne. |
| MARPOL | MARPOL stellt ein 1978 geschaffenes internationales Übereinkommen zur Verhütung der Meeresverschmutzung durch Schiffe dar. Es ist darauf gerichtet, die Verschmutzung des Meeres durch „betriebsbedingte" Einleitungen zu verringern bzw. zu verhindern. |
| Massenverfahren | Massenverfahren sind prozessuale Verfahren, an denen mehr als (zwanzig bzw.) fünfzig Personen beteiligt sind. |
| Maßnahmen-programme | Maßnahmenprogramme sind selbstständige Planungsinstrumente, welche die abstrakten Vorgaben der Bewirt- |

| Begriff | Definition |
|---|---|
| | schaftungsziele für die jeweilige Flussgebietseinheit konkretisieren. Sie enthalten grundlegende – und, soweit erforderlich, ergänzende – Maßnahmen, um fristgerecht die im Gesetz festgelegten Ziele zu erreichen (§ 82 Abs. 2, 3 WHG). Maßnahmenprogramme bilden die Grundlage für wasserwirtschaftliche Vollzugsmaßnahmen. Ob sie insoweit grundsätzlich als außenwirksame Rechtsnorm erlassen werden müssen, ist umstritten. Es bestünde jedenfalls auch die Möglichkeit, sie auf die Benennung von Maßnahmen zu beschränken und ihre konkrete Umsetzung durch landesrechtliche Befugnisnormen vorzunehmen. |
| Medialer Umweltschutz | Medialer Umweltschutz dient dem Schutz der (Umwelt-)Medien Boden, Wasser und Luft. |
| Meeresstrategie-Rahmenrichtlinie | Die Meeresstrategie-Rahmenrichtlinie bildet die Umweltsäule der künftigen Meerespolitik der EU. Der Zweck der Richtlinie, einen Rahmen für den Schutz, die Erhaltung und Wiederherstellung der europäischen Meeresgebiete zu etablieren, soll durch Maßnahmenprogramme der Mitgliedstaaten erreicht werden. |
| Natura 2000-Netz | Ein zusammenhängendes ökologisches Netz, das zwecks Wiederherstellung oder Bewahrung eines günstigen Erhaltungszustands bestimmter natürlicher Lebensräume und Arten auf Grundlage der FFH-Richtlinie 92/43/EG und der Vogelschutzrichtlinie 2009/147/EG ausgewiesen wird. In den Schutzgebieten gilt ein allgemeines Verschlechterungs- und Störungsverbot sowie die Pflicht zur Durchführung einer Prüfung der Verträglichkeit von Projekten und Plänen mit den jeweiligen Erhaltungszielen. |
| Öffentliches Umweltrecht | Das öffentliche Umweltrecht als Summe aller öffentlich-rechtlichen Normen, die dem Umweltschutz dienen, lässt sich wie folgt unterteilen: Umweltvölkerrecht, Umwelteuroparecht, Umweltverfassungsrecht und Umweltverwaltungsrecht. |
| Ökozentrischer Umweltschutz | Verfechter des ökozentrischen Umweltschutzes verstehen die Umwelt als einen Wert an sich, der um seiner selbst willen zu schützen ist. Begründet wird dies mit der ethisch-sittlichen Verantwortung des Menschen gegenüber seiner Umwelt. |
| Plan | Der Plan beschreibt den gegenwärtigen (Ist-Zustand) sowie den angestrebten Zustand (Soll-Zustand) und legt die erforderlichen Maßnahmen zur Erreichung des Soll-Zustandes fest. |

| Begriff | Definition |
|---|---|
| Planfeststellungs-beschluss | Planfeststellungsbeschluss ist der Abschluss eines Planfeststellungsverfahrens. |
| Planfeststellungs-verfahren | Beim Planfeststellungsverfahren handelt es sich um ein besonderes Verwaltungsverfahren, durch das die Zulässigkeit eines konkreten Vorhabens festgestellt wird und sämtliche öffentlich-rechtliche Beziehungen zwischen dem Träger des Vorhabens und den durch den Plan Betroffenen rechtsgestaltend geregelt sowie die ansonsten erforderlichen behördlichen Entscheidungen ersetzt werden. |
| Präklusion (formell) | Formelle Präklusion liegt im Zweifel vor, wenn die gesetzliche Regelung nur eine Einwendungsfrist festsetzt. Ihre Versäumung führt zum Ausschluss des Anspruchs auf Erörterung der Einwendungen im Rahmen des Verwaltungsverfahrens. |
| Präklusion (materiell) | Die materielle Präklusion oder Verwirkungspräklusion liegt vor, wenn das Gesetz zusätzlich die Rechtsfolge der Fristversäumnis – Einwendungsausschluss – normiert. |
| Präventives Verbot (Kontrollerlaubnis) | Das präventive Verbot ermöglicht vor Aufnahme einer bestimmten, grundrechtlich geschützten Tätigkeit eine behördliche Überprüfung dahingehend, ob das Vorhaben im Einzelfall Rechtsgüter beeinträchtigt. |
| Produktverantwortung | Produktverantwortung bedeutet, Erzeugnisse so zu gestalten, dass bei der Herstellung und dem Gebrauch das Entstehen von Abfällen vermindert wird und die umweltverträgliche Verwertung und Beseitigung der nach deren Gebrauch entstandenen Abfälle sichergestellt ist (§ 23 KrWG). |
| Querschnittsklausel | Die Querschnittsklausel (Art. 11 AEUV) bestimmt, dass die Erfordernisse des Umweltschutzes bei der Festlegung und Durchführung der in Art. 3 EG genannten Gemeinschaftspolitiken und -maßnahmen mit zu bedenken sind. Diese Einbeziehung soll insbesondere der Förderung einer nachhaltigen Entwicklung dienen. |
| Repressive Instrumente der Verwaltung | Repressive Instrumente der Verwaltung sind Maßnahmen, mittels derer ein umweltrelevantes Verhalten oder Vorhaben nachträglich ganz oder teilweise unterbunden wird. Je nach Inhalt werden sie als Untersagungs-, Stilllegungs- und Beseitigungsverfügungen bezeichnet. Zu unterscheiden ist zwischen der Untersagung erlaubnisfreier und erlaubnispflichtiger Tätigkeiten bzw. Vorhaben. |

| Begriff | Definition |
|---|---|
| Repressives Verbot (Ausnahmebewilligung) | Das repressive Verbot bezieht sich auf potentiell umweltschädliche bzw. sozial unerwünschte Verhaltensweisen. Um besonders gelagerten Fällen Rechnung tragen zu können oder nicht intendierte Härten zu vermeiden, ist jedoch die Erteilung einer Ausnahmebewilligung eröffnet. Eine solche Bewilligung erweitert den Rechtskreis des Bürgers, weil sie eine Betätigung, die an sich gesetzlich verwehrt ist, unter besonderen Voraussetzungen (doch) zulässig macht. |
| Ressourcenvorsorge | Die Ressourcenvorsorge prägt das moderne Umweltrecht; sie geht über den Bereich der Risikovorsorge hinaus und ist auf ein Konzept für umweltverträgliches Wirtschaftswachstum gerichtet. Sie ist Ausdruck des Leitbildes einer dauerhaft umweltgerechten Entwicklung für kommende Generationen, das auch in Art. 20a GG seinen Niederschlag gefunden hat. |
| Risikovorsorge | Die Risikovorsorge prägt das moderne Umweltrecht und beinhaltet Maßnahmen, die bloße Schadensmöglichkeiten verhindern oder beschränken sollen. |
| Sanierung | Unter Sanierung werden nach § 2 Abs. 7 BBodSchG Maßnahmen gefasst, die der Beseitigung oder Verminderung der Schadstoffe dienen (Dekontaminationsmaßnahmen), welche die Ausbreitung der Schadstoffe langfristig verhindern oder vermindern, ohne die Schadstoffe zu beseitigen (Sicherungsmaßnahmen), oder die zur Beseitigung oder Verminderung schädlicher Veränderungen der physikalischen, chemischen oder biologischen Beschaffenheit des Bodens dienen. |
| Schaden i.S.d. Umweltverfassungsrechts | Schäden stellen nicht unerhebliche Beeinträchtigungen von Grundrechten dar. Solche Schäden müssen infolge der grundrechtlichen Schutzpflicht vermieden werden. |
| Schädliche Bodenveränderung | Nach § 2 Abs. 3 BBodSchG wird eine schädliche Bodenveränderung als Beeinträchtigung der Bodenfunktionen definiert, die geeignet ist, Gefahren, erhebliche Nachteile oder erhebliche Belästigungen für Einzelne oder die Allgemeinheit herbeizuführen. Für das Vorliegen einer schädlichen Bodenveränderung reicht also die Gefahreignung aus; einer tatsächlichen Gefahrensituation bedarf es nicht. Nachteile und Belästigungen müssen eine erhebliche Eingriffsintensität aufweisen, um die Begriffsdefinition zu erfüllen. Relevant ist die Betroffenheit dabei sowohl in substantieller Hinsicht als auch in Bezug auf die Zweckbeeinträchtigung. Nachteile sind Beeinträchtigungen von Interessen unterhalb der Schwelle der Rechtsgutverletzung; Belästigungen stellen insbesondere Beein- |

| Begriff | Definition |
|---|---|
| | trächtigungen des körperlichen oder seelischen Wohlbefindens dar, etwa durch Geruchsemissionen.<br>Der Begriff der Bodenveränderung ist weit zu verstehen und umfasst stoffliche Einträge ebenso wie die Flächenversiegelung und Veränderungen der Bodenphysik. |
| Schädliche Umwelteinwirkungen | Schädliche Umwelteinwirkungen sind Immissionen, die nach Art, Ausmaß oder Dauer geeignet sind, Gefahren, erhebliche Nachteile oder erhebliche Belästigungen für die Allgemeinheit oder die Nachbarschaft herbeizuführen. |
| Schutzniveauklausel | Nach der Schutzniveauklausel (Art. 191 Abs. 2 S. 1 AEUV) zielt die Umweltpolitik der Gemeinschaft auf ein hohes Schutzniveau ab; dies unter Berücksichtigung der unterschiedlichen Gegebenheiten in ihren einzelnen Regionen. |
| Scoping | Sofern der Träger des Vorhabens die zuständige Behörde vor Beginn des (förmlichen) Zulassungsverfahrens darum ersucht oder die Behörde es nach Verfahrensbeginn für erforderlich hält, unterrichtet sie den Träger über die voraussichtlich beizubringenden Unterlagen betreffend die Umweltauswirkungen des Vorhabens, also über den Untersuchungsrahmen der Umweltverträglichkeitsprüfung (§ 5 UVPG). |
| Screening | Verfahren, in dem die vorhabenbezogene UVP-Pflichtigkeit erst nach einer allgemeinen oder standortbezogenen Einzelfallprüfung festgestellt wird. |
| Strategische Umweltprüfung | Bei der strategischen Umweltprüfung sind zur Sicherung eines hohen Umweltschutzniveaus bestimmte Programme und Pläne, bei denen von erheblichen Umweltauswirkungen auszugehen ist, einer Umweltprüfung (SUP) zu unterziehen. Dabei sind die voraussichtlichen erheblichen Umweltauswirkungen sowie vernünftige Alternativen zu ermitteln und in einem Umweltbericht zu beschreiben, zu bewerten und zu dokumentieren. |
| Umwelt | Umwelt im weiteren Sinne ist die Gesamtheit der äußeren Lebensbedingungen, die auf eine bestimmte Lebenseinheit (bspw. einen Menschen, ein Tier, eine Pflanze) einwirken. Danach gehört zur Umwelt unsere gesamte belebte und unbelebte Umgebung einschließlich der sozialen Umwelt, d.h. der zwischenmenschlichen Beziehungen, der gesellschaftlichen, kulturellen und wirtschaftlichen Einrichtungen und der staatlichen Institutionen. |

| Begriff | Definition |
|---|---|
| Umweltabsprachen | Als Umweltabsprachen werden dem Umweltschutz dienliche Vereinbarungen zwischen Staat und Privaten bezeichnet, die auf einem in Verhandlungen gewonnenen Konsens der Beteiligten beruhen. |
| Umweltauditsystem | Beim Umweltauditsystem handelt es sich um ein freiwilliges, öffentlich kontrolliertes System zur kontinuierlichen Verbesserung des betrieblichen Umweltschutzes. |
| Umweltausgleichabgaben | Umweltausgleichsabgaben sollen Umweltbeeinträchtigungen kompensieren, die dadurch entstehen, dass Nutzer Umweltgüter zur eigenen Zweckverfolgung in Anspruch nehmen. |
| Umweltbelastende Duldungspflicht | Die sich aus einem Hoheitsakt ergebenden Umweltbelastungen sind hinzunehmen, wenn die Einlegung des gebotenen Rechtsbehelfs versäumt worden und der Hoheitsakt damit bestandskräftig geworden ist. |
| Umwelteuroparecht | Umweltrechtliche Normen, die aufgrund von primärer oder sekundärer Regelungen der EU ergangen sind. |
| Umweltlenkungsabgabe | Bei der Umweltlenkungsabgabe wird primär auf die Verminderung von Umweltbelastungen und die Entwicklung umweltverträglicher Verhaltensformen hingewirkt. Hierbei steht die Lenkungsfunktion im Vordergrund. Die Erzielung eines Abgabeaufkommens wird nicht angestrebt, sondern stellt lediglich eine hingenommene Nebenfolge dar. |
| Umweltnutzungs- und Entsorgungsabgaben | Umweltnutzungs- und Entsorgungsabgaben werden in Form von Gebühren für eine bestimmte umweltrelevante Leistung der Verwaltung erhoben. Hierzu zählen bspw. Abfall- und Entwässerungsgebühren. |
| Umweltökonomie | Umweltökonomie ist die Wirtschaftswissenschaft, die in ihre Theorien, Analysen und Kostenrechnungen ökologische Parameter mit einbezieht.<br>Betriebswirtschaftliche Umweltökonomie betrifft die Beziehungen zwischen Betrieb und Umwelt, deren wirtschaftlichen Folgewirkungen und die Auswirkungen der staatlichen Umweltpolitik auf den Betrieb.<br>Die volkswirtschaftliche Umweltökonomie entwickelt Maßnahmen zur Optimierung des gesellschaftlichen Gutes „Umweltqualität“. |
| Umweltplanung | Umweltplanung meint die Bewältigung räumlicher Umweltprobleme mit den Mitteln planerischen Handelns. |

| **Begriff** | **Definition** |
|---|---|
| Umweltpolitik | Umweltpolitik wird im Umweltprogramm der Bundesregierung aus dem Jahre 1971 als die Gesamtheit aller Maßnahmen beschrieben, die notwendig sind,<br>■ um dem Menschen eine Umwelt zu sichern, wie er sie für seine Gesundheit und für ein menschenwürdiges Dasein braucht,<br>■ um Boden, Luft und Wasser, Pflanzen- und Tierwelt vor nachteiligen Wirkungen menschlicher Eingriffe zu schützen und<br>■ um Schäden oder Nachteile aus menschlichen Eingriffen zu beseitigen. |
| Umweltprivatrecht | Umweltprivatrecht ist die Summe aller privatrechtlichen Normen, denen in ihrer Ausrichtung auf die Gestaltung der Rechtsbeziehungen zwischen den Bürgern die Funktion zukommt, „zugleich“ Auswirkungen auf die Umwelt zu erfassen. |
| Umweltrecht | Zum Umweltrecht gehören sämtliche staatlichen Normen, die dem Schutz der Umwelt dienen. |
| Umweltschutz | Umweltschutz umfasst alle Maßnahmen, die dazu dienen,<br>■ bereits eingetretene Umweltschäden zu beseitigen (reparativ-wiederherstellende Funktion),<br>■ gegenwärtige Umweltbelastungen zu begrenzen und zu vermindern (repressiv-zurückdrängende Funktion) und<br>■ künftigen Umweltbelastungen vorzubeugen (präventiv-vorsorgende Funktion). |
| Umweltspezifische Fachplanung | Kennzeichnend für die umweltspezifische Fachplanung ist, dass sie der Verwirklichung eines bestimmten (sektoralen) Ziels dient. Umweltspezifische Fachplanung liegt dann vor, wenn der Umweltschutz vorrangiges Planungsziel ist. Andere Belange, etwa wirtschaftlicher Art, finden lediglich im Rahmen des planerischen Abwägungsprozesses Berücksichtigung. Als umweltspezifisch einzustufen sind etwa:<br>■ die Landschaftsplanung,<br>■ die wasserwirtschaftliche Planung,<br>■ die Luftreinhalte- und Aktionsplanung,<br>■ die Lärmminderungsplanung,<br>■ die Abfallwirtschaftsplanung. |
| Umweltstrafrecht | Umweltstrafrecht betrifft Straftaten gegen die Umwelt i.S.d. StGB. |

| Begriff | Definition |
|---|---|
| Umweltverfassungsrecht | Hierzu gehören alle Bestimmungen der Verfassung, die dem Umweltschutz dienen. Dabei ist es gleichgültig, ob die Normen ausdrücklich bzw. allein auf Umweltschutz ausgerichtet sind oder ob sie nur unter anderem umweltschützenden Charakter aufweisen. |
| Umweltverträglichkeitsprüfung (UVP) | Bei der UVP handelt es sich um ein rechtlich geordnetes, mehrphasiges Verfahren zur frühzeitigen Ermittlung, Beschreibung und Bewertung aller unmittelbaren und mittelbaren Auswirkungen eines Projekts auf bestimmte Umweltfaktoren, und zwar einschließlich der ökologischen Wechselwirkungen. |
| (Umwelt-)Völkergewohnheitsrecht | (Umwelt-)Völkergewohnheitsrecht entsteht durch allgemeine Übung (Staatenpraxis), getragen von der Überzeugung, dass es sich bei der Übung um eine Rechtspflicht handelt. |
| Umweltvölkerrecht | Das Umweltvölkerrecht bildet einen Teilbereich des besonderen Völkerrechts. Es umfasst alle völkerrechtlichen Regelungen, die unmittelbar oder mittelbar dem Schutz der Umwelt gewidmet sind. Das Völkerrecht regelt die Beziehungen der Staaten untereinander, zu den internationalen Organisationen sowie zwischen diesen. Einzelpersonen werden hingegen durch völkerrechtliche Regelungen grundsätzlich weder berechtigt noch verpflichtet. |
| (Umwelt-)Völkerrechtliche Verträge | (Umwelt-)Völkerrechtliche Verträge stellen Vereinbarungen dar, die zwischen Staaten oder sonstigen Völkerrechtssubjekten getroffen werden und dem Völkerrecht unterliegen. |
| Umweltzertifikat | Nach dem Zertifikatmodell werden für einen bestimmten Raum Höchstgrenzen der Gesamtemissionen eines Stoffes oder mehrerer Stoffe festgelegt. Es werden Emissionsanteile gebildet, die in Zertifikaten verbürgt und an emittierende Betriebe vergeben werden. Anders als Genehmigungen sind die Zertifikate übertragbar. Sie sollen an einer Börse frei gehandelt werden, so dass sich ihr Preis aus Angebot und Nachfrage ergibt. Will ein Anlagenbetreiber seine Emissionen erhöhen, muss er ein entsprechendes Zertifikat erwerben. Dabei wird er zwischen den Kosten für den Erwerb und den Kosten für die Emissionsvermeidung abwägen und ggf. die Emission unterlassen. |
| Unterlassungspflicht | Unterlassungspflichten verbieten oder beschränken ein bestimmtes umweltgefährdendes Handeln. |

| Begriff | Definition |
|---|---|
| Ursprungsprinzip | Das Ursprungsprinzip (Art. 191 Abs. 2 S. 2 Alt. 3 AEUV) legt fest, dass Umweltbeeinträchtigungen so früh wie möglich, also dort bekämpft werden sollen, wo sie entstehen. |
| Verbandsklage (altruistisch) | Hiernach können Naturschutzvereinigungen in gesetzlich näher festgelegten Fällen unabhängig von der Verletzung eigener Rechte gegen Beeinträchtigungen von Natur und Landschaft gerichtlich vorgehen. |
| Verbandsklage (verfahrensrechtlich) | Die Verbandsklage im verfahrensrechtlichem Sinn ist die allgemeine Klagebefugnis der Naturschutzverbände, die auf einem Verstoß gegen ihr Beteiligungsrecht aus § 63 BNatSchG oder aus einer landesrechtlichen Beteiligungsvorschrift beruht. |
| Verschlechterungsverbot bzw. Bestandsschutzprinzip | Nach dem Verschlechterungsverbot bzw. Bestandsschutzprinzip soll eine weitere Zunahme der Umweltbelastungen verhindert und wenigstens das gegenwärtige Maß an Umweltqualität erhalten werden. |
| Verursacherprinzip | Das Verursacherprinzip besagt, dass derjenige, dem Umweltbeeinträchtigungen zuzurechnen sind, für ihre Beseitigung, Verminderung oder Ausgleich herangezogen werden soll. In einem engen Sinne ist Verursacher nur der, in dessen Einflussbereich die Umweltbelastung auftritt. Nach einem weiteren Verursacherbegriff können hingegen statt des unmittelbar kausalen Verwenders (Konsumenten) bereits der Hersteller und/oder alle ausführend Beteiligten als Verursacher angesehen werden. Eine dritte Möglichkeit stellt es dar, als Verursacher denjenigen zu begreifen, der die Umweltbelastung mit verursacht hat und wirtschaftlich und technisch am besten in der Lage ist, die Beeinträchtigung abzustellen. |
| Verwaltungsakzessorietät des Umweltstrafrechts | Abhängigkeit der Sanktionsnorm von der Erfüllung verwaltungsrechtlicher Normen des Umweltrechts. |
| Vitaler Umweltschutz | Vitaler Umweltschutz dient dem unmittelbaren Schutz von Tieren und Pflanzen. |
| Vorsichtsprinzip | Nach dem Vorsichtsprinzip kann bereits eine potentiell umweltbelastende Maßnahme – z.B. eine Emission – untersagt werden, wenn es lediglich möglich erscheint, dass sie die Umwelt schädigt. |
| Vorsorgeprinzip<br>auch Vorbeugeprinzip | Das Vorsorgeprinzip besagt, dass bereits die Entstehung von Umweltgefahren und Umweltschäden so weit wie möglich vermieden werden muss. |

| Begriff | Definition |
| --- | --- |
| Wasserhaushalt | Den Begriff des Wasserhaushalts definieren das WHG und die (bisherigen) Landeswassergesetze nicht. Naturwissenschaftlich lässt sich der Begriff umschreiben als das auf der Erde vorhandene Wasser, das sich ständig in Kreisläufen von Verdunstung, Kondensation, Niederschlag, Abfluss und Wiederverdunstung bewegt. Entscheidend ist somit die Eingebundenheit des Gewässers in den natürlichen Wasserkreislauf. Das BVerfG umschreibt den Regelungsgegenstand des Wasserhaushaltsrechts als die allgemein verbindliche Normierung der menschlichen Einwirkungen auf Oberflächen- und Grundwasser. |

# Steuerrecht

| Begriff | Definition |
|---|---|
| **Einkommensteuerrecht** | |
| Außergewöhnliche Belastungen | Außergewöhnliche Belastungen sind zwangsläufige, existenziell notwendige private Aufwendungen, die das Maß des Üblichen überschreiten (§ 33 EStG). |
| Betriebsausgaben | Betriebsausgaben sind nach § 4 Abs. 4 EStG Aufwendungen, die durch den Betrieb veranlasst sind. Es kommt auf den objektiven Zusammenhang mit dem Betrieb und den subjektiven Förderungszweck an. |
| (Betriebs-)Einnahmen | Einnahmen sind nach § 8 Abs. 1 EStG Güter in Geld oder Geldeswert, die dem Steuerpflichtigen im Rahmen einer Einkunftsart zufließen. Es kommt auf den Veranlassungszusammenhang zwischen den konkreten Einnahmen und der Einkunftsart an. |
| Entnahmen und Einlagen | Entnahmen sind alle Wirtschaftsgüter, die der Steuerpflichtige dem Betrieb für sich, seinen Haushalt oder für andere betriebsfremde Zwecke entnommen hat (§ 4 Abs. 1 Satz 2 EStG). Einlagen sind alle Wirtschaftsgüter, die der Steuerpflichtige aus seinem Privatvermögen dem Betrieb zugeführt hat (§ 4 Abs. 1 Satz 8 EStG). Dabei erfasst nur § 4 Abs. 1 Satz 2 EStG auch Nutzungsvorteile. |
| Gewerbebetrieb | Ein Gewerbebetrieb (§ 15 Abs. 2 EStG) liegt bei einer selbständigen, nachhaltigen Betätigung vor, die mit der Absicht unternommen wird, Gewinn zu erzielen und sich als Beteiligung am allgemeinen wirtschaftlichen Verkehr darstellt. Es darf sich nicht um Land- und Forstwirtschaft, selbständige Arbeit oder private Vermögensverwaltung handeln. |
| Leibrenten und dauernde Lasten | Leibrenten und dauernde Lasten haben gemeinsam, dass sie auf einem einheitlichen Verpflichtungsgrund beruhen (gesetzlich oder rechtsgeschäftlich). Sie unterscheiden sich darin, dass bei Renten gleiche Leistungen wiederkehrend gewährt werden und bei dauernden Lasten die Möglichkeit der Abänderung der Höhe nach vorbehalten ist. |
| Mitunternehmerinitiative und Mitunternehmerrisiko | Mitunternehmerinitiative entfaltet ein Gesellschafter dann, wenn er an unternehmerischen Entscheidungen beteiligt ist. Gemeint sind damit insbesondere Geschäftsführungs- und Vertretungsbefugnisse sowie Stimmrechte. Ein Gesellschafter trägt Mitunternehmerrisiko, wenn er |

| Begriff | Definition |
|---|---|
| | am Erfolg und Misserfolg, das heißt am Gewinn und Verlust, und auch an den stillen Reserven beteiligt ist. |
| Mitunternehmerschaft | § 15 Abs. 1 Nr. 2 EStG nennt die OHG und KG als Mitunternehmerschaften. Sie sind das Leitbild für die Herleitung folgender kumulativer Voraussetzungen: Es muss sich um ein zivilrechtliches Gesellschaftsverhältnis handeln und der Gesellschafter muss Unternehmerrisiko tragen und Unternehmerinitiative entfalten. |
| Progressionsvorbehalt | In Folge des Progressionsvorbehalts werden steuerfreie Einkünfte bei der Berechnung des Steuersatzes für die übrigen steuerpflichtigen Einkünfte diesen zugerechnet und erhöhen also die Bemessungsgrundlage zur Ermittlung des maßgebenden Steuersatzes (§ 32b EStG). |
| Sonderausgaben | Sonderausgaben sind private Aufwendungen, die weder als Betriebsausgabe noch als Werbungskosten abzugsfähig sind (§§ 2 Abs. 4, 10 Abs. 1, 12 EStG). Trotz § 12 Nr. 1 Satz 2 EStG werden sie ausnahmsweise zum Abzug zugelassen. Voraussetzung ist, dass sie auf einer eigenen Verpflichtung beruhen. |
| Werbungskosten | Trotz der engen gesetzlichen Umschreibung der Werbungskosten in § 9 Abs. 1 Satz 1 EStG sind hierunter, in Anlehnung an § 4 Abs. 4 EStG, durch den Erwerb veranlasste Aufwendungen zu verstehen. |

**Finanzverfassung und Steuerschuld- sowie Steuerverfahrensrecht**

| | |
|---|---|
| Abgaben | Abgaben sind alle hoheitlich auferlegten Geldleistungsverpflichtungen. Der Begriff umfasst neben den Steuern auch die Gebühren, Beiträge und Sonderabgaben. |
| Aufwandsteuer | Eine Aufwandsteuer ist eine Geldleistungspflicht aufgrund der Einkommensverwendung für einen bestimmten persönlichen Lebensbedarf. Dabei geht es aber nicht um den Verbrauch von Gütern, sondern um den Einsatz der Mittel für die Aufrechterhaltung eines tatsächlichen oder rechtlichen Zustands (Zweitwohnungsteuer). |
| Beiträge | Ein Beitrag ist eine Geldleistungspflicht für die Möglichkeit der Inanspruchnahme von Einrichtungen öffentlichrechtlicher Körperschaften, die aufgrund spezieller gesetzlicher Ermächtigung zur Deckung des Aufwands für die Schaffung, Erweiterung oder Erneuerung der Einrichtungen besteht. |

| Begriff | Definition |
|---|---|
| Beschränkte Steuerpflicht | Die beschränkte Steuerpflicht bezeichnet eine Art der Steuerpflicht, bei welcher Steuerpflichtige nur mit bestimmten inländischen, nach dem jeweiligen Steuergesetz relevanten, Einkünften oder Vermögensbestandteilen der Steuer unterliegen. |
| Direkte Steuer | Bei einer direkten Steuer ist der Steuerschuldner auch derjenige, der die wirtschaftliche Last trägt. |
| Finanzausgleich | Der Finanzausgleich umfasst alle erforderlichen Regelungen, die bei einem mehrgliedrigen Staatsaufbau (Föderalismus) die Möglichkeit zur Einnahmebeschaffung und Verteilung der Einnahmen bestimmen. Einzelne Steuergegenstände und die entsprechenden Einnahmen werden zwischen Bund und Ländern aufgeteilt (primär und vertikal) und anschließend erfolgt die Verteilung unter den Ländern (horizontal). Ergänzende Zuweisungen (sekundär) runden den Finanzausgleich ab. |
| Gebühr | Eine Gebühr ist eine Geldleistungspflicht, die als spezielle Gegenleistung für eine Leistung einer Behörde oder öffentlichen Anstalt erhoben wird. Im Gegensatz zu Beiträgen belasten Gebühren den Einzelnen, der die öffentliche Leistung tatsächlich in Anspruch nimmt. |
| Indirekte Steuer | Bei einer indirekten Steuer sind der Steuerschuldner und derjenige, der die Steuer wirtschaftlich zu tragen hat, nicht identisch (Beispiel: Umsatzsteuer). |
| Sonderabgabe | Eine besondere Geldleistungspflicht (sog. parafiskalische Abgabe), die einer bestimmten homogenen Gruppe zur Erfüllung eines besonderen Zwecks auferlegt wird und die Gruppe für die Erfüllung der mit dem Aufkommen finanzierten Aufgabe eine besondere Verantwortung trägt. Die Erträge aus der Sonderabgabe müssen für die Gruppe (gruppennützig) verwendet werden. |
| Steuer | Steuern sind alle Geldleistungen zur Erzielung von Einnahmen, die nicht eine Gegenleistung für eine besondere Leistung darstellen und von einem öffentlich-rechtlichen Gemeinwesen allen auferlegt werden, bei denen der Tatbestand einer gesetzlichen Leistungspflicht erfüllt ist. Die Erzielung von Einnahmen kann Nebenzweck sein (§ 3 Abs. 1 AO). |
| Steuerpflichtiger | Der Steuerpflichtige ist die Person, die eine Steuer schuldet, für eine Steuer haftet, eine Steuer für Rechnung eines Dritten einzubehalten und abzuführen hat oder eine Steuererklärung abzugeben hat, Sicherheit zu leisten, Bücher und Aufzeichnungen zu führen oder andere ihm |

| Begriff | Definition |
|---|---|
| | durch Steuergesetze auferlegte Verpflichtungen zu erfüllen hat (§ 33 Abs. 1 AO). |
| Steuerschuldverhältnis | Ein Steuerschuldverhältnis entsteht zwischen dem Staat und einer Person, wenn es um den Steueranspruch, den Steuervergütungsanspruch, den Haftungsanspruch, den Anspruch auf eine steuerliche Nebenleistung oder den Steuererstattungsanspruch geht. |
| Unbeschränkte Steuerpflicht | Die unbeschränkte Steuerpflicht bezeichnet eine Art der Steuerpflicht, bei welcher der Steuerpflichtige mit seinen gesamten, nach dem jeweiligen Steuergesetz relevanten, Einkünften oder Vermögensbestandteilen der Steuer unterliegt. |
| Verbrauchsteuer | Eine Verbrauchsteuer ist Geldleistungspflicht aufgrund der Einkommensverwendung für den persönlichen Lebensbedarf. Dabei steht der Einsatz der finanziellen Mittel für den Konsum und Verbrauch von Wirtschaftsgütern im Vordergrund. |

**Erbschaftsteuer- und Bewertungsrecht**

**Begriffe zum Erbschaftsteuerrecht:**

| | |
|---|---|
| Besonderer Versorgungsfreibetrag (§ 17 ErbStG) | Den überlebenden Ehegatten, Lebenspartnern und Kindern steht bei Erwerb von Todes wegen über den persönlichen Freibetrag nach § 16 ErbStG hinaus ein weiterer Freibetrag zu, der die Versorgung sichern soll. |
| Erwerb von Todes wegen (§ 3 ErbStG) | Ein Erwerb von Todes wegen liegt vor, wenn der Vermögenszuwachs auf Erwerberseite seinen (Rechts-)Grund im Ableben des Erblassers hat. |
| Freigebige Zuwendung (§ 7 ErbStG) | Freigebige Zuwendungen sind Schenkungen unter Lebenden, die nach § 1 Nr. 2 ErbStG steuerpflichtig sind, soweit der Bedachte durch sie auf Kosten des Zuwendenden bereichert wird. |
| Verschonungsabschlag (§ 13a ErbStG) | Verschonungsabschlag ist der prozentuale Anteil des Vermögens, das nach §§ 13a, 13b ErbStG nicht der Besteuerung unterliegt. Dieser liegt im sog. Grundmodell bei 85%, im sog. Optionsmodell bei 100%. |
| Zweckzuwendung (§ 8 ErbStG) | Zweckzuwendungen sind Zuwendungen von Todes wegen oder freigebige Zuwendungen unter Lebenden, die mit der Auflage verbunden sind, zugunsten eines bestimmten Zwecks verwendet zu werden, oder die von der Verwendung zugunsten eines bestimmten Zwecks |

| Begriff | Definition |
|---|---|
| | abhängig sind, soweit hierdurch die Bereicherung des Erwerbers gemindert wird. |

**Begriffe zum Bewertungsgesetz:**

| | |
|---|---|
| Einheitswert (§§ 19 ff. BewG) | Der Begriff Einheitswert bezeichnet einen Wert, der für mehrere Steuern (z.B. Grundsteuer, Gewerbesteuer, Grunderwerbsteuer) gleichmäßig als Besteuerungsgrundlage dient. |
| Gemeiner Wert (§ 9 BewG) | Der gemeine Wert stellt grds. die Bemessungsgrundlage für die Bewertung von Vermögensgegenständen dar. Dieser wird durch den Preis bestimmt, der im gewöhnlichen Geschäftsverkehr nach der Beschaffenheit des Wirtschaftsgutes bei einer Veräußerung zu erzielen wäre. |
| Inlandsvermögen (§ 121 BewG) | Das Inlandsvermögen umfasst im Inland belegene Vermögensgegenstände, die nach dem ErbStG oder anderen Gesetzen der Besteuerung zu unterwerfen sind. |
| Substanzwert | Der Substanzwert beschreibt den Mindestwert von Unternehmensvermögen, der sich aus der Wertsumme der Aktiva abzüglich der Rückstellungen und Verbindlichkeiten ergibt. |
| Teilwert (§ 10 BewG) | Teilwert ist der Betrag, den ein Erwerber des ganzen Unternehmens im Rahmen des Gesamtkaufpreises für das einzelne Wirtschaftsgut ansetzen würde. |

**Körperschaftsteuerrecht**

| | |
|---|---|
| Betrieb gewerblicher Art (§ 4 KStG) | Ein Betrieb gewerblicher Art liegt vor, wenn von den allgemeinen Merkmalen einer gewerblichen Tätigkeit nur die nachhaltige Tätigkeit zur Erzielung von Einnahmen außerhalb der Land- und Forstwirtschaft und reinen Vermögensverwaltung vorliegt. Ferner muss sich die Einrichtung aus der Gesamtbetätigung der juristischen Person wirtschaftlich herausheben. |
| Dividendenfreistellung (§ 8b KStG) | Die Dividendenfreistellung führt zu einer Freistellung der Besteuerung von Gewinnausschüttungen einer inländischen Kapitalgesellschaft, wenn der Anteilseigner eine inländische Kapitalgesellschaft ist, § 8b KStG. Somit wird eine Mehrfachbelastung innerhalb eines Konzernkreises vermieden. |

| Begriff | Definition |
|---|---|
| Doppelbelastung | Eine Doppelbelastung liegt vor, wenn dasselbe Steuerobjekt bei demselben wirtschaftlichen Steuersubjekt innerhalb eines identischen Zeitraums zu einer gleichartigen Steuer herangezogen wird. |
| Doppelbesteuerung | Eine Doppelbesteuerung liegt vor, wenn dasselbe Steuerobjekt bei demselben (juristischen) Steuersubjekt innerhalb eines identischen Zeitraums einer gleichartigen Steuer unterworfen wird. |
| Offene Gewinnausschüttung | Eine offene Gewinnausschüttung ist eine handelsrechtlich ordnungsgemäß beschlossene Ausschüttung. |
| Organgesellschaft | Organgesellschaft ist das Subjekt, dessen Einkommen dem Gesellschafter zugerechnet wird (§§ 14 Abs. 1, 17 KStG). |
| Organschaft | Die Organschaft ist eine wirtschaftliche Unternehmenseinheit, bei der mittels Zurechnung von Ergebnissen die in der Unternehmenseinheit zusammengefassten Kapitalgesellschaften auf der Grundlage eines einheitlichen Einkommens besteuert werden. |
| Organträger | Organträger ist der Gesellschafter einer Organgesellschaft, dem mittels des Gewinnabführungsvertrags das Einkommen der Organgesellschaft zugerechnet wird. |
| Teileinkünfteverfahren (§ 3 Nr. 40 EStG) | Das Teileinkünfteverfahren führt zu einer nur anteiligen Besteuerung von Gewinnausschüttungen bei natürlichen Personen, § 3 Nr. 40 EStG. Hält eine natürliche Person die Anteile an einer Kapitalgesellschaft in ihrem gewerblichen Betriebsvermögen, sind Dividenden nur zu 60 % steuerpflichtig. Das Teileinkünfteverfahren schwächt somit die ertragsteuerliche Doppelbelastung ab. |
| Verdeckte Einlage | Eine verdeckte Einlage liegt vor, wenn der Anteilseigner seiner Gesellschaft einen Vermögensvorteil verschafft, dieser seine Ursache im Gesellschaftsverhältnis hat und nicht nach den Regeln des Gesellschaftsrechts vorgenommen wird. |
| Verdeckte Gewinnausschüttung | Eine vGA ist eine Vermögensminderung oder verhinderte Vermögensmehrung, die durch das Gesellschaftsverhältnis veranlasst ist, sich auf die Höhe des Unterschiedsbetrags gemäß § 4 Abs. 1 Satz 1 EStG i.V.m. § 8 Abs. 1 KStG der Kapitalgesellschaft auswirkt und in keinem Zusammenhang mit einer offenen Ausschüttung steht. |

| Begriff | Definition |
|---|---|
| **Umsatzsteuerrecht** | |
| Allphasennetto-besteuerung | Die Umsatzsteuer wird im Rahmen einer Allphasennettobesteuerung erhoben. Der Grundgedanke ist, nur die Wertschöpfung auf der jeweiligen Produktions- und Handelsstufe, also den Mehrwert zu erfassen. Letztlich wird dadurch nur der private Verbraucher mit der Umsatzsteuer belastet. |
| Entgelt (§ 10 Abs. 1 S. 2, 3 UStG) | Als Entgelt sind alle Aufwendungen des Leistungsempfängers anzusehen, die angefallen sind, um die Leistung zu erhalten. Ferner gehört zum Entgelt, was ein Dritter dem Unternehmer für die Leistung gewährt. |
| Leistungsaustausch | Ein Leistungsaustausch setzt einen Leistenden und einen vom Leistenden verschiedenen Leistungsempfänger voraus. Ferner müssen Leistung und Gegenleistung in einem wirtschaftlichen Zusammenhang stehen. Die Rechtsprechung geht von einem solchen Zusammenhang nur aus, wenn die Leistung zielgerichtet auf den Erhalt der Gegenleistung hin erfolgt. |
| Lieferung (§ 3 Abs. 1 UStG) | Lieferungen sind Leistungen, durch die ein Unternehmer oder in seinem Auftrag handelnder Dritter dem Abnehmer die Verfügungsmacht an einem Gegenstand verschafft. |
| Nachhaltigkeit | Nachhaltigkeit bedeutet, dass eine Handlung unter Ausnutzung derselben Gelegenheit mehrfach in gleichartiger Weise vorgenommen wird. Eine erstmalige Tätigkeit kann nachhaltig sein, wenn die Handlung auf Wiederholung angelegt ist. |
| Reihengeschäft | Bei einem Reihengeschäft schließen mehrere Unternehmer über einen Gegenstand Umsatzgeschäfte ab, dabei wird der Gegenstand vom ersten an den letzten Unternehmer der Lieferkette übergeben. |
| Selbständigkeit | Eine selbständige Tätigkeit liegt vor, wenn sie auf eigene Rechnung und eigene Verantwortung ausgeübt wird. |
| Sonstige Leistung (§ 3 Abs. 9 UStG) | Sonstige Leistungen sind alle Leistungen, die keine Lieferungen sind. |
| Unternehmer (§ 2 UStG) | Um Unternehmer zu sein, muss eine gewerbliche oder berufliche Tätigkeit selbständig ausgeübt werden. Eine solche Tätigkeit wird ausgeübt, wenn nachhaltige Einnahmen erzielt werden. |

| Begriff | Definition |
|---|---|
| Ursprungs- und Bestimmungslandprinzip | Nach dem Ursprungslandprinzip wird der Verbrauch einer grenzüberschreitenden Leistung mit der Umsatzsteuer des Herkunftslandes der Leistung belastet. Nach dem Bestimmungslandprinzip wird der Verbrauch einer grenzüberschreitenden Leistung mit der Umsatzsteuer des Landes belastet, in dem der Verbrauch stattfindet. |
| Verschaffung der Verfügungsmacht | Die Verschaffung der Verfügungsmacht erfordert den Übergang der wirtschaftlichen Substanz vom Leistenden auf den Leistungsempfänger. Der Inhaber der Verfügungsmacht muss tatsächlich in der Lage sein, mit dem Gegenstand nach seinem Belieben zu verfahren. |
| Vorsteuerabzug | Vorsteuer ist die Umsatzsteuer und Einfuhrumsatzsteuer, die einem Unternehmer für Umsätze an sein Unternehmen in Rechnung gestellt wird. Der Vorsteuerabzug gewährleistet die Kostenneutralität der Umsatzsteuer für die Unternehmen. Bei einem Nichtunternehmer oder bei Umsätzen für den nicht unternehmerischen Bereich kommt ein Vorsteuerabzug nicht in Betracht (Belastung des Endverbrauchers). |

# Internationales Recht

# Völkerrecht

| Begriff | Definition |
| --- | --- |
| Allgemeine Rechtsgrundsätze | Allgemeine Rechtsgrundsätze sind eine der drei anerkannten Hauptrechtsquellen des Völkerrechts (siehe Art. 38 I lit. c) IGH-Statut). Sie umfassen die Rechtsgrundsätze und Prinzipien der innerstaatlichen Rechtsordnungen, die in allen Teilen der Welt zu finden sind. Für die Feststellung genügt eine vergleichende Betrachtung der großen Rechtskreise und eine repräsentative Auswahl der Rechtsordnungen. Typische Beispiele sind Treu und Glauben oder das Verbot des Rechtsmissbrauchs. Die praktische Bedeutung der allgemeinen Rechtsgrundsätze als eigene Rechtsquelle ist eher gering, da die meisten auch als Völkergewohnheitsrecht gelten. |
| *De facto*-Regime | Ein *de facto*-Regime ist eine stabilisierte Herrschaftsform in einem Teilgebiet eines Staats, bei der die Herrschaftsgewalt noch nicht dauerhaft verfestigt ist, so dass noch nicht von einem neuen Staat gesprochen werden kann. Aus einem *de facto*-Regime kann sich ein Staat entwickeln (Beispiel: Südsudan). Das *de facto*-Regime wird als partielles Völkerrechtssubjekt angesehen. Es kann sich z.B. auf den Schutz des Gewaltverbots berufen. Allerdings stehen ihm keine staatlichen Souveränitätsrechte zu. |
| Diplomatischer Schutz | Unter diplomatischem Schutz versteht man die Geltendmachung eines individuellen Rechts oder Anspruchs eines Individuums oder eines Unternehmens durch den Heimatstaat gegenüber einem anderen Staat, der dieses Recht oder diesen Anspruch verletzt hat. Wurde z.B. ein Ausländer enteignet, kann sein Heimatstaat nach Völkergewohnheitsrecht gegenüber dem enteignenden Staat Entschädigungsansprüche geltend machen. |
| *Erga omens*-Wirkung | Völkerrechtliche Normen wirken „*erga omnes*" (gegenüber allen), wenn es sich um fundamentale Normen der Staatengemeinschaft handelt. Insbesondere alle Normen des zwingenden Völkerrechts (*ius cogens*) entfalten eine derartige Wirkung. Einfache völkerrechtliche Verträge wirken dagegen grundsätzlich nur zwischen den Parteien (*inter partes*). |
| *Failed State* | Ein *failed* (oder *failing*) *state* ist ein Staat, in dem aufgrund eines innerstaatlichen gewaltsamen Konflikts oder einer humanitären Krise die effektive Staatsgewalt zusammengebrochen oder weggefallen ist. In einem *failed state* wird faktisch keine staatliche Herrschaftsgewalt mehr ausgeübt. Der Staat nimmt zumeist auch nicht |

| Begriff | Definition |
|---|---|
| | mehr an internationalen Beziehungen teil. Gleichwohl bleibt der *failed state* Staat im völkerrechtlichen Sinne und daher auch Völkerrechtssubjekt. Allerdings kann eine humanitäre Intervention durch die Vereinten Nationen leichter gerechtfertigt werden. |
| Friedliche Streitbeilegung | Die Verpflichtung zur friedlichen Streitbeilegung gehört zu den wesentlichen Staatenpflichten des modernen Völkerrechts. Sie ist u.a. in Art. 2 Ziff. 3 UN-Charta niedergelegt. Nach der Pflicht zur friedlichen Streitbeilegung darf ein Streit nur friedlich, d. h. ohne Waffengewalt, beigelegt werden. Das Prinzip der friedlichen Streitbeilegung wird durch das Gewaltverbot ergänzt. Die wichtigsten Mittel der friedlichen Streitbeilegung werden in Art. 33 UN-Charta genannt, auch wenn die Aufzählung nicht abschließend ist. Zu den Verfahren der friedlichen Streitbeilegung zählen demnach Verhandlungen, Vermittlungen und Untersuchungen sowie gerichtliche bzw. schiedsgerichtliche Verfahren. |
| Gegenmaßnahme | Eine Gegenmaßnahme (auch: Repressalie) ist ein grundsätzlich völkerrechtswidriges Verhalten, das jedoch ausnahmsweise gerechtfertigt ist, um ein anderes Völkerrechtssubjekt zur Einhaltung des Völkerrechts zu bewegen. Grundsätzlich dürfen völkerrechtliche Pflichten gegenüber einem anderen Staat nur solange ausgesetzt werden, bis dieser seine völkerrechtlichen Pflichten erfüllt. Dabei ist der Verhältnismäßigkeitsgrundsatz zu beachten. Bestimmte völkerrechtliche Pflichten wie das Gewaltverbot können nicht im Wege der Repressalie ausgesetzt werden. Der Einsatz von Repressalien wird auch durch Repressalienverbote des humanitären Völkerrechts begrenzt. |
| Generalversammlung der Vereinten Nationen | Die Generalversammlung der Vereinten Nationen ist eines der fünf Hauptorgane der Vereinten Nationen. In ihr sind alle Mitglieder der Vereinten Nationen vertreten. Sie kann sich grundsätzlich zu allen Themen der Vereinten Nationen äußern. Bei Fragen der internationalen Sicherheit ist ihre Kompetenz subsidiär gegenüber der Zuständigkeit des Sicherheitsrats. Die Erklärungen der Generalversammlung sind grundsätzlich unverbindlich. Sie können jedoch ggf. als Ausdruck von Völkergewohnheitsrecht angesehen werden. |
| Gewaltverbot | Das Gewaltverbot ist sowohl in Art. 2 Ziff. 4 UN-Charta als auch gewohnheitsrechtlich verankert. Es gilt auch als zwingendes Völkerrecht (*ius cogens*). Das Gewaltverbot verbietet jede Anwendung oder Androhung von militäri- |

| Begriff | Definition |
|---|---|
| | scher Gewalt (= Waffengewalt) in den zwischenstaatlichen Beziehungen. Wirtschaftlicher oder politischer Zwang gilt nicht als Gewalt. Innerstaatliche Gewalthandlungen werden ebenfalls nicht erfasst. Ausnahmen vom Gewaltverbot sind militärische Zwangsmaßnahmen nach Kapitel VII der UN-Charta und das Selbstverteidigungsrecht nach Art. 51 UN-Charta. |
| Humanitäre Intervention | Unter einer humanitären Intervention versteht man eine militärische Intervention zum Schutz vor schwersten Menschenrechtsverletzungen oder zur Beendigung humanitärer Krisen. Abzugrenzen ist die humanitäre Intervention von der Intervention auf Einladung, die mit Zustimmung des Staates erfolgt, in dem die Intervention stattfindet. Grundsätzlich stellt die humanitäre Intervention einen Verstoß gegen das Gewaltverbot gem. Art. 2 Ziff. 4 UN-Charta dar. Der UN-Sicherheitsrat kann jedoch dazu auf Grundlage von Kapitel VII der UN-Charta ermächtigen. Umstritten ist, ob in extremen Ausnahmefällen eine humanitäre Intervention ohne Ermächtigung des Sicherheitsrats gerechtfertigt werden kann. Teilweise wird vertreten, dass eine derartige humanitäre Intervention zulässig sein soll, wenn der Sicherheitsrat handlungsunfähig oder -unwillig sei, schwerste Menschenrechtsverletzungen (z.B. Völkermord) drohten und die Intervention als *ultima ratio* unter Beachtung des Verhältnismäßigkeitsgrundsatzes von einer Gruppe von Staaten durchgeführt werde. Dagegen spricht jedoch, dass es diesbezüglich an einer einheitlichen Staatenpraxis und entsprechenden Rechtsüberzeugung fehlt. Zudem besteht ein hohes Missbrauchspotential, wenn Staaten ohne Mandat des Sicherheitsrats militärisch intervenieren dürfen. |
| Humanitäres Völkerrecht | Humanitäres Völkerrecht (auch: Kriegsvölkerrecht oder *ius in bello*) bezeichnet das Recht, das in einem bewaffneten Konflikt Anwendung findet. Es umfasst sowohl die Art und Weise der Gewaltanwendung im bewaffneten Konflikt sowie die zulässigen Mittel und Methoden als auch den Schutz von besonders schützenswerten Personen (Verwundete, Kriegsgefangene und die Zivilbevölkerung) während eines bewaffneten Konflikts. Voraussetzung für die Anwendbarkeit des humanitären Völkerrechts ist ein bewaffneter Konflikt. Dabei gelten die meisten Regeln des humanitären Völkerrechts für den internationalen bewaffneten Konflikt. Erst in jüngerer Zeit bilden sich auch grundlegende Regeln für den nicht-internationalen bewaffneten Konflikt heraus. Schwere Verstöße gegen das humanitäre Völkerrecht können als Kriegsverbrechen geahndet werden. Wichtigste Prinzipien des hu- |

| Begriff | Definition |
|---|---|
| | manitären Völkerrechts sind das Differenzierungsgebot, d. h. die Unterscheidung zwischen Kombattanten und Zivilbevölkerung und zwischen militärischen Zielen und zivilen Objekten, das Humanitätsgebot, das Verbot der unbegrenzten Gewaltausübung und die Vermeidung unnötigen menschlichen Leidens. |
| Internationale Gerichte | Internationale Gerichte sind dauerhaft errichtete völkerrechtliche Streitbeilegungsorgane, die justizförmigen Anforderungen genügen. Insbesondere die Unabhängigkeit der Richter, die Dauerhaftigkeit, das feststehende Verfahrensrecht und die rechtsverbindliche Natur der Entscheidung sind kennzeichnend. Die wichtigsten internationalen Gerichte sind der Internationale Gerichtshof (IGH) und der Internationale Seegerichtshof (IStGH). |
| Internationale Organisationen | Internationale Organisationen sind auf Dauer angelegte Vereinigungen von Völkerrechtssubjekten, die mit handlungsbefugten Organen ausgestattet und zur Wahrnehmung eigener Aufgaben befugt sind. Internationale Organisationen stellen die zweitwichtigste Gruppe von Völkerrechtssubjekten dar. Ihre Völkerrechtssubjektivität gilt jedoch nur partiell, da sie aus dem von den Staaten geschlossenen Gründungsvertrag abgeleitet wird. Zu den ersten Internationalen Organisationen zählen die Internationale Fernmeldeunion (1865) und der Weltpostverein (1874). |
| Internationaler Gerichtshof (IGH) | Der IGH ist das Hauptrechtssprechungsorgan der Vereinten Nationen. Sein Sitz ist Den Haag. Er setzt sich aus 15 Richterinnen und Richter zusammen, die von der Generalversammlung und dem Sicherheitsrat für eine Amtszeit von jeweils neun Jahren gewählt werden. Der IGH entscheidet über zwischenstaatliche streitige Verfahren und die Gutachtenverfahren im Auftrag der Generalversammlung oder anderer internationaler Organisationen. Vor dem IGH sind nur Staaten parteifähig. Die Zuständigkeit des IGH ist nicht obligatorisch. Sie kann durch eine *ad hoc*-Vereinbarung, eine Streitschlichtungsklausel in einem völkerrechtlichen Vertrag oder durch die einseitige Unterwerfung eines Staats begründet werden. Nach Art. 94 UN-Charta sind die Entscheidungen rechtsverbindlich. Vorgängerinstitution des IGH war der Ständige Internationale Gerichtshof (StIGH), der von 1920 bis 1946 wesentlich zur Völkerrechtsentwicklung beigetragen hat. |
| Interventionsverbot | Das Interventionsverbot untersagt die Einmischung anderer Staaten in die inneren Angelegenheiten eines anderen Staates. Das Verbot lässt sich aus der souveränen Gleich- |

| Begriff | Definition |
|---|---|
| | heit der Staaten ableiten. Die Bestimmung der inneren Angelegenheiten eines Staates unterlag in den letzten Jahrzehnten einer Wandlung. Mittlerweile ist anerkannt, dass Verletzungen fundamentaler Menschenrechte und Verstöße gegen zwingendes Völkerrecht keine innere Angelegenheit eines Staats sind. |
| *ius cogens* | Unter *ius cogens* (zwingendes Völkerrecht) versteht man völkerrechtliche Normen, von denen in keinem Fall abgewichen werden darf. *Ius cogens*-Normen müssen von der Staatengemeinschaft insgesamt als Normen anerkannt werden, von denen eine Abweichung nur durch nachfolgende *ius cogens*-Norm möglich ist. Unstreitig als *ius cogens* gelten das Gewaltverbot, das Folterverbot, das Verbot der Piraterie, der Sklaverei und des Sklavenhandels sowie des Völkermords. Der Kernbereich der grundlegenden Menschenrechte wie das Recht auf Leben dürfte ebenfalls als *ius cogens* gelten. |
| Menschenrechte | Menschenrechte im völkerrechtlichen Sinne sind alle völkerrechtlich geltenden Rechte von Einzelpersonen, die diesen aufgrund ihres Menschseins ohne Unterschied und in jeder Situation zustehen. Menschenrechte sind überwiegend in universellen und regionalen Menschenrechtsverträgen verbürgt. Der Kernbereich der Menschenrechte gilt jedoch auch gewohnheitsrechtlich. |
| Schiedsgerichte | Schiedsgerichte stellen die traditionelle Form der völkerrechtlichen Streitbeilegung dar. Rechtsgrundlage eines Schiedsgerichts ist entweder eine *ad hoc* getroffene oder vertraglich vorab vereinbarte Schiedsvereinbarung. Institutionelle und prozessuale Anforderungen stehen zur Disposition der Parteien. Die Auswahl der Schiedsrichter erfolgt durch die Parteien für jedes Verfahren separat. Der Schiedsspruch ist für die Parteien rechtsverbindlich. Eine Überprüfungsinstanz ist regelmäßig nicht vorgesehen. |
| Selbstbestimmungsrecht der Völker | Das Selbstbestimmungsrecht der Völker zählt zu den allgemeinen Grundprinzipien des Völkerrechts. Seine Rechtsgrundlagen finden sich u.a. in Art. 1 Ziff. 2 UN-Charta und sind auch gewohnheitsrechtlich anerkannt. Unbestrittene Träger des Selbstbestimmungsrechts sind das Staatsvolk und die Kolonialvölker. Nach dem internen Selbstbestimmungsrecht haben die Völker das Recht, frei und ohne Einmischung von außen über ihren politischen Status zu entscheiden und ihre wirtschaftliche, soziale und kulturelle Entwicklung zu gestalten. Umstritten ist, ob sich aus der externen Dimension des Selbstbestimmungsrechts ein Sezessionsrecht ergibt. |

| Begriff | Definition |
|---|---|
| Selbstverteidigungsrecht | Das in Art. 51 UN-Charta und gewohnheitsrechtlich anerkannte Selbstverteidigungsrecht rechtfertigt den Einsatz von militärischer Gewalt zur Abwehr eines gegenwärtigen bewaffneten Angriffs durch einen anderen Staat. Selbstverteidigungsmaßnahmen müssen verhältnismäßig sein und dürfen nicht gegen das humanitäre Völkerrecht verstoßen. Nach Art. 51 UN-Charta gilt das Selbstverteidigungsrecht nur solange bis der Sicherheitsrat die erforderlichen Maßnahmen zur Herstellung des Friedens trifft. |
| Sicherheitsrat der Vereinten Nationen | Der Sicherheitsrat ist eines der Hauptorgane der Vereinten Nationen, dessen zentrale Aufgabe die Wahrung des internationalen Friedens ist. Er besteht aus 15 Mitgliedern, von denen Frankreich, Großbritannien, die USA, Russland und China ständige Mitglieder sind. Den ständigen Mitgliedern kommt in allen wesentlichen Entscheidungen ein Veto-Recht zu. Dies ist eine Durchbrechung der Gleichheit der Staaten. Die zehn nicht ständigen Mitglieder werden nach einem festen Regionalschlüssel von der Generalversammlung gewählt. Der Sicherheitsrat kann gem. Art. 25 UN-Charta verbindliche Entscheidungen treffen, die von allen Mitgliedern der Vereinten Nationen zu befolgen sind. |
| *Soft law* | *Soft law* sind formal nicht verbindliche internationale Regeln, die faktische Steuerungswirkung entfalten können. *Soft law*-Standards können sich zu Gewohnheitsrecht verfestigen. |
| Souveräne Gleichheit | Die souveräne Gleichheit ist eines der zentralen Prinzipien des Völkerrechts und u.a. in Art. 2 Ziff. 1 UN-Charta verankert. Sie setzt sich aus der formalen Gleichheit der Staaten und dem Prinzip der Souveränität zusammen. Die formale Gleichheit der Staaten ist eine Gleichheit im Rechtssinne und schlägt sich z.B. im Grundsatz „*one country, one vote*" bei Abstimmungen in internationalen Organisationen nieder. Das Prinzip der Souveränität bedeutet, dass jeder Staat grundsätzlich frei ist, seine eigenen Angelegenheiten zu regeln. Ausprägung der Souveränität sind die territoriale Integrität und politische Unabhängigkeit. |
| Staat | Ein Staat im völkerrechtlichen Sinne umfasst ein definiertes Gebiet (Staatsgebiet), eine permanente Bevölkerung (Staatsvolk) sowie eine dauerhaft verfestigte und effektive Herrschaft nach innen und nach außen (Staatsgewalt). Staatsgebiet ist ein geographischer Raum, dessen Grenzen im Wesentlichen feststehen müssen. Es umfasst Landfläche, Binnengewässer und das Küstenmeer. Unter dem |

| Begriff | Definition |
|---|---|
| | Staatsvolk wird regelmäßig die Wohnbevölkerung verstanden, welche die Staatsangehörigkeit des Staats besitzt. Ethnische, sprachliche oder kulturelle Gemeinsamkeiten sind keine Voraussetzungen. Staatsgewalt ist eine Herrschaft, die tatsächlich in der Lage ist, das Staatsgebiet und die Staatsbevölkerung nach innen zu organisieren und nach außen zu vertreten. Auf die Legitimität der Staatsgewalt kommt es nicht an, allerdings muss ihr eine Perspektive auf Dauerhaftigkeit zukommen. Die Anerkennung durch andere Staaten oder die Aufnahme in die Vereinten Nationen ist keine Voraussetzung der Staatlichkeit. |
| Staatenimmunität | Die Staatenimmunität beruht auf der souveränen Gleichheit der Staaten und schließt die Ausübung der staatlichen Gerichtsbarkeit gegenüber einem anderen Staat aus. Sie gilt für den Staat als Rechtssubjekt. Grundlage ist das Prinzip, dass Staaten, die zueinander in einem Gleichheitsverhältnis stehen, übereinander keine Hoheitsgewalt ausüben können (*par in parem not habet imperium*). Die Regeln der Staatenimmunität gelten als Völkergewohnheitsrecht. Während die Staatenimmunität früher absolut galt, geht das Völkerrecht heute von einem relativen Verständnis aus. In einem gerichtlichen Erkenntnisverfahren gilt die Staatenimmunität nur für hoheitliche Akten (*acta iure imperii*). Nicht-hoheitliche Akte (*acta iure gestionis*), wie z.B. wirtschaftliches Handeln sind von der Gerichtsbarkeit eines anderen Staates nicht ausgeschlossen. Im Vollstreckungsverfahren besteht Immunität für Güter und Vermögenswerte, die für die Funktion von Botschaften essentiell sind oder die hoheitlichen Aufgaben dienen. |
| Vereinte Nationen | Die Vereinten Nationen sind die einzige globale internationale Organisation mit einer umfassenden Zuständigkeit für alle Aspekte der internationalen Beziehungen. 193 Staaten sind Mitglieder der Vereinten Nationen. Die wichtigsten Organe der Vereinten Nationen sind die Generalversammlung, der Sicherheitsrat, der Wirtschafts- und Sozialrat und der Internationale Gerichtshof. Ein weiteres Hauptorgan, der Treuhandrat, ist heute nicht mehr aktiv. |
| Völkergewohnheitsrecht | Das Völkergewohnheitsrecht ist neben dem Völkervertragsrecht die zweite wichtigste Völkerrechtsquelle. Völkergewohnheitsrecht besteht gem. Art. 38 I lit. b IGH-Statut aus einer allgemeinen Übung, die auf einer entsprechenden Rechtsüberzeugung beruht. Unter allgemeiner Übung wird eine dauerhafte, einheitliche und weitverbreitete Staatenpraxis verstanden, die jedoch nicht |

| Begriff | Definition |
|---|---|
| | vollkommen homogen sein muss. Diese Übung muss von einer Rechtsüberzeugung (*opinio iuris*) getragen werden, d. h. das handelnde Subjekt geht davon aus, dass es sich von Rechts wegen so verhalten muss. Völkergewohnheitsrecht gilt grundsätzlich gegenüber allen Staaten, jedoch nicht für den *persistent objector*, d. h. den Staat, der gegen die Entstehung einer gewohnheitsrechtlichen Regel protestiert und sich entsprechend verhalten hat. |
| Völkerrecht | Völkerrecht sind die Rechtsregeln, die Rechte und Pflichten der Völkerrechtssubjekte, insbesondere der Staaten und internationalen Organisationen, enthalten. Zunehmend erfassen völkerrechtliche Regeln auch Rechte und Pflichten von Individuen. Je nach geographischer Reichweite kann zwischen universellen, regionalem und bilateralen Völkerrecht unterschieden werden. Unter dem allgemeinen Teil des Völkerrechts können die Grundregeln der Rechtsquellen, Rechtspersonen und Rechtsbeziehungen verstanden werden. Die wichtigsten Regelungsgebiete des besonderen Völkerrechts sind das Recht der Friedenssicherung, humanitäres Völkerrecht, Völkerstrafrecht, Menschenrechte, Wirtschafts-, Umwelt- und Seevölkerrecht. |
| Völkerrechtsquellen | Die Hauptrechtsquellen des Völkerrechts sind völkerrechtliche Verträge, Völkergewohnheitsrecht und die allgemeinen Rechtsgrundsätze (vgl. Art. 38 Abs. 1 IGH-Statut). Richterliche Entscheidungen und wissenschaftliche Lehrmeinungen können als Hilfsquellen zur Feststellung des Inhalts der Völkerrechtsquellen herangezogen werden. Einseitige Erklärungen von Völkerrechtssubjekten und verbindliche Entscheidungen internationaler Organisationen können auch völkerrechtliche Bindungen begründen. |
| Völkerrechtlicher Vertrag | Ein völkerrechtlicher Vertrag ist eine Übereinkunft von Völkerrechtssubjekten zur Begründung von Rechten und Pflichten auf dem Gebiet des Völkerrechts. Das Recht der völkerrechtlichen Verträge ist in der Wiener Vertragsrechtskonvention von 1969 verankert, die im Wesentlichen gewohnheitsrechtliche Regeln des Vertragsrechts kodifiziert. Zu den wichtigsten Regelungsgebieten des Vertragsrechts zählen der Abschluss, die Interpretation und die Beendigung von Verträgen. |
| Völkerrechtliche Verantwortlichkeit | Die Verantwortlichkeit eines Völkerrechtssubjekts (auch Staatenverantwortlichkeit) entsteht, wenn ein Völkerrechtssubjekt in zurechenbarer Weise gegen eine Regel des Völkerrechts verstößt, ohne dass dies gerechtfertigt |

| Begriff | Definition |
|---|---|
| | werden kann. Rechtfertigungsgründe sind u.a. Gegenmaßnahmen (Repressalien) oder eine Notstandslage. Rechtsfolge der völkerrechtlichen Verantwortlichkeit ist die Pflicht, den Rechtsverstoß zu beenden und nicht zu wiederholen sowie Wiedergutmachung in Form von Restitution, Schadensersatz oder Genugtuung zu leisten. |
| Völkerrechtssubjekte | Völkerrechtssubjekte sind Träger von völkerrechtlichen Rechten und Pflichten, deren Verhalten unmittelbar durch das Völkerrecht gesteuert wird und die ihre Rechte in völkerrechtlichen Verfahren durchsetzen können. Teilweise wird auch gefordert, dass sich Völkerrechtssubjekte an der Rechtsetzung beteiligen müssen. Originäre und unbeschränkte Völkerrechtssubjekte sind Staaten. Die Völkerrechtssubjektivität internationaler Organisationen ist dagegen aus dem jeweiligen Gründungsvertrag abgeleitet und inhaltlich beschränkt. Zu den traditionellen Völkerrechtssubjekten zählen noch der Heilige Stuhl, der Souveräne Malteser Ritterorden und das Internationale Komitee vom Roten Kreuz (IKRK). Einzelpersonen können als partielle Völkerrechtssubjekte angesehen werden, da sie durch internationale Menschenrechte untermittelbar durch Völkerrecht berechtigt und durch das Völkerstrafrecht verpflichtet werden. |
| Völkerstrafrecht | Völkerstrafrecht bezeichnet diejenigen völkerrechtlichen Normen, welche die unmittelbare Strafbarkeit von Individuen wegen Verletzung internationaler Rechtsgüter begründen. Das Völkerstrafrecht umfasst im Wesentlichen die Tatbestände Völkermord, Kriegsverbrechen, Verbrechen gegen die Menschlichkeit und das Verbrechen der Aggression. Völkerstrafrechtliche Verbrechen werden auf internationaler Ebene durch den internationalen Strafgerichtshof (IStGH) und *ad hoc*-Tribunale für besondere Situationen verfolgt. |
| Vorbehalte | Ein Vorbehalt stellt eine einseitige Erklärung dar, durch die ein Staat die Rechtswirkung einzelner Bestimmungen eines völkerrechtlichen Vertrages auf sich ausschließt oder ändert. Vorbehalte sind nur zulässig, wenn der Vertrag sie vorsieht und wenn sie Inhalt, Ziel und Zweck des Vertrages nicht widersprechen. Die anderen Vertragsparteien können einem Vorbehalt widersprechen. In diesem Fall kommt der Vertrag zwischen den Parteien zwar zustande, die Bestimmung auf die sich der Vorbehalt bezog, findet jedoch – weder in der ursprünglichen noch in der modifizierten Weise – zwischen den Vertragsparteien Anwendung. Umstritten ist, ob die Vertragsparteien auch eigentlich unzulässige Vorbehalte annehmen können. |

| Begriff | Definition |
| --- | --- |
| Zwangsmaßnahmen | Zwangsmaßnahmen sind Maßnahmen nach Kapitel VII der UN-Charta, die vom Sicherheitsrat als Reaktion auf eine Aggression, den Bruch oder die Bedrohung des Friedens oder der internationalen Sicherheit (vgl. Art. 39 UN-Charta) getroffen werden. Nicht-militärische Zwangsmaßnahmen umfassen Waffen-, Finanz-, oder Wirtschaftsembargos sowie Sanktionen gegen Einzelpersonen wie Reisebeschränkungen oder das Einfrieren von Vermögen (*smart sanctions*). Als militärische Zwangsmaßnahmen kommen die Aufstellung von UN-Friedenstruppen oder die Ermächtigung an die Mitgliedstaaten der Vereinten Nationen, militärische Gewalt gegen einen Staat anzuwenden, in Betracht. |

## Stichwortverzeichnis